Sermones completos de Spurgeon sobre Jesús En nueva edición, impresión Grande
2

LA VIDA EN CRISTO

Lecciones de los milagros y parábolas de Nuestro Señor

Volumen 2

Charles Haddon Spurgeon

LS Company
ISBN: 978-1-0879-5725-8
Copyright©2023

Tabla de contenidos:

Sermón #744—Jesús en Betesda 5

Sermón #2269—Impotencia y Omnipotencia 21

Sermón #955—Una Pregunta Singular pero Necesaria 32

Sermón #1479—La Obra de La gracia—La Garantía de la Obediencia 47

Sermón #1211—El Hospital de Camareros Visitado con el Evangelio 62

Sermón #2309—Las Obras de Dios se Manifiestan 76

Sermón #1754—El Ciego abre los Ojos 88

Sermón #756—Trabajo 103

Sermón #943—La Espuela 119

Sermón #197—El Mendigo Ciego del templo 134

Sermón #1393—Habla por ti Mismo—Un Desafío 149

Sermón #1065—La Curación de un Ciego de Nacimiento 163

Sermón #2141—La Pregunta de las Preguntas 178

Sermón #1088—La Esencia de la Sencillez 193

Sermón #1798—Vista para Los Que No Ven 207

Sermón #744—Jesús en Betesda

PRONUNCIADO EN LA MAÑANA DEL DÍA DEL SEÑOR, 7 DE ABRIL DE 1867.
POR C. H. SPURGEON
EN EL SALÓN AGRÍCOLA DE ISLINGTON

"Después de esto hubo una fiesta de los judíos, y Jesús subió a Jerusalén. Hay en Jerusalén, junto al mercado de las ovejas, un estanque llamado en hebreo Betesda, que tiene cinco pórticos. En ellos yacía una gran multitud de impotentes, de ciegos, paralíticos, marchitos, que esperaban el movimiento del agua. Porque un ángel descendía a cierta hora al estanque, y agitaba el agua; y el primero que entraba después de agitarse el agua, quedaba sano de cualquier enfermedad que tuviese. Y estaba allí un hombre que tenía una enfermedad de treinta y ocho años. Viéndole Jesús acostado, y sabiendo que hacía ya mucho tiempo que estaba así, le dijo: ¿Quieres ser sano? El impotente le respondió: Señor, no tengo quien me meta en el estanque cuando el agua está revuelta; pero mientras yo voy, otro se me adelanta. Jesús le dijo: Levántate, toma tu lecho y anda. Y al instante aquel hombre quedó sano, y tomó su lecho, y anduvo; y aquel mismo día era sábado."

Juan 5:1-9

El escenario de este milagro fue en Betesda, un estanque, según el evangelista, contiguo al mercado de ovejas, o cerca de la puerta de las ovejas -el lugar por donde, supongo, se conduciría el ganado consumido por los habitantes de Jerusalén, y el estanque donde, tal vez, se lavaban las ovejas destinadas a la venta a los oferentes en el templo.

Tan común era la enfermedad en los días del Salvador, que las dolencias de los hombres invadían el lugar que había sido asignado al ganado. Y el lugar donde las ovejas habían sido lavadas se convirtió en el sitio donde los enfermos se congregaban en grandes multitudes, anhelando una cura. No oímos que nadie protestara por la intrusión, ni que la opinión pública se escandalizara.

Las necesidades de la humanidad deben prevalecer sobre cualquier consideración de gusto. Un hospital debe tener preferencia sobre un mercado de ovejas. Este día tienes otro caso en cuestión. Si las enfermedades físicas de Jerusalén se inmiscuyeron en el mercado de ovejas, no pediré excusas si, en estos días de reposo, la enfermedad espiritual de Londres exige que este espacioso lugar, hasta ahora dedicado al mugido del ganado y al balido de las ovejas, se consagre a la predicación del Evangelio, a la manifestación de la virtud curativa de Cristo Jesús entre los enfermos espirituales. Este día hay un estanque junto al mercado de ovejas, y hay una gran multitud de impotentes.

Nunca habríamos oído hablar de Betesda, si un augusto Visitante no se hubiera dignado honrarla con Su presencia: Jesús, el Hijo de Dios, caminaba en los cinco pórticos junto al estanque. Era el lugar donde podíamos esperar encontrarle, pues ¿dónde se encontraría el médico sino en el lugar donde se reúnen los enfermos?

Aquí había trabajo para la mano sanadora y la palabra restauradora de Jesús. Era natural que el Hijo del Hombre, que "vino a buscar y a salvar lo que se había perdido", se dirigiera a la casa del lazar junto al estanque. Esa amable visita es la gloria de Betesda. Esto ha elevado el nombre de este estanque fuera del rango común de los manantiales y aguas de la tierra.

¡Oh, que el Rey Jesús viniera a este lugar esta mañana! Esta sería la gloria de este Salón, por la que sería famoso en la eternidad. Si Jesús estuviera aquí para sanar, el notable tamaño de la congregación dejaría de ser una maravilla, y el renombre de Jesús y Su amor salvador eclipsarían todo lo demás, como el sol eclipsa a las estrellas.

Hermanos míos, Jesús estará aquí, pues hay quienes le conocen y tienen poder con Él, que han estado pidiendo su presencia. El pueblo favorecido del Señor, por medio de gritos y lágrimas prevalecientes, ha obtenido de Él Su consentimiento para estar en medio de nosotros este día, y Él está caminando en medio de esta multitud tan listo para sanar y tan poderoso para salvar como en los días de Su carne.

"He aquí, yo estoy con vosotros todos los días, hasta el fin del mundo", es una seguridad que reconforta el corazón del predicador esta mañana. Un Salvador presente -presente en el poder del Espíritu Santo- hará que este día sea recordado por muchos que serán sanados.

Pido la más ferviente atención de todos, y suplico a los creyentes sus fervientes oraciones de asistencia mientras, en primer lugar, os pido que observéis al enfermo. En segundo lugar, dirigid vuestra atenta mirada al Gran Médico. Y en tercer lugar, hagan una aplicación de toda la narración al caso presente.

I. Para observar AL PACIENTE, te pediré que me acompañes a la piscina con los cinco pórticos, alrededor de la cual yacen los enfermos. Camina con ternura entre los grupos de cojos y ciegos. No, no cierres los ojos. Te hará bien ver el espectáculo doloroso, comprobar lo que ha hecho el pecado y de qué penas nos ha hecho herederos nuestro padre Adán.

¿Por qué están todos aquí? Están aquí porque a veces las aguas burbujean con una virtud curativa. No es necesario que discutamos si fueron agitadas visiblemente por un ángel o no, pero en general se creía que un ángel descendía y tocaba el agua; este rumor atraía a los enfermos de todas partes. Tan pronto como se vio el movimiento en las aguas, toda la masa probablemente saltó al estanque; los que no pudieron saltar por sí mismos fueron empujados por sus ayudantes.

Qué pequeño fue el resultado. Muchos quedaron decepcionados: sólo uno fue recompensado por el salto. El primero en entrar se curaba, pero sólo el primero. Por la pobre y escasa oportunidad de ganar esta cura, los enfermos permanecían en los arcos de Bethesda año tras año.

El hombre impotente de la narración probablemente había pasado la mayor parte de sus treinta y ocho años esperando en esta famosa piscina, animado por la pequeña esperanza de que algún día podría ser el primero de la multitud. El sábado mencionado en el texto, el ángel no había acudido a él, pero había llegado algo mejor, pues Jesucristo, el Maestro del ángel, estaba allí.

Nótese que este hombre era plenamente consciente de su enfermedad. No discutía el fracaso de su salud: era un hombre impotente. Lo sentía y lo reconocía. No era como algunos de los presentes esta mañana, que están perdidos por naturaleza, pero que no lo saben o no lo confiesan. Era consciente de que necesitaba ayuda celestial y su espera en la piscina lo demostraba.

¿No hay muchos en esta asamblea que están igualmente convencidos sobre este punto? Durante mucho tiempo han sentido que son pecadores, y han sabido que, a menos que la gracia los salve, nunca podrán ser salvos. No eres ateo, ni niegas el Evangelio. Por el contrario, crees firmemente en la Biblia y deseas de todo corazón tener una parte salvadora en Cristo Jesús. Pero por el momento no has avanzado más allá de sentir que estás enfermo, desear ser sanado y admitir que el cuidado debe venir de arriba. Hasta aquí, todo bien, pero no es bueno detenerse aquí.

El impotente, deseoso de ser curado, aguardaba junto al estanque, esperando alguna señal y prodigio. Esperaba que un ángel abriera de golpe las puertas de oro y tocara las aguas, que ahora estaban tranquilas y estancadas, y que entonces quedara curado.

Este, también, mis queridos oyentes, es el pensamiento de muchos de los que sienten sus pecados y desean la salvación. Aceptan ese consejo antibíblico y peligroso que les da cierta clase de ministros. Esperan en el estanque de Betesda. Perseveran en el uso formal de los medios y las ordenanzas, y continúan en la incredulidad, esperando alguna gran cosa.

Permanecen en una continua negativa a obedecer el Evangelio, y sin embargo esperan que de repente experimentarán algunas emociones extrañas, sentimientos singulares, o impresiones notables. Esperan ver una visión, o escuchar una voz sobrenatural, o alarmarse con delirios de horror.

Ahora, queridos amigos, no negaremos que algunas personas han sido salvadas por interposiciones muy singulares de la mano de Dios, de una manera totalmente fuera de los modos ordinarios del procedimiento divino. Seríamos muy insensatos si, por ejemplo, discutiéramos la verdad de una conversión como la del coronel Gardiner, quien, la misma noche en que hizo una cita para cometer pecado, fue detenido y convertido por una visión de Cristo en la cruz, que, en todo caso, creyó ver, y por oír o imaginar que oía la voz del Salvador suplicándole tiernamente. Sería ocioso discutir que tales casos han ocurrido, ocurren y pueden volver a ocurrir.

Debo, sin embargo, rogar a los inconversos que no busquen tales interposiciones en sus propios casos. Cuando el Señor les pide que crean en Jesús, ¿qué derecho tienen a exigir señales y prodigios en su lugar? Jesús mismo es el mayor de todos los prodigios. Mi querido oyente, que esperes experiencias notables es tan inútil como lo fue la espera de la multitud que se quedó en Betesda esperando al ángel largamente esperado, cuando Aquel que podía sanarlos ya estaba en medio de ellos, descuidado y despreciado por ellos. Qué espectáculo tan lamentable, verlos mirando a las nubes cuando el Médico que podía curarlos estaba presente, y no le ofrecieron ninguna petición, ni buscaron misericordia de sus manos.

Al tratar con el método de esperar a ver o a sentir alguna gran cosa, observamos que no es el camino que Dios ha ordenado a Sus siervos que prediquen. Desafío al mundo entero a que encuentre algún Evangelio de Dios en el que se le diga a un hombre inconverso que permanezca en la incredulidad. ¿Dónde se le dice al pecador que espere en Dios en el uso de las ordenanzas, para que así pueda ser salvo?

El Evangelio de nuestra salvación es éste: "Cree en el Señor Jesucristo, y serás salvo". Cuando nuestro Señor dio Su comisión a Sus discípulos, dijo: "Id por todo el mundo y predicad el Evangelio a toda criatura." ¿Y cuál era ese Evangelio? ¿Decirles que esperaran en su incredulidad en el uso de medios y ordenanzas hasta que vieran alguna gran cosa? ¿Decirles que sean diligentes en la oración, y que lean la Palabra de Dios, hasta que se sientan mejor?

Ni un átomo. Así dice el Señor: "El que creyere y fuere bautizado, será salvo; mas el que no creyere, será condenado". Este fue el Evangelio, y el único Evangelio que Jesucristo ordenó jamás a Sus ministros que predicaran, y los que dicen: esperen sentimientos, esperen impresiones, esperen maravillas, predican otro Evangelio que no es otro; pero hay algunos que los perturban.

La elevación de Cristo en la cruz es la obra salvadora del ministerio evangélico, y en la cruz de Jesús reside la esperanza de los hombres. "Mirad a mí y sed salvos, todos los términos de la tierra", es el Evangelio de Dios. "Esperad en el estanque", es el Evangelio del hombre, y ha destruido a sus miles.

Este evangelio poco evangélico de la espera es inmensamente popular. No me sorprendería que casi la mitad de ustedes estuvieran satisfechos con él. Oh, oyentes míos, ustedes no se niegan a llenar los asientos en nuestros lugares de adoración. Rara vez están ausentes cuando las puertas están abiertas, pero allí se sientan en incredulidad confirmada, esperando que se hagan ventanas en el cielo, pero descuidando el Evangelio de su salvación.

El grandioso mandamiento de Dios: "Cree y vivirás", no recibe de ustedes otra respuesta que un oído sordo y un corazón de piedra, mientras tranquilizan sus conciencias con observancias religiosas externas. Si Dios hubiera dicho: "Siéntense en esos asientos y esperen", me atrevería a exhortarlos con lágrimas. Pero Dios no ha dicho eso. Ha dicho: "Deje el impío su camino, y el hombre inicuo sus pensamientos; y vuélvase a Jehová, y él tendrá de él misericordia."

No ha dicho: "Esperad", sino que ha dicho: "Buscad a Yahveh mientras puede ser hallado, invocadle mientras está cerca". "Hoy, si oís su voz, no endurezcáis vuestros corazones". No encuentro a Jesús diciendo nada a los pecadores sobre esperar, sino mucho sobre venir. "Venid a mí todos los que estáis trabajados y cargados, y yo os haré descansar".

"Si alguno tiene sed, que venga a mí y beba". "El Espíritu y la Esposa dicen: Ven. Y el que oye, diga: Ven. Y el que tenga sed, que venga. Y el que quiera, tome del agua de la vida gratuitamente".

¿Por qué es tan popular esta vía? Porque administra un láudano a la conciencia. Cuando el ministro predica con poder, y el corazón del oyente es tocado, el diablo dice: "Espera un tiempo más conveniente". Así el archienemigo vierte su droga mortal en el alma, y el pecador en lugar de confiar en Jesús en el acto, o caer de rodillas con ojos llorosos, clamando por misericordia, se halaga a sí mismo porque está en el uso de los medios, cuyo uso de los medios está muy bien hasta donde llega, pero que es tan malo como malo puede ser cuando entra en el lugar de Cristo crucificado.

Un niño debe oír las órdenes de sus padres, pero ¿qué sucede si el niño pone el oír en lugar del obedecer? Dios me libre de gloriarme de que escuchen el Evangelio, si sólo son oidores; mi gloria está en la cruz. Y si no miráis a la cruz, más os valdría no haber nacido.

Pido la sincera atención de todos los que así han estado esperando, mientras menciono uno o dos puntos. Mi querido amigo, ¿no es esta espera un asunto muy desesperanzador después de todo? De los que esperaron en Betesda, ¡cuán pocos fueron sanados! El que bajó primero al estanque fue curado, pero todos los demás salieron del estanque tal como habían entrado.

Ah, oyentes míos, tiemblo por algunos de ustedes, ustedes que asisten a la capilla y a la iglesia, que han estado esperando por años, ¡cuán pocos de ustedes se salvan! Miles de ustedes mueren en sus pecados, esperando en perversa incredulidad. Unos pocos son arrebatados como tizones de la hoguera, pero la mayoría de los que son aguardenteros empedernidos, esperan y esperan, hasta que mueren en sus pecados.

Te advierto solemnemente que, por muy agradable que sea a la carne la espera en la incredulidad, no es una espera en la que ningún hombre razonable perseveraría por mucho tiempo. Porque, amigo mío, ¿no eres tú mismo un ejemplo de su desesperanza? Has estado esperando durante años. Apenas puede recordar cuándo fue por primera vez a un lugar de adoración.

Tu madre te llevó allí en sus brazos, y te has criado a la sombra del santuario, como las golondrinas que construyen sus nidos bajo los altares de Dios, ¿y qué ha hecho por ti tu espera incrédula? ¿Te ha hecho cristiano? No, sigues sin Dios, sin Cristo, sin esperanza.

Te lo diré en nombre de Dios: ¿qué derecho tienes a esperar que si esperas otros treinta años serás diferente de lo que eres ahora? ¿No es muy probable que a los sesenta años seas tan desgarbado como a los treinta? Porque, permítanme decirlo, y me atrevo a decirlo sin egoísmo, algunos de ustedes han escuchado la predicación del Evangelio sin pelos en la lengua.

Mis queridos oyentes, he sido tan claro con ustedes como sé serlo. Nunca he rehuido declarar todo el consejo de Dios, ni siquiera escoger un caso individual y tratarlo de cerca. Sin mencionar realmente los nombres de las personas, apenas me he detenido, pero he procurado recomendar el Evangelio a la conciencia de cada hombre como a la vista de Dios.

Recuerden las advertencias que tuvieron en Exeter Hall; algunos de ustedes recuerdan los quebrantos que sintieron en los jardines de Surrey. Recordad las invitaciones que ya os han llegado en esta misma Sala. Y si todo esto ha fallado, ¿qué más se puede hacer en cuanto a escuchar y esperar? Muchos de ustedes han escuchado a otros predicadores, igualmente serios, igualmente tiernos, tal vez más.

Ahora bien, si todo esto no ha surtido efecto en ti, si esperar en la piscina no ha hecho nada por ti, ¿no es un modo de proceder desesperado e impotente? ¿No es tiempo de que pruebes algo mejor que simplemente esperar la agitación del agua? ¿No es tiempo de que recuerdes que Jesucristo está listo para salvarte ahora, y que si ahora confías en Él, hoy mismo tendrás vida eterna?

Allí yace nuestro pobre amigo, esperando aún a la orilla del agua. No lo culpo por esperar, pues Jesús no había estado allí antes, y era justo que aprovechara la más mínima oportunidad de curarse. Pero era triste que Jesús hubiera sido tan despreciado: allí iba Él, abriéndose paso entre los ciegos, los cojos y los cojos, y mirándolos benignamente a todos, pero ninguno lo miraba a Él.

Ahora bien, en otros lugares, tan pronto como Jesús hacía su aparición, traían a los enfermos en sus lechos y los ponían a sus pies, y a medida que Él avanzaba los iba sanando a todos, repartiendo misericordias con sus dos manos. Una ceguera se había apoderado de aquella gente de la piscina. Allí estaban, y allí estaba Cristo, que podía sanarlos, pero ni uno solo de ellos lo buscó.

Sus ojos estaban fijos en el agua, esperando que se agitara. Estaban tan ocupados con el camino que habían elegido, que descuidaron el verdadero. No se distribuyeron misericordias, porque no las buscaron.

Ah, amigos míos, mi triste pregunta es: ¿será así esta mañana? El Cristo vivo está todavía entre nosotros en la energía de Su Espíritu eterno. ¿Estarán confiados en sus buenas obras? ¿Confiarán en su asistencia a la iglesia y a la capilla? ¿Confiarás en emociones esperadas, impresiones y ataques de terror, y dejarás que Cristo, que es poderoso para salvar perpetuamente, no reciba ningún destello de fe de ningún ojo, ninguna oración de deseo de ningún corazón?

Si es así, es desgarrador pensar en ello. Hombres, con un Médico Todopoderoso en su casa, muriendo mientras se entretienen con una charlatanería sin esperanza de su propia invención. Oh, pobres almas, ¿se repetirá aquí esta mañana lo de Betesda, y se descuidará de nuevo a Jesucristo, el Salvador actual?

Si un rey le diera a uno de sus súbditos un anillo y le dijera: "Cuando estés en apuros o en desgracia, simplemente envíame ese anillo, y yo haré por ti todo lo que sea necesario"; si ese hombre se negara voluntariamente a enviarlo, sino que comprara regalos, o se pusiera a hacer algunas hazañas singulares de valor para ganarse el favor de su monarca, dirías: "Qué tonto es. Aquí hay un camino sencillo, pero él no lo aprovechará. Desperdicia su ingenio inventando nuevas artimañas, y consume su vida siguiendo planes que terminan en decepción".

¿No es éste el caso de todos los que se niegan a confiar en Cristo? El Señor les ha asegurado que si confían en Jesús, se salvarán. Pero ellos andan tras diez mil imaginaciones, y dejan ir a su Dios, a su Salvador.

Mientras tanto, el enfermo, tantas veces decepcionado, se sumía en una profunda desesperación. Además, se estaba haciendo viejo, pues treinta y ocho años es mucho tiempo en la vida de un hombre. Sentía que pronto moriría. El frágil hilo estaba a punto de romperse, y así, a medida que pasaban los días y las noches, la espera se le hacía pesada.

Amigo mío, ¿no es éste tu caso? La vida te va desgastando. ¿No hay canas aquí y allá? Has esperado todo este tiempo en vano, y te advierto que has esperado pecaminosamente. Has visto a otros salvados. Tu hijo se ha salvado, tu esposa se ha convertido, pero tú no. Estás esperando, y me temo que esperarás, hasta que suene la melodía de "Tierra a la tierra, polvo al polvo, cenizas a las cenizas," el moho sonará en la tapa de tu ataúd, y tu alma estará en el infierno.

Te ruego que no juegues más con el tiempo. No digas: "Hay tiempo suficiente", pues el hombre sabio sabe que el tiempo suficiente es poco. No seas como el borracho insensato que, tambaleándose a casa una noche, vio su vela encendida para él. "¡Dos velas!", dijo, pues su embriaguez le hacía ver doble, "apagaré una", y al apagarla, en un momento se quedó a oscuras.

Muchos hombres ven doblemente a través de la embriaguez del pecado: piensan que tienen una vida para sembrar su avena silvestre, y luego la última parte de la vida para volverse a Dios. Así que, como un necio, apaga la única vela que tiene, y en la oscuridad tendrá que acostarse para siempre. Date prisa, viajero, no tienes más que un sol, y cuando se ponga, nunca llegarás a tu casa. Que Dios te ayude a apresurarte ahora.

II. Veamos al propio MÉDICO.

Como ya hemos visto, en esta ocasión nuestro Señor caminó, olvidado y descuidado, a través de esa multitud de impotentes, sin que nadie gritara: "¡Hijo de David, ten misericordia de mí! Ninguna mujer que luchara por tocar el borde de Su manto para ser sanada. Todos deseaban ser curados, pero nadie lo sabía o nadie confiaba en Él.

Qué espectáculo tan extraño y tan doloroso para el alma, pues Jesús era capaz y estaba dispuesto a sanar, y a hacerlo todo sin cobrar honorarios ni recompensa, y sin embargo nadie lo buscaba. ¿Se repetirá esta escena esta mañana? Jesucristo es capaz de salvarlos, oyentes míos. No hay corazón tan duro que Él no pueda ablandar. No hay entre ustedes un hombre tan perdido que Jesús no pueda salvarlo. Bendito sea mi amado Señor, ningún caso lo derrotó jamás.

Su poderoso poder llega más allá de todas las profundidades del pecado y la locura humanos. Si hay aquí una ramera, Cristo puede limpiarla. Si hay aquí un borracho o un ladrón, la sangre de Jesús puede hacerlo blanco como la nieve. Si tienes algún deseo hacia Él, no has ido más allá del alcance de Su mano traspasada. Si no eres salvo, ciertamente no es por falta de poder en el Salvador.

Además, tu pobreza no es un obstáculo, pues mi Maestro no te pide nada: cuanto más pobre es el desgraciado, más bienvenido es Cristo. Mi Maestro no es un sacerdote codicioso que exige una paga por lo que hace; Él nos perdona gratuitamente. No quiere nada de tus méritos, nada en absoluto de ti. Ven a Él tal como eres, pues Él está dispuesto a recibirte tal como eres.

Pero aquí está mi pena y mi queja, que este bendito Señor Jesús, aunque presente para sanar, no recibe atención de la mayoría de los hombres. Miran hacia otro lado y no tienen ojos para Él. Sin embargo, Jesús no se enojó. No encuentro que reprendiera a ninguno de los que yacían en los pórticos, ni que pensara siquiera duramente en ellos, sino que estoy seguro de que se compadeció de ellos, y dijo en Su corazón: "¡Ay, pobres almas, que no sepan cuándo está tan cerca la misericordia!"

Mi Maestro no se enoja con ustedes que lo olvidan y lo descuidan, sino que se compadece de ustedes de todo corazón. Yo no soy más que Su pobre siervo, pero me compadezco, desde lo más íntimo de mi corazón, de aquellos de ustedes que viven sin Cristo. Con gusto lloraría por ustedes que están intentando otros caminos de salvación, pues todos terminarán en desilusión, y si continúan en ellos, probarán ser su destrucción eterna.

Observen cuidadosamente lo que hizo el Salvador. Mirando alrededor entre toda la compañía, hizo una elección. Tenía derecho a hacer la elección que quisiera y ejerció esa prerrogativa soberana. El Señor no está obligado a dar Su misericordia a todos ni a nadie. Él la ha proclamado libremente a todos ustedes, pero como ustedes la rechazan, Él tiene ahora un doble derecho de bendecir a Sus elegidos haciéndolos dispuestos en el día de Su poder.

El Salvador seleccionó a ese hombre de entre la gran multitud, no sabemos por qué, pero ciertamente por una razón fundada en la gracia. Si pudiéramos aventurarnos a dar una razón de Su elección, podría ser que lo seleccionó porque el suyo era el peor caso, y había esperado más de todos. El caso de este hombre estaba en boca de todos. Decían: "Este hombre ha estado allí treinta y ocho años".

Nuestro Señor actuó de acuerdo con Su propio propósito eterno, haciendo lo que quiso con los Suyos. Fijó el ojo de su amor electivo en aquel hombre, y acercándose a él, lo contempló. Conocía toda su historia. Sabía que había estado mucho tiempo en ese caso, y por eso se compadeció mucho de él. Pensó en aquellos lúgubres meses y años de dolorosa desilusión que había sufrido el hombre impotente, y las lágrimas asomaron a los ojos del Maestro. Miró y volvió a mirar a aquel hombre, y Su corazón se compadeció de él.

Ahora bien, yo no sé a quién se propone salvar Cristo esta mañana por su gracia eficaz. Estoy obligado a hacer el llamado general, es todo lo que puedo hacer, pero no sé dónde hará el Señor el llamado eficaz que es el único que puede hacer que la Palabra salve. No me sorprendería si Él llamara a algunos de ustedes que han estado esperando por mucho tiempo. Bendeciré Su nombre si lo hace.

No me maravillaría si el amor electivo se posara hoy sobre el primero de los pecadores. Si Jesús mirara a algunos de ustedes que nunca lo miraron a Él, hasta que Su mirada los haga mirar, y Su piedad los haga tener piedad de ustedes mismos, y Su gracia irresistible los haga venir a Él para que puedan ser salvos.

Jesús realizó un acto de gracia distintiva soberana. Ruego que no pataleen ante esta doctrina. Si lo hacen, no puedo evitarlo, pues es verdad. Les he predicado el Evangelio a cada uno de ustedes tan libremente como el hombre puede hacerlo, y ciertamente ustedes que lo rechazan no deberían pelear con Dios por conceder a otros lo que a ustedes no les interesa recibir. Si deseas Su misericordia, Él no te la negará. Si lo buscan, Él será hallado por ustedes; pero si no buscan misericordia, no se quejen contra el Señor si Él la otorga a otros.

Jesús, habiendo mirado a este hombre con especial atención, le dijo: "¿Quieres ser sano?". Ya he insinuado que esto no se dijo porque Cristo quisiera información, sino porque deseaba despertar la atención del hombre. Debido a que era sábado, el hombre no estaba pensando en ser curado, pues al judío le parecía algo muy improbable que se produjeran curaciones en un día de reposo.

Jesús, por lo tanto, devolvió sus pensamientos al asunto en cuestión. Porque, fíjense, la obra de la gracia es una obra sobre una mente consciente, no sobre materia sin sentido. Aunque los Puseyitas pretenden regenerar a los niños inconscientes, rociándoles la cara con agua, Jesús nunca intentó tal cosa; Jesús salva a los hombres que tienen el uso de sus sentidos, y Su salvación es una obra sobre un intelecto vivificado y afectos despiertos.

Jesús devolvió la mente errante con la pregunta: "¿Quieres ser sano?". "Ciertamente", pudo haber dicho el hombre, "ciertamente, lo deseo sobre todas las cosas; lo anhelo; jadeo por ello". Ahora, mi querido oyente, te haré la misma pregunta. "¿Deseas ser salvo? ¿Deseas ser salvo? ¿Sabes lo que es ser salvo?"

"Oh", dirás, "es escapar del infierno". No, no, no. Ese es el resultado de ser salvo, pero ser salvo es una cosa diferente. ¿Deseas ser salvo del poder del pecado? ¿Desea ser salvo de ser codicioso, mundano, malhumorado, injusto, impío, dominante, borracho o profano? ¿Estás dispuesto a renunciar al pecado que te es más querido? "No", dice uno, "no puedo decir honestamente que deseo todo eso". Entonces usted no es el hombre que busco esta mañana.

Pero, ¿hay alguien aquí que diga: "Sí, anhelo librarme del pecado, raíz y rama. Deseo, por la gracia de Dios, convertirme hoy mismo en cristiano y ser salvo del pecado". Bien, entonces, como ya estás en un estado de reflexión, demos un paso más y observemos lo que hizo el Salvador. Dio la palabra de mando, diciendo: "Levántate, toma tu lecho y anda".

El poder por el que el hombre se levantó no estaba en sí mismo, sino en Jesús. No fue el mero sonido de la palabra lo que le hizo levantarse, sino el poder divino que la acompañaba. Creo que Jesús sigue hablando a través de sus ministros. Confío en que Él habla a través de mí en este momento, cuando en Su nombre les digo a ustedes que han estado esperando en el estanque, no esperen más, sino que en este momento crean en Jesucristo.

Confía en Él ahora. Sé que mi palabra no hará que lo hagas, pero si el Espíritu Santo obra a través de las palabras, creerás. Confía en Cristo ahora, pobre pecador. Cree que Él es capaz de salvarte. Créelo ahora. Confía en Él para salvarte en este momento. Apóyate en Él ahora. Si eres capacitado para creer, el poder vendrá de Él, no de ti, y tu salvación será efectuada, no por el sonido de la palabra, sino por el poder secreto del Espíritu Santo que acompaña a esa palabra.

Les ruego que observen que, aunque en el texto no se dice nada acerca de la fe, el hombre debió de tener fe. Supongan que han sido incapaces de mover la mano o el pie durante treinta y ocho años, y alguien dijera junto a su cama: "¡Levántate!", no pensarían en intentar levantarse, sabrían que es imposible. Debes tener fe en la persona que pronunció la palabra, de lo contrario no harías el intento.

Me parece ver al pobre hombre: ahí está, hecho un montón, un manojo retorcido de nervios torturados y músculos impotentes. Sin embargo, Jesús le dice: "¡Levántate!", y se levanta al instante. "Levanta tu lecho", dice el Maestro, y se lleva el lecho. Aquí estaba la fe del hombre. El hombre era judío, y sabía que, según los fariseos, sería muy perverso que enrollara su colchón y lo llevara en sábado.

Pero como Jesús se lo dijo, no hizo preguntas, sino que dobló el camastro y caminó. Hizo lo que se le dijo, porque creyó en Aquel que le habló. ¿Tienes tú tal fe en Jesús, pobre pecador? ¿Crees que Cristo puede salvarte? Si es así, entonces te digo en Su nombre: ¡Confía en Él! Confía en Él ahora. Si confías en Jesús, serás salvo esta mañana, salvo en el acto y salvo para siempre.

Observen, amados amigos, que la curación que Cristo realizó fue perfecta. El hombre podía llevar su cama. La restauración fue probada hasta la demostración, la curación fue manifiesta. Todos podían verla. Además, la curación fue inmediata. No se le dijo que tomara un terrón de higos, lo pusiera sobre la llaga y esperara. No fue llevado a su casa por sus amigos, y puesto en reposo durante un mes o dos, y gradualmente alimentado con energía vital.

Oh, no! fue curado allí mismo. La mitad de nuestros cristianos profesantes imaginan que la regeneración no puede tener lugar en un momento, y por tanto, les dicen a los pobres pecadores: "Ve y acuéstate en el estanque de Betesda. Espera en el uso de las ordenanzas. Humíllate. Busca un arrepentimiento más profundo". Amados, ¡alejémonos de esa enseñanza!

¡La cruz! ¡La cruz! ¡La cruz! ¡Allí pende la esperanza del pecador! No debes confiar en lo que tú puedas hacer, ni en lo que puedan hacer los ángeles, ni en visiones y sueños, ni en sentimientos y emociones extrañas y horribles delirios, sino que debes descansar en la sangre de mi Maestro y mi Dios, una vez inmolado por los pecadores. Hay vida en una mirada al Crucificado, pero no hay vida en ninguna otra parte.

Llego, pues, al mismo punto sobre la segunda cabeza que sobre la primera. Así dice el Señor: "Mirad a mí, y sed salvos, todos los confines de la tierra".

III. En tercer lugar, tenemos que APLICAR LA INSTANCIA DEL TEXTO A LA OCASIÓN ACTUAL.

Espero, creyentes, que sus corazones se eleven en oración esta mañana. ¡Qué escena tenemos ante nosotros! Si alguien nos hubiera dicho que esta masa de gente [aproximadamente 20.000 almas] se habría reunido para escuchar el Evangelio, ¿no hay cientos de personas que lo habrían dudado? Fíjense en esto, no hemos tenido nada novedoso para atraer a esta multitud, nada por la vía de una ceremonia magnífica, ni siquiera el sonido del órgano; yo decliné sus notas repiqueteantes, para que no pareciera que dependemos en el más mínimo grado, desde un hilo hasta la hebilla de un zapato, de otra cosa que no sea la predicación del Evangelio.

La predicación de la cruz es suficiente para atraer a la gente, y suficiente para salvar a la gente, y si nos dedicamos a cualquier otra cosa, perdemos nuestro poder y cortamos los candados que nos hacen fuertes. La aplicación del texto, esta mañana, es precisamente esta: ¿Por qué no habríamos de tener en este mismo lugar curaciones instantáneas de almas enfermas?

¿Por qué no ha de haber decenas, cientos, miles, que oigan esta mañana la graciosa palabra: "Levántate, toma tu lecho, y anda"? Creo que es posible. Espero que se haga. Permítanme hablar con ustedes que dudan de este asunto. Ustedes todavía piensan que deben esperar; ya han tenido suficiente tiempo de espera, y se están cansando bastante, pero aun así se aferran al viejo plan. Por desesperanzado que sea, siguen aferrándose a él como quien se ahoga a un clavo ardiendo.

Pero quiero mostrarles que todo esto es erróneo. La regeneración es una obra instantánea y la justificación un don instantáneo. El hombre cayó en un momento. Cuando Eva arrancó el fruto, y Adán lo comió, no se necesitaron seis meses para llevarlos a un estado de condenación. No se necesitaron varios años de pecado continuado para expulsarlos del paraíso.

El fruto prohibido les abrió los ojos. Vieron que estaban desnudos y se escondieron de Dios. Ciertamente, ciertamente, Cristo no tardará más en hacer Su obra de lo que el diablo tardó en hacer la suya. ¿Acaso el diablo nos destruirá en un momento, y Jesús será incapaz de salvarnos en un momento? Gloria a Dios, Él tiene un poder para liberar mucho más amplio que cualquiera que Satanás use para la destrucción del hombre.

Mira las ilustraciones bíblicas de lo que es la salvación. Sólo mencionaré tres. Noé construyó un arca- eso fue un tipo de salvación. Ahora, ¿cuándo fue Noé salvo? Cristo construyó el arca por nosotros, nosotros no tenemos nada que ver con la construcción de eso, pero ¿cuándo fue Noé salvado? ¿Alguien dice: "Se salvó después de haber estado en el arca un mes, y haber arreglado todas las cosas, y miró hacia el diluvio y sintió su peligro"? No! en el momento en que Noé entró por la puerta, y el Señor lo encerró, Noé estaba a salvo. Cuando había estado en el arca un segundo estaba tan seguro como cuando había estado allí un mes.

Tomemos el caso de la Pascua. ¿Cuándo estuvieron los judíos a salvo del ángel destructor que atravesó la tierra de Egipto? ¿Estaban a salvo después de que la sangre que fue rociada sobre la puerta había sido contemplada y considerada por una semana o dos? Oh, no! amados, en el momento que la sangre fue rociada, la casa fue asegurada. Y en el momento en que un pecador cree y confía en el Hijo Crucificado de Dios es perdonado de inmediato, recibe la salvación completa por medio de la sangre de Cristo.

Un ejemplo más, la serpiente de bronce. Cuando la serpiente de bronce fue levantada, ¿qué debían hacer los heridos? ¿Se les dijo que esperaran hasta que la serpiente de bronce fuera empujada hacia sus rostros, o hasta que el veneno de la serpiente mostrara ciertos síntomas en su carne? No, se les ordenó que miraran. Y miraron. ¿Se curaron en seis meses? Leo que no, pero tan pronto como sus ojos se encontraron con la serpiente de bronce, se produjo la curación.

Y tan pronto como tu ojo encuentre a Cristo, pobre tembloroso, serás salvo. Aunque ayer estabas hundido en tus copas, y metido hasta el cuello en el pecado, si esta mañana miras a mi una vez inmolado, pero ahora exaltado Maestro, encontrarás la vida eterna.

Tomemos de nuevo ejemplos bíblicos. ¿Esperó el ladrón moribundo en el estanque de las ordenanzas? Sabéis cuán pronto fue oída su oración creyente, y Jesús le dijo: "Hoy estarás conmigo en el paraíso." Los tres mil en Pentecostés, ¿esperaron alguna gran cosa? No, creyeron y fueron bautizados.

Mira al carcelero de Filipos. Era la oscuridad de la noche, la prisión fue sacudida, y el carcelero se alarmó, y dijo, "Señor, ¿qué debo hacer para ser salvo?" ¿Dijo Pablo: "Bien, debes usar los medios y buscar una bendición sobre las ordenanzas"? No, le dijo: "Cree en el Señor Jesucristo, y serás salvo tú y tu casa", y esa misma noche lo bautizó. Pablo no se tomó el tiempo que algunos consideran tan sumamente necesario. Él creía como yo, que hay vida en una mirada a Jesús. Ordenó a los hombres que miraran, y mirando vivían.

Posiblemente verán esto aún más claramente si les recuerdo que la obra de la salvación está toda hecha. No hay nada que un pecador deba hacer para ser salvo, todo está hecho para él. Usted quiere lavarse. El baño no necesita llenarse. "Hay una fuente llena de sangre". Usted quiere ropa. No tienes que hacer el vestido, el manto está listo. La vestidura de la justicia de Cristo está tejida de arriba a abajo, todo lo que se quiere es que se la pongan. Si te quedara algún trabajo por hacer podría ser un proceso más largo, pero todo el hacer es realizado por Cristo. La salvación no es por obras, sino por gracia, y aceptar lo que Cristo te presenta no es un trabajo de tiempo.

Una vez más, permítanme decirles que la regeneración en sí no puede ser una obra de mucho tiempo, porque, incluso donde parece ser más gradual, cuando se mira de cerca, resulta ser en su esencia la obra de un momento.

Hay un hombre muerto; ahora bien, si ese hombre resucita de entre los muertos, tiene que haber un instante en el que estuvo muerto, y otro instante en el que estuvo vivo. La resurrección real debe ser obra de un instante. Les concedo que al principio la vida puede ser muy débil, pero debe haber un momento en que comienza. Debe haber una línea -no siempre podemos verla nosotros mismos, pero Dios la ve- debe haber una línea entre la vida y la muerte. Un hombre no puede estar entre vivo y muerto. O está vivo o está muerto. Y así tú estás muerto en pecado o vivo para Dios, y la vivificación no puede implicar un largo período de tiempo.

Por último, oyentes míos, para que Dios diga: "Te perdono", no hace falta ni un siglo ni un año. El juez pronuncia la sentencia, y el criminal es absuelto. Si Dios os dice esta mañana: "Yo te absuelvo", estáis absueltos y podéis iros en paz. Debo dar fiel testimonio de mi propio caso. Nunca encontré misericordia esperando. Nunca obtuve un rayo de esperanza dependiendo de las ordenanzas. Encontré la salvación creyendo.

Oí decir a un sencillo ministro del Evangelio: "¡Mira y vive! Mirad a Jesús. ¡Él sangra en el huerto, Él muere en el madero! ¡Confía en Él! Confía en lo que Él sufrió en tu lugar, y si confías en Él, te salvarás". El Señor sabe que yo había oído ese Evangelio muchas veces antes, pero no lo había obedecido. Sin embargo, esta vez llegó con poder a mi alma, y miré, y en el momento en que miré a Cristo, perdí mi carga.

"Pero", dice uno, "¿cómo lo sabes?". ¿Has llevado tú alguna vez una carga? "Oh, sí", dice uno. ¿Sabías cuándo te la quitabas? "¿Cómo lo sabías?" "Oh", dices, "me sentía tan diferente. Sabía cuándo llevaba mi carga y, en consecuencia, sabía cuándo me la quitaba". Así fue en mi caso. Sólo desearía que algunos de ustedes sintieran la carga del pecado como yo la sentí cuando esperaba en el estanque de Betesda.

Me asombraba que esa espera no me hubiera llevado al infierno. Pero cuando oí la palabra: "¡Mira!". Miré, y mi carga había desaparecido. Me pregunté adónde se había ido. Nunca la he vuelto a ver y nunca la volveré a ver. Fue a la tumba del Maestro, y allí yace enterrada para siempre.

Dios lo ha dicho: "He borrado como una nube tus iniquidades, y como una nube espesa tus pecados". ¡Oh, venid, necesitados, venid a mi Maestro! Oh, ustedes que han sido desilusionados con ritos y ceremonias, y sentimientos, e impresiones, y todas las esperanzas de la carne, vengan al mandato de mi Señor y miren hacia Él.

No está aquí en la carne, pues ha resucitado. Pero ha resucitado para interceder por los pecadores, y "puede también salvar perpetuamente a los que por él se acercan a Dios, viviendo siempre para interceder por ellos."

¡Oh, si pudiera saber cómo predicar el Evangelio para que ustedes lo sintieran, iría a cualquier escuela para aprender! El Señor sabe que de buena gana consentiría en perder estos ojos para obtener mayor poder en mi ministerio. Ay, y perder brazos, piernas y todos mis miembros. Estaría dispuesto a morir si pudiera ser honrado por el Espíritu Santo para ganar esta masa de almas para Dios. Os imploro, hermanos míos, vosotros que tenéis poder en la oración, rogad al Señor que lleve a los pecadores a Cristo.

Permítanme decirles, solemnemente, a ustedes que han escuchado la Palabra este día, que les he dicho el plan de salvación claramente. Si no lo aceptáis, estoy limpio de vuestra sangre, sacudo mis faldas de la sangre de vuestras almas. Si no venís a mi Señor y Maestro, he de dar rápido testimonio contra vosotros en el día del juicio. Os he dicho el camino; no puedo decíroslo más sencillamente; os ruego que lo sigáis.

Te suplico que mires a Jesús. Pero si lo rechazas, en todo caso, cuando resucites de entre los muertos y estés ante el gran trono blanco, hazme la justicia de decir que te supliqué y persuadí para que escaparas, que te impresioné para que huyeras de la ira venidera.

El Señor os salve a cada uno de vosotros, y Suya sea siempre la alabanza. Amén.

Sermón #2269—Impotencia y Omnipotencia

DESTINADO A SER LEÍDO EL DÍA DEL SEÑOR, 14 DE AGOSTO DE 1892

PRONUNCIADA POR C. H. SPURGEON

EN EL TABERNÁCULO METROPOLITANO, NEWINGTON, LA NOCHE DEL DÍA DEL SEÑOR, 16 DE FEBRERO DE 1890

"Estaba allí un hombre que tenía una enfermedad de treinta y ocho años. Viéndole Jesús echado, y sabiendo que hacía ya mucho tiempo que estaba así, le dijo: ¿Quieres ser sano? El impotente le respondió: Señor, cuando el agua está revuelta, no tengo quien me meta en el estanque; pero mientras yo voy, otro se me adelanta. Jesús le dijo: Levántate, toma tu lecho y anda. Y al instante el hombre quedó sano, tomó su lecho y anduvo."

Juan 5:5-9

Este hombre había estado tendido, con muchos otros, alrededor del estanque, esperando que el ángel lo agitara, y que él se metiera primero en el agua, y así sanara. Allí esperó mucho tiempo, y esperó en vano. ¿Por qué esperó? Porque Jesús no estaba allí. Si es sólo un ángel y un estanque, debes esperar, y uno puede recibir una bendición, y muchos pueden no recibir ninguna bendición. Pero cuando Jesús vino, no hubo que esperar. Caminó entre la multitud de enfermos, vio a este hombre, le dijo que tomara su colchón y caminara a casa, y fue sanado de inmediato.

Ahora bien, elogio a este hombre por esperar, lo admiro por su paciencia y su perseverancia, pero les ruego que no hagan suyo su caso. Él esperó, porque Jesús no estaba allí. Tú no puedes esperar, no debes esperar, porque Jesús está aquí. Era necesario que esperara. Como les he dicho, había un ángel y un estanque, y nada más; pero donde está Cristo, no debe haber espera. Cualquier alma que mire a Cristo esta noche será salva, aunque mire desde los confines de la tierra. Puedes mirar ahora, es más, se te ordena que lo hagas. "He aquí ahora el tiempo aceptable; he aquí ahora el día de salvación". "No endurezcáis vuestros corazones, como en la provocación".

Allí, en esa banca, o en aquellos pasillos, si dirigen sus ojos por fe a Jesús, el Viviente en el trono del Altísimo, obtendrán una curación inmediata. Esperar está muy bien en el estanque de Betesda, pero esperar en el estanque de las ordenanzas, como he oído decir a algunos, no está de acuerdo con las Escrituras. No leo nada acerca de esperar allí, pero sí leo esto: "Cree en el Señor Jesucristo, y serás salvo".

Sin embargo, para ayudar a algunos que han esperado hasta el cansancio, que han perseverado en el uso de los medios hasta desanimarse y desilusionarse, veamos el caso del hombre impotente en Betesda.

I. Observamos, en primer lugar, que EL SALVADOR CONOCÍA EL CASO.

Sólo lo menciono para decir que el Salvador conoce su caso. Jesús lo vio allí tendido. Había muchos objetos en los que el Salvador podía posar sus ojos, pero fijó su mirada en este hombre, postrado en cama desde hacía mucho tiempo, impotente desde hacía treinta y ocho años. Aun así, Jesús sabe todo acerca de tu caso. Él te ve yacer justo donde estás esta noche, impotente, sin esperanza, sin luz, sin fe. Él te ve, quiero que sientas que esto es verdad. Él te ve en medio de esta multitud, dondequiera que estés sentado, y Su ojo te está escudriñando de pies a cabeza, es más, mira tanto dentro como fuera, y lee todo lo que hay en tu corazón.

En cuanto al hombre de la piscina, Jesús sabía que llevaba mucho tiempo en ese caso. Él sabe los años que has estado esperando. Recuerdas que tu madre te llevaba en brazos a la casa de Dios. Recuerdas que, de niño, escuchabas sermones que parecían sobresaltarte, y volvías a casa, a tu pequeño dormitorio, y clamabas a Dios por misericordia, pero olvidabas tus impresiones. Eran como la niebla matinal que se desvanece con el sol naciente.

Llegaste a Londres, creciste hasta convertirte en un hombre, pero te descuidaste de las cosas divinas, te sacudiste todas tus primeras impresiones. Aun así, fuiste a oír la Palabra de Dios predicada, y a menudo tenías la esperanza de recibir una bendición. Escuchabas la Palabra, pero la fe no se mezclaba con lo que escuchabas, así que te perdías la bendición. Aún así, siempre tenías el deseo de que te llegara. Nunca pudiste despreciar a la gente piadosa, o las cosas de Cristo. No podías conseguirlas para ti, al menos, pensabas que no podías, pero siempre tenías algún deseo persistente de ser contado con el pueblo de Dios.

Ahora, el Señor Jesús sabe todo acerca de eso, y los muchos años en los cuales has estado esperando como un oidor, pero un oidor solamente, y no un hacedor de la Palabra, impresionado a veces, pero haciendo violencia a tus mejores sentimientos, y regresando a una vida descuidada. Mi Señor sabe todo acerca de ti. No puedo distinguirte en esta congregación, pero recuerda, mientras estoy predicando esta noche, se obrarán milagros, procesos que cambiarán la naturaleza misma de los hombres están ocurriendo dentro de esta casa, porque Cristo está siendo predicado, y Su Evangelio está siendo expuesto, y esto no se hace, con fervorosa oración, en vano.

Dios la bendecirá, Él va a bendecir a alguien esta noche. Quién puede ser ese alguien, o cuántos cientos de alguien habrá, no puedo adivinar, pero Él bendecirá Su propia Palabra, y ¿por qué no habría de bendecirte a ti? El ve quien eres, y donde estas, y lo que eres.

Además, nuestro Señor conocía todas las desilusiones de este pobre hombre. Muchas veces, cuando se había esforzado por ser el primero en llegar a la orilla del agua, y pensaba que sería capaz de dar el feliz chapuzón, entraba otro antes que él, y sus esperanzas se desvanecían. Otro salió del agua curado, y entonces, con un suspiro muy pesado, se dejó caer de nuevo en su lecho, y sintió que podría pasar mucho tiempo antes de que el ángel volviera a agitar el agua, e incluso entonces podría sufrir otra decepción. Recordó las muchas veces en que había perdido toda esperanza, y se quedó tendido, casi desesperado.

Ahora creo escuchar a alguien aquí esta noche diciendo: "Mi hermano encontró al Señor. Mi amigo, que vino conmigo aquí, encontró al Señor. Yo he vivido para ver morir a mi madre con la esperanza cierta y segura de la gloria. Tengo amigos que han venido a Cristo, pero yo sigo viviendo sin Él. Cuando hay servicios especiales, espero haber sido especialmente bendecido. He asistido a reuniones de oración, he leído mi Biblia en secreto, y a veces he esperado -era una pequeña esperanza, pero aun así esperaba-: "Tal vez, uno de estos días, pueda ser sanado"".

Sí, querido amigo, y mi Señor lo sabe todo, y se compadece de todo el dolor que sientes esta noche, y oye esos deseos tuyos no expresados, y conoce tu anhelo de que puedas ser sanado.

II. Ahora, en segundo lugar, EL SALVADOR DESEABA LOS DESEOS DEL HOMBRE.

Le dijo: "¿Quieres curarte?". Allí yacía. No voy a explicar ese yacimiento en el estanque, pero apliquenlo a ustedes que están aquí en una condición similar.

Cuidado con olvidar por qué estás aquí. Cuidado con venir a la casa de Dios y no saber a qué venís. He dicho que, hace años, acudíais a los lugares de culto con la esperanza de encontrar la salvación. Pues bien, han seguido viniendo, y no la han encontrado, pero ¿la buscan ahora? ¿No has caído en el hábito de sentarte y escuchar sermones, oraciones, etc., sin sentir que viniste por algo especial para ti? Vienes y te vas, simplemente para asistir a un lugar de culto, eso es todo. El Salvador no dejaría que el hombre impotente yaciera allí satisfecho porque estaba junto al estanque. No, no. Le dijo: "¿Por qué estás aquí? ¿No tienes algún deseo? ¿No quieres ser sanado?".

Mi querido oyente, desearía que pudieras decir "Sí" a esta pregunta. ¿Has venido aquí esta noche para que tu pecado sea perdonado, para que tu alma sea renovada por la gracia divina, para que te encuentres con Cristo? Si es así, quiero mantenerte en ese punto, y no permitir que vengas, y te sientes aquí, y vengas, y vengas, y vengas, y vengas, y seas como la puerta que está en sus goznes allá afuera, que entra y sale de nuevo, y no es ni un poquito mejor por ello. ¡Oh, no adquieran meros hábitos religiosos! Hábitos ritualistas serán para ti, por simple que sea el ritual. Vienes y te vas, y estás satisfecho. Esto nunca será suficiente. Cristo despierta tu deseo cuando dice: "¿Quieres ser sano?"

Evitad también una indiferencia desesperada. Recuerdo a dos hermanos y una hermana que me oyeron predicar durante un tiempo considerable, y estaban muy angustiados, pero al mismo tiempo tenían la idea de que no podían creer en Cristo, y que debían esperar, no sé muy bien para qué, y esperaron hasta que envejecieron. No conocí mejores personas moralmente, ni mejores oyentes en cuanto al interés por lo que oían, pero nunca parecían llegar más lejos.

Al fin llegaron a este estado, parecían sentir como si, si iba a ser, sería, y si no iba a ser, no sería, y que todo lo que podían hacer era simplemente sentarse quietos, y estar callados y pacientes. ¿Paciencia ante la posibilidad de perderse para siempre? No espero que el hombre en la celda de los condenados se sienta feliz y paciente cuando oiga que están colocando su horca. Debe estar preocupado, debe estar inquieto.

Hice todo lo que pude para inquietar a estos amigos, pero confieso que me temo que mis esfuerzos dieron muy pocos resultados. El Salvador dijo a este hombre: "¿Quieres ser sano? Pareces estar en tal estado de indiferencia que no te importa si eres sanado o no". No se puede encontrar peor condición que esa, es tan difícil de tratar. Dios te salve de la hosca indiferencia, en la que te dejas llevar a la destrucción a la voluntad de algún destino desconocido.

Te ruego que recuerdes que es tu voluntad, pues Cristo le dijo a este hombre: "¿Quieres ser sanado? No puedes sanarte a ti mismo, pero puedes querer y desear ser sanado". El Espíritu Santo de Dios ha dado a muchos de ustedes el querer y hacer según Su beneplácito. Nunca seréis salvados contra vuestra voluntad, Dios no arrastra a nadie al cielo por las orejas. Debe haber en ti una mente dispuesta a consentir a la obra de Su gracia soberana, y si está allí, quiero que la ejercites esta noche, como Cristo quiso que este hombre la ejerciera: "¿Quieres ser sano? ¿Tienes algún deseo en ese sentido, algún anhelo o deseo de sanidad?"

Quiero avivar este fuego, y hacerlo arder, y si hubiera sólo una chispa de deseo, yo soplaría sobre ella, y rogaría al Espíritu Santo que soplara sobre ella para convertirla en una gran llama. Pablo dijo: "El querer me es dado; mas el hacer lo bueno, no lo hallo". Creo que hay algunos aquí que tienen la voluntad de ser salvos, ¡gracias a Dios por eso!

"¿Quieres quedar sano?". Creo que el Salvador formuló esta pregunta por otra razón, que convertiré en una exhortación. Renuncien a toda prescripción acerca de cómo han de ser salvados. La pregunta no es: "¿Quieres ser metido en ese estanque?", sino: "¿Quieres ser sanado?". La pregunta no es: "¿Tomarás esta medicina? ¿Quieres que te haga esto o aquello?" sino "¿Quieres ser sanado?" ¿Has llegado a esto, que estás dispuesto a ser salvo a la manera de Dios, a la manera de Cristo?

Uno dice: "Quiero tener un sueño". Querida alma, no quieras sueños, sólo son sueños. Otro dice: "Necesito ver una visión". Mi querido amigo, no hay nada en el plan de salvación sobre ver visiones. "Necesito oír una voz", dice uno. Bien, entonces oye mi voz, y que Dios el Espíritu Santo te haga oír la voz de Su Palabra a través de mí. "Pero yo quiero"; ¡oh! sí, tú quieres, pero no sabes lo que quieres, como muchos niños tontos que tienen sus modas, y sus fantasías, y sus caprichos, y sus deseos.

¡Oh, que todos estuvieran dispuestos a ser salvos por el simple plan de creer y vivir! Si este es el camino de Dios, ¿quién eres tú para que Él haga un nuevo camino para ti? Cuando le presenté el camino de la salvación a una amiga, hace algún tiempo, ella se volvió hacia mí y me dijo: "¡Oh, señor, rece por mí!". "No", le dije, "no rezaré por ti". "¡Oh! pero", dijo ella, "¿cómo puedes decir eso?". Le respondí: "Te presento a Cristo crucificado y te ruego que creas en Él. Si no crees en Él, te perderás, y no rogaré a Dios que te ofrezca otro camino de salvación. Mereces perderte si no crees en Cristo". Se lo dije, y cuando después dijo: "¡Oh, ahora lo veo! Miro a Cristo y confío en Él", le dije: "Ahora rezaré por ti, ahora podemos rezar juntas y cantar juntas, si es necesario".

Pero, queridos amigos, no os hagáis vuestra propia idea de cómo debéis convertiros. ¿Pueden encontrar dos personas que se hayan convertido de la misma manera? Dios no hace conversos como los hombres hacen plumas de acero, un bruto en una caja todos iguales. No, no, pero en cada caso hay un hombre viviente creado, y cada hombre viviente, cada animal viviente, cada planta viviente, es algo diferente de cualquier otro de su especie, y no debes buscar uniformidad en la obra de la regeneración. "¿Quieres ser sanado?" Vamos, ¿deseas el perdón de tus pecados? ¿Anhelas un corazón nuevo y un espíritu recto? Si es así, deja de discutir acerca de cómo has de obtenerlos, y haz lo que Cristo te dice que hagas.

"¿Quieres ser sanado?" Es como si el Salvador dijera: "Sé más serio que nunca. Sé que quieres ser sanado; pues bien, ahora, hazlo esta noche más que nunca". Deja que la voluntad que tienes sea ejercitada, ponla adelante. Tú estás deseoso de ser salvo, sé más deseoso esta noche. Deseas encontrar a Cristo, pues bien, desea encontrar a Cristo esta noche más que nunca en tu vida. Has llegado a una crisis importante de tu vida, puedes estar a punto de morir, ¿quién sabe?

¡Cuántos han sido golpeados repentinamente últimamente! Si queréis estar sanos, os ruego que lo estéis esta noche. Oro para que sientan que algo los presiona, algo que los haga poner fin a su larga demora, algo que los haga sentir: "no tengo más tiempo que perder, no puedo darme el lujo de holgazanear, ¡debo ser salvo esta noche! Debo oír el tictac distante del gran reloj de Dios, que está en el vestíbulo de la gracia, y siempre dice: '¡Ahora! ¡Ahora! ¡Ahora! ¡Ahora! y nunca emite ningún otro sonido". ¡Oh, que el Señor haga que así sea, por Su propia gracia gratuita!

Como ven, el Salvador despertó los deseos del hombre de la piscina. Primero, conoció su caso, y luego, despertó sus deseos.

III. Ahora, en tercer lugar, EL SALVADOR ESCUCHÓ LA LLAMADA DEL HOMBRE.

Esto es lo que dijo: "Señor, no tengo quien me meta en el estanque cuando las aguas están revueltas, sino que mientras yo voy, otro se me adelanta."

Algunas de estas personas tenían amigos amables, que se turnaban para vigilar día y noche, y en el momento en que se agitaba el agua, cogían a su paciente y lo sumergían. Este hombre había perdido a todos sus amigos, treinta y ocho años de enfermedad los habían desgastado a todos, y dijo: "No tengo a nadie que me meta en la piscina; ¿cómo puedo meterme en el agua?". Así que hay muchos en este caso, que quieren ayuda.

Mientras he estado en Menton, he tenido la dicha de llevar a Cristo a varios amigos. Cuando tuve que dejarlos y regresar a Londres, uno y otro me dijeron: "¿Qué podemos hacer sin usted, señor? Ahora no tendremos a nadie que nos guíe por el buen camino, nadie que nos instruya, nadie que responda a nuestras objeciones, nadie que resuelva nuestras dudas, nadie a quien podamos contar las angustias de nuestros corazones."

Sin duda algunos de ustedes hablarían de la misma manera, y debo admitir que la falta de un ayudante es grave. Es una gran privación no tener a nadie que te ayude en estas cosas. A veces, si un amigo se acercara después del sermón y dijera una palabra amable, haría más bien que el sermón mismo. Muchos pobres atribulados, que han estado largo tiempo en prisión, podrían haber sido liberados más pronto si tan sólo algún amigo bondadoso le hubiera recordado al hermano una promesa divina que, como una llave, habría abierto la puerta de la prisión. Estoy de acuerdo contigo en que es de gran ayuda tener un amigo cristiano sincero que te eleve por encima de una dificultad, que te lleve hasta la orilla del agua a la que no puedes llegar por ti mismo, y que te meta en el estanque. Es una gran pérdida, ciertamente, si no tienes tal amigo, y lo siento mucho por ti.

Vives en un pueblo donde no hay nadie que te hable de asuntos espirituales, o asistes a un ministerio que no te da de comer. No tienes a nadie que te consuele. No hay muchos, después de todo, que realmente puedan ayudar a los pecadores a venir a Cristo. Algunos que tratan de hacerlo son demasiado sabios, y otros son demasiado duros de corazón. Se necesita un entrenamiento especial en la escuela de la gracia para que alguien aprenda a simpatizar con otros, de tal manera que sea capaz de ayudarlos realmente. Puedo suponer que alguien aquí está diciendo: "No tengo una madre con quien hablar, no tengo un amigo cristiano en la familia, no tengo a nadie a quien pueda acudir en busca de ayuda, y por eso me quedo donde estoy".

Bueno, un ayudante es muy valioso, pero quiero decir que un ayudante puede no ser tan valioso como usted piensa. He conocido a algunos que han tenido muchos ayudantes cristianos mientras buscaban al Señor, pero ninguno de ellos pudo ayudarlos realmente. Si usted confía en ayudantes terrenales, y los considera esenciales, Dios no bendecirá sus esfuerzos, y no le serán de ninguna utilidad.

Me temo que muchos buscadores han tenido que decir, incluso a cristianos buenos y sinceros, lo que Job dijo a sus amigos: "Miserables consoladores sois todos vosotros." Después de todo, ¿cómo puede un hombre ayudarte mucho en los asuntos de tu alma? Ningún hombre puede darte fe, ni darte perdón, ningún hombre puede darte vida espiritual, ni siquiera luz espiritual. Aunque no tengas ningún hombre que te ayude, recuerda que puedes hacer demasiado de los hombres, y puedes confiar demasiado en los ayudantes cristianos. Te ruego que lo recuerdes.

Me temo que hay algunos profesores que han recibido demasiada ayuda. Oyeron un sermón, y quedaron realmente impresionados por él, y alguien fue tan tonto como para decirles: "Eso es conversión". Nunca fue conversión en absoluto. El amigo dijo además: "Ahora, vengan adelante, y hagan una profesión". Así que ellos vinieron adelante, e hicieron una profesión de lo que nunca tuvieron. Entonces el amigo dijo, "Ahora, vengan a tal reunión, y vengan y únanse a la iglesia. Vamos," y ellos fueron guiados, y guiados, y guiados, nunca teniendo ninguna vida interna verdadera, o energía espiritual dada de lo alto. Son como niños en carritos, que no pueden caminar solos.

¡Dios te libre de una religión que depende de otras personas! Hay algunos que tienen una especie de religión apoyada en otra persona, y cuando les quitan el apoyo, ¿qué pasa con la religión apoyada? Si la buena anciana que te ayudó durante tantos años muere, ¿dónde queda entonces tu religión? El ministro solía mantenerte en marcha, eras como un azote, y él como el látigo que te mantenía girando, cuando se ha ido, ¿dónde estás? No tengas una religión de ese tipo, te lo ruego. Aunque un ayudante es muy útil, recuerda que bajo ciertas condiciones, incluso un ayudante cristiano puede ser un estorbo.

Ahora, mi querido oyente, este es el punto al que he llegado, tienes que tratar con Jesús esta noche, y tratando con Jesús, no necesitas a "ningún hombre". No tienes que tratar con piscinas y ángeles, tienes que tratar con el Señor Jesús mismo. Supón que no hay hombre para ayudarte, ¿quieres un hombre cuando Jesús está aquí? Al hombre se le quería para meterte en la piscina, pero no se le quiere para presentarte a Cristo, puedes hablarle tú mismo, puedes pedir misericordia para ti, puedes confesar tu pecado tú mismo. No quieres sacerdote, quieres un Mediador entre tu alma y Dios, pero no quieres ningún mediador entre tu alma y Jesús.

Puedes venir a Él donde estés y como estés. Acércate a Él ahora, cuéntale tu caso, pídele misericordia. Él no quiere mi ayuda, Él no quiere la ayuda del Arzobispo de Canterbury, Él no quiere la ayuda de nadie. Sólo Él puede resolver tu caso. Sólo pon tu caso en Sus manos, y entonces, si no tienes a nadie que te ayude, no necesitas recostarte y preocuparte por ello, pues Él puede salvar perpetuamente a los que por Él se acercan a Dios.

Todo esto es hablar sin rodeos, pero hoy en día queremos hablar sin rodeos. Siento como si no hubiera predicado el domingo, a menos que hubiera tratado de llevar a los hombres a Cristo. Hay muchas doctrinas elevadas y sublimes de las que me gustaría hablar, y muchas experiencias profundas y arrebatadoras que me gustaría describir, sin embargo, siento que a menudo debo dejar estas cosas, y mantenerme en el asunto mucho más común, pero mucho más útil, de persuadir a los hombres, en lugar de Cristo, que miren lejos del hombre, lejos de las ordenanzas, lejos del yo, y traten con Jesús mismo clara y directamente, porque no hay necesidad del hombre, y ciertamente no hay necesidad de demora.

IV. Este es mi punto final. EL SALVADOR SATISFIZO EL CASO DEL HOMBRE POR COMPLETO.

Este hombre impotente no tiene ningún hombre que le ayude. Cristo puede ayudarlo sin ningún hombre. Este hombre no puede moverse excepto con gran dolor. Tiene que arrastrarse hasta la orilla del agua, pero no necesita arrastrarse hasta allí, no necesita moverse ni un centímetro. El poder para curar a ese hombre estaba en Cristo, que estaba allí, comisionado por Dios para salvar a los pecadores y ayudar a los desvalidos.

Por favor, recuerda que el poder que salva, y todo ello, no está en el hombre salvado, sino en el Cristo que salva.

Me permito contradecir a los que dicen que la salvación es una evolución. Todo lo que puede evolucionar del corazón pecaminoso del hombre es el pecado, y nada más. La salvación es el don gratuito de Dios, por Jesucristo, y su obra es sobrenatural. Es hecha por el Señor mismo, y Él tiene poder para hacerla, no importa cuán débil, no, no importa cuán muerto en pecado esté el pecador. Como hijo vivo de Dios, puedo decir esta noche que...

"Sobre una vida que no viví,

En una muerte que no morí, me juego toda mi eternidad".

Tú que quieres ser salvado debes hacer lo mismo, debes mirar fuera de ti mismo a Aquel a quien Dios ha exaltado para ser Príncipe y Salvador de los hijos de los hombres. El Cristo satisfizo el caso de ese hombre, pues era capaz de hacer por él cualquier cosa que requiriera. Él satisface tu caso, mi querido oyente, pues puede hacer por ti cualquier cosa que necesites. De aquí a la puerta del cielo nunca habrá nada que se requiera que Él no pueda dar, ni ninguna ayuda que se necesite que Él no esté preparado para prestar, pues Él tiene todo poder en el cielo y en la tierra.

Luego, el Señor puede hacer más por ti de lo que tú le pidas. Este pobre hombre nunca le pidió nada a Cristo, excepto por su mirada, y por su yacer allí en la piscina. Si esta noche te sientes como si no pudieras orar, si tienes necesidades que no puedes describir, si hay algo que deseas y no sabes lo que es, Cristo puede dártelo. Sabrás lo que quieres cuando lo obtengas, pero tal vez ahora, en Su misericordia, Él no te permite conocer todas tus necesidades. Pero aquí está el punto, Él "es poderoso para hacer todas las cosas mucho más abundantemente de lo que pedimos o entendemos". ¡Que Él lo haga en ti esta noche! Consuélate con la curación del impotente, abriga la esperanza, y di: "¿Por qué no ha de sanarme también a mí?".

Ahora, la forma en que Cristo trabajó fue muy sorprendente. El obró por una orden. No es una manera que usted y yo hubiéramos seleccionado, ni una manera que algunos cristianos nominales aprueban. Le dijo a este hombre: "Levántate". No podía levantarse. "Toma tu lecho". No podía levantarse de su cama, había estado treinta y ocho años sin poder levantarse de su cama. "Levántate y anda". ¿Caminar? No podía caminar.

He oído a algunos objetores decir: "Ese predicador le dice a la gente: 'Cree'. Ellos no pueden creer. Les dice: 'Arrepiéntanse'. No pueden arrepentirse". Ah! bien, nuestro Señor es nuestro ejemplo, y Él le dijo a este hombre, que no podía levantarse, y no podía tomar su lecho, y no podía caminar: "Levántate, toma tu lecho, y anda". Esa fue Su manera de ejercer Su poder divino, y esa es la manera en que Cristo salva a los hombres hoy.

Nos da fe suficiente para decir: "Huesos secos, oíd la Palabra de Yahveh". No pueden oír. "Así ha dicho Jehová: ¡Vivid, huesos secos!" No pueden vivir, pero oyen, y viven, y mientras actuamos por fe, dando una orden que parece, a primera vista, absurda e irrazonable, la obra de Cristo se realiza por esa orden. ¿Acaso no dijo Él antiguamente en las tinieblas: "Hágase la luz"? ¿A qué dirigió el Señor esa palabra de poder? A las tinieblas y a la nada. "Y se hizo la luz".

Ahora, Él habla al pecador, y Él dice, "Cree y vive". El cree, y vive. Dios quiere que aquellos de Sus mensajeros, que tienen fe para dar Su mandato, le hagan saber al pecador que no tiene la fuerza para obedecer, que está moralmente perdido y arruinado, y sin embargo le digan, en el nombre del Dios eterno: "Así ha dicho Jehová: Levántate, toma tu lecho, y anda. Cree, arrepiéntete, conviértete y bautízate, cada uno de vosotros, en el nombre del Señor Jesucristo". Esta es la forma en que el poder de Cristo sale a los hijos de los hombres.

Al hombre de la mano seca le dijo: "Extiende tu mano", y así lo hizo; y a los muertos les dice: "Salid", y salen. Sus mandamientos van acompañados de habilitaciones, y donde Sus mandamientos se predican fielmente, Su poder va con ellos, y los hombres se salvan.

Concluyo con una observación. En la obediencia, el poder fue dado. El hombre no se detuvo a discutir con Cristo y a decirle: "¿Levántate? ¿Qué quieres decir? Pareces un amigo, pero ¿vienes aquí para burlarte de mí? ¿Levántate? Treinta y ocho años he estado aquí tendido, ¿y Tú dices: 'Levántate'? ¿Crees que ha habido un solo minuto en esos treinta y ocho años en que no me habría levantado de buena gana si hubiera podido hacerlo, y sin embargo Tú dices: "Levántate", y dices: "Toma tu lecho. Ponte al hombro la alfombra sobre la que yaces'. ¿Cómo puedo hacerlo? Hace treinta y ocho años que no puedo levantar una libra de peso, y Tú me pides que cargue con esta alfombra sobre la que yazgo. ¿Me haces tema de burla? ¿Y caminar? Dices: "Camina". ¿Caminar? ¡Escúchenme, enfermos que me rodean, Él me dice que camine! Apenas puedo levantar un dedo, pero Él me ordena que camine".

Así podría haber argumentado el asunto, y habría sido un argumento muy lógico, y el Salvador habría sido condenado por haber pronunciado palabras vacías.

En vez de hablar así, apenas Cristo le dijo: "Levántate", quiso levantarse, y como quiso levantarse, se movió a levantarse, y se levantó, para su propio asombro. Se levantó y, agachándose, enrolló su colchón, todo el tiempo lleno de asombro, cada parte de su cuerpo cantando mientras lo enrollaba, y se lo puso sobre el hombro con presteza.

Para su sorpresa, descubrió que las articulaciones de sus pies y piernas podían moverse, y caminó enseguida con su colchón al hombro, y el milagro fue completo. ¡Para, hombre, para! ¡Ven aquí! ¿Tenías fuerzas para hacer esto por ti mismo? "No, yo no. Estuve acostado allí ocho y treinta años, no tenía fuerza hasta que esa palabra 'Levántate,' vino a mí." "¿Pero lo hiciste?" "¡Oh! sí, puedes ver que lo hice. Me levanté, doblé el colchón y me marché". "Pero estabas bajo algún tipo de compulsión que te hizo mover las piernas y las manos, ¿no es así?". "¡Oh! no, lo hice libremente, alegremente, con gusto. ¿Obligarme a hacerlo? Mi querido señor, aplaudo de alegría al pensar que pude hacerlo. No quiero volver a esa vieja estera, y acostarme allí de nuevo, yo no".

"Entonces, ¿qué hiciste?" "Bueno, apenas sé lo que hice. Le creí, e hice lo que me dijo, y un extraño y misterioso poder se apoderó de mí, esa es toda la historia." "Ahora explícalo, cuéntaselo todo a esta gente". "¡Oh! no", dice el hombre, "sé que es así, pero no puedo explicarlo. Una cosa sé, mientras que yo era un lisiado, ahora puedo caminar, mientras que yo era impotente, ahora puedo llevar mi cama, mientras que yo estaba acostado allí, ahora puedo estar de pie."

No puedo explicarles la salvación esta noche, o cómo tiene lugar, pero recuerdo cuando me senté en el banco de un pecador tan desesperado como jamás haya existido. Oí al predicador decir: "Mirad a Cristo, y vivid". Parecía decirme: "¡Mira! ¡Mira! ¡Mira! Mira!" Y miré, y viví. En ese momento, la carga de mi pecado desapareció, ya no estaba lisiado por la incredulidad, me fui a casa como un pecador salvado por la gracia, a vivir para alabar al Señor, y...

"Desde que por fe vi el arroyo Sus heridas fluyen, El amor redentor ha sido mi tema, Y lo será hasta que muera".

Me impresiona que esta noche haya tantos que obedezcan el mandamiento del Evangelio: "Cree y vivirás. Cree en el Señor Jesucristo, y serás salvo". ¡Oh, háganlo! Hazlo ahora, y a Dios sea la gloria, y a ti mismo la paz y la felicidad para siempre. Amén y Amén.

Sermón #955—Una Pregunta Singular pero Necesaria

PRONUNCIADO EN LA MAÑANA DEL DÍA DEL SEÑOR, 16 DE OCTUBRE DE 1870,

POR C. H. SPURGEON,

EN EL TABERNÁCULO METROPOLITANO, NEWINGTON.

"¿Quieren ser sanados?" Juan 5:6.

Jesús se dirigió al hombre impotente que llevaba 38 años afligido y le preguntó: "¿Quieres quedar sano?". Parece una pregunta muy extraña. ¿Quién no quedaría sano? ¿Habría estado el pobre hombre tendido en el estanque si no hubiera estado ansioso por sanar? ¿No debía haber en la expresión misma de su rostro, mientras contemplaba al Salvador, una respuesta a esa pregunta, que superaba toda necesidad de formularla? Sin embargo, como nuestro Señor no pronunció palabras superfluas, puede ser que percibiera que la parálisis del cuerpo del hombre había adormecido su mente hasta un grado muy doloroso y había provocado una parálisis de su voluntad. Había esperado hasta que se le enfermó el corazón; había esperado hasta que el desaliento le secó el ánimo, y ahora casi había llegado a esto, que apenas le importaba si estaba sano o no. El arco había estado doblado tanto tiempo que toda su elasticidad estaba destruida; había pasado hambre hasta que el apetito mismo se había ido; ahora estaba apático, con una indiferencia hecha de hosco repudio por sus decepciones y de vacía desesperanza por el futuro. El Salvador tocó una cuerda que necesitaba vibrar cuando preguntó por su voluntad; despertó con esa pregunta una facultad dormida cuyo vigoroso ejercicio, tal vez, fuera uno de los primeros elementos esenciales para la curación. "¿Quieres ser curado?" fue la indagación de una profunda investigación, el sondeo científico de un gran médico, y la resurrección de la tumba de un gran poder maestro de la virilidad.

Ahora bien, tratándose de predicar hoy el Evangelio, puede parecer casi una pregunta impertinente que os haga a cada uno de los aquí reunidos que aún no os habéis salvado: "¿Queréis ser salvos?". "Seguramente", responderéis, "todos desean la salvación". Créanme, no estoy tan seguro como ustedes de la verdad de esa afirmación. "Pero el que estemos aquí", dice uno, "el que llevemos aquí tanto tiempo y el que escuchemos atentamente el Evangelio demuestran que estamos lo bastante dispuestos a ser sanados si pudiéramos descubrir dónde se encuentra la salud y cuál es ese bálsamo de Galaad del que tanto se habla". Y, sin embargo, no me extrañaría que hubiera muchos aquí que, por haber esperado tanto tiempo, estuvieran comenzando a paralizar sus anhelos, que alguna vez fueron fervientes, y otros que, habiendo estado aquí tanto tiempo, y sin haber sido nunca muy ansiosos, por fin han llegado a ocupar estos bancos por mera costumbre: no tienen la voluntad sincera de procurar la plenitud del alma que el Buen Médico está siempre dispuesto a dar a quienes buscan Su ayuda. Estoy persuadido de que, en lugar de que la pregunta sea innecesaria, es una de las primeras que en todas las congregaciones requiere la atención del oyente. Mi objetivo ahora es obtener una respuesta sincera a esta pregunta desde lo más íntimo del alma de cada oyente, creyendo que será algo muy saludable para ustedes, incluso si honestamente se ven obligados a dar una respuesta negativa; al menos expondrá la condición del corazón a sí mismo, y eso puede ser útil para algo mejor. Con la ayuda de Dios, me esforzaré por insistir muy seriamente en esta pregunta esta mañana, oh hombre o mujer sin salvación: "¿Quieres ser sanado?"

I. Es necesario formular esta pregunta, en primer lugar, porque ES UNA PREGUNTA QUE NO SE ENTIENDE DE TODA MANERA. No es lo mismo que esta pregunta: "¿Te salvarás de ir al infierno?". Todo el mundo responde "Sí" a esa pregunta. "¿Te salvarás para ir al cielo?" En seguida, sin deliberar, todo el mundo dice: "Sí"; por las arpas de oro, por los cantos de bienaventuranza, por la eternidad de la inmortalidad, todos tenemos un corazón, y un fuerte deseo; pero eso, como veis, no es la cuestión. El cielo y sus alegrías se derivan de lo que se propone en nuestra pregunta, como resultado, como consecuencia; pero ése no es el asunto que nos ocupa ahora; no le estamos diciendo al ladrón: "¿Quieres que se te condone la prisión?". Se lo estamos planteando de otra forma: "¿Estás dispuesto a convertirte en un hombre honrado?". No estamos diciendo ahora...

Volumen 16 Dile hoy a alguien cuánto amas a Jesucristo. 1

2 Una pregunta singular pero necesaria Sermón nº 955

Al asesino le preguntamos: "¿Quieres escapar de la horca? Conocemos su respuesta; la pregunta que le hacemos es: "¿Quieres ser hecho justo, recto, bondadoso, perdonador, para renunciar a toda esta maldad tuya?". No es: "¿Estás dispuesto a sentarte en el festival de la misericordia, y comer y beber como lo hacen los que están sanos?", sino: "¿Estás dispuesto a ser sanado espiritualmente, a pasar por esos procesos divinos por los cuales la enfermedad inmunda del pecado puede ser expulsada, y la salud de la virilidad santificada puede ser restaurada en ti?".

Para ayudarles a saber lo que significa esa pregunta, permítanme recordarles que nunca hubo más que dos hombres que fueran íntegros, perfectamente íntegros. Y esos pueden ser llamados los dos Adanes: el primer y el segundo Adán. Ambos nos mostraron en sus propias personas lo que sería un hombre si fuera íntegro. El primer Adán en el huerto: todos estaríamos dispuestos a estar en el paraíso con él. Todos estaríamos encantados de caminar bajo esas ramas que nunca se marchitan, y recoger frutos siempre deliciosos sin trabajo, sin sufrimiento, sin enfermedad, sin muerte. Todos estaríamos encantados de acoger el retorno de la alegría primigenia del Edén, pero esa no es la cuestión. La cuestión es si debemos estar dispuestos a ser mental y moralmente lo que Adán era antes de que su pecado trajera la enfermedad a la edad adulta. ¿Y qué era Adán? Pues, era un hombre que conocía a su Dios, conocía muchas otras cosas, pero principal y principalmente conocía a su Dios. Su delicia era caminar con Dios, estar en comunión con Él, hablar con Él como un hombre habla con su amigo; hasta que cayó, era alguien cuya voluntad estaba sometida a la voluntad de su Creador, ansioso y deseoso de no violar esa voluntad, sino de hacer en todas las cosas lo que su Señor le ordenaba. Fue puesto en el jardín para labrar la tierra, cuidar y arreglar el jardín, y lo hizo todo con alegría; era un hombre entero, sano; todo su gozo consistía en su Dios. Su único objetivo, como criatura viviente, era hacer la voluntad de Aquel que lo había creado; no conocía el desenfreno ni la embriaguez; para él no había canciones lascivas ni actos licenciosos; el destello del libertinaje y el brillo del despilfarro estaban lejos de él; era puro, recto, casto y obediente. ¿Cómo te gustaría ser como él, pecador; tú que haces tu propia voluntad; tú que has buscado muchas invenciones? Tú que encuentras la felicidad en este pecado y en las otras inmundicias, ¿estarías dispuesto a volver y encontrar tu felicidad en tu Dios, y de ahora en adelante servirle a Él, y a nadie más? Ah, tal vez digas ciegamente: "Sí", y es posible que no sepas lo que dices. Si la verdad estuviese más claramente ante vosotros, os negaríais obstinadamente a ser hechos completos; la vida bajo tal aspecto os parecería mansa, sin alegría y servil; sin el fuego de la lujuria, la excitación de la bebida, la risa de la locura y la pompa del orgullo, ¿qué sería para muchos la existencia? Para ellos, nuestro ideal de hombría sana no es más que otro nombre para la esclavitud y la miseria.

Tomemos el otro ejemplo de un hombre íntegro: Jesús, el Segundo Adán. Habitando aquí entre los hijos de los hombres, no en un paraíso, sino en medio del abuso, la tentación y el sufrimiento, sin embargo era un hombre entero y sano. Tomó sobre sí las enfermedades de su cuerpo, y nuestros pecados le fueron imputados como sustituto nuestro; pero en él no había pecado. El príncipe de este mundo lo escudriñó a fondo, pero no pudo hallar en él nada malo. La perfección de la virilidad de nuestro Salvador consistía en esto: que era "santo, inocente, inmaculado, y apartado de los pecadores". Era santo, que es, en su raíz, lo mismo que "íntegro". Era un hombre completo, perfecto, sin heridas, sin mancha; era íntegro para con su Dios; su comida y bebida era hacer la voluntad del Dios que lo envió. Jesús, como hombre, era el hombre que Dios quería que fuera: perfectamente conforme a su posición correcta; era tal como salió de la mano de su Hacedor, sin mancha, sin pérdida, sin brote de maldad y sin ausencia de nada bueno. Era íntegro y santo, por lo tanto era inofensivo, nunca infligió mal a otros de palabra o de obra; era inmaculado, nunca se vio afectado por las influencias que le rodeaban como para volverse falso a su Dios o cruel con el hombre; era inmaculado, aunque la blasfemia pasara por sus oídos, nunca contaminó su corazón. Aunque vio la lujuria y la maldad del hombre llevadas a su clímax, Él mismo se sacudió la víbora en el fuego, y permaneció sin mancha e irreprensible. También estaba separado de los pecadores, no formando a su alrededor un cordón farisaico y diciendo: "Apartaos, que yo soy más santo que vosotros", sino comiendo con ellos y, sin embargo, separado de ellos; y nunca más separado que cuando su mano bondadosa y bondadosa los tocaba, y cuando simpatizaba más profundamente con ellos en sus penas. Estaba separado por su propia elevación mental, superioridad moral y grandeza espiritual. Ahora, ¿desea usted ser como Jesús? Ahí está la pregunta. Probablemente si lo fueras, implicaría en ti mucho de Su experiencia; se reirían de ti; se burlarían de ti; tú también serías perseguido, y a menos que la providencia refrenara a tus enemigos, tú también podrías ser llevado a la muerte. Pero tomando a Cristo por todo y por todos, ¿estarías dispuesto a ser hecho como Él, a haber arrancado de ti mucho mal real que ahora admiras, y a haber implantado en ti mucho bien real, que tal vez en este momento no aprecias? ¿Estarías dispuesto ahora a ser sanado? Puedo imaginar que dices: "Quiero ser como Jesús; lo deseo ansiosamente", y, sin embargo, permíteme susurrarte al oído, suave y afectuosamente, que si supieras lo que quiero decir, si supieras lo que es Jesús, no estoy tan seguro de que tu voluntad se inclinara muy vehementemente en esa dirección. Me temo que muchas luchas y muchas rebeliones surgirían en tu corazón si el proceso se llevara a cabo para hacerte íntegro como Jesucristo era íntegro.

Además, para ilustrar el significado de la pregunta: "¿Quieren ser hechos íntegros?", permítanme recordarles que cuando un hombre es íntegro, completo, y lo que un hombre debe ser, hay ciertas malas propensiones que son expulsadas, y ciertas cualidades morales que está seguro de poseer. Por ejemplo, si un hombre es hecho íntegro ante Dios, es hecho honesto ante los hombres; no se puede decir que un hombre sea íntegro mientras siga siendo culpable de injusticia en su comercio, en su pensamiento, en su conversación o en sus acciones hacia sus prójimos. Pecador, has tenido la costumbre de perpetrar en tus negocios muchas cosas que no resistirían las pruebas de los ojos que todo lo examinan de Dios; a menudo dices en tu comercio cosas que no son ciertas; las excusas afirmando que otros hacen lo mismo. No estoy aquí para escuchar vuestras excusas, sino que estoy a punto de preguntaros seriamente: "¿Queréis ser sanados?". ¿Deseas convertirte desde este momento en un hombre completa, estricta y absolutamente honesto? ¡No más mentiras! No más exageraciones. No más extralimitaciones ni aprovecharse de nadie. Vamos, ¿qué piensas de este estado de cosas? Hay algunos que no podrían llevar adelante sus negocios a este ritmo: "El comercio está podrido, y si no caes en sus prácticas, no puedes ganarte la vida". El distrito es bajo y mendigo, y nadie puede prosperar en él excepto los tramposos; tendríamos que cerrar la tienda si fuéramos perfectamente honestos." "¡Vaya!", exclama uno, "¡me comerían vivo en esta época de competencia! No puedo creer que debamos ser tan excesivamente concienzudos". Ya veo cómo es; no queréis que os hagan justicia.

El que está completo se convierte en un hombre sobrio en todos los aspectos. "No lo que entra en la boca contamina al hombre, sino lo que sale de la boca, esto contamina al hombre". Y "el reino de Dios no está en las comidas ni en las bebidas"; sin embargo, tanto en la carne como en la bebida los hombres pecan con frecuencia, y especialmente en el pecado de la embriaguez. Ahora bien, supongo que no hay borracho que, al menos cuando está sobrio, desee ansiosamente ser salvo. Pero borracho, entiende la pregunta; no es ésta: ¿irías al cielo? sino ésta: ¿dejarías tu embriaguez, y no te deleitarías más en esas copas de excesos? ¿Qué dices ahora? ¿Acabarías desde este momento con todo este desenfreno y desenfreno, y los desecharías a todos? Tal vez por la mañana algunos dirían: "Sí", cuando los ojos están enrojecidos, y la desdicha del exceso está sobre ellos; pero, ¿qué tal al atardecer, cuando la alegre compañía rodea al hombre y el vino centellea en la copa? ¿Renunciaría entonces a lo que arruina su cuerpo y su alma? ¡Ah, no! Muchos dicen: "Sí, quiero ser sanado", pero no lo dicen en serio; son como el perro que vuelve a su vómito, y la cerda lavada a revolcarse en el cieno.

Ser íntegro implica en un hombre la producción de la veracidad universal. Ahora bien, hay personas que no soportan decir la verdad; para ellas dos deben ser siempre veinte; a sus ojos las faltas de cualquier prójimo son crímenes, y las virtudes de cualquiera, salvo sus especiales favoritos, están siempre teñidas de vicio. Tienen naturalmente un juicio malicioso hacia los demás; sienten envidia de todo lo que es honorable en su prójimo. Ahora, ¿qué dice usted, señor? ¿Estáis dispuesto a ser sanado, y desde esta hora no hablar sino la verdad hacia Dios y hacia el hombre? Me temo que muchas lenguas que ahora son locuaces tendrían poco que decir si no dijeran más que la verdad, y muchos hombres podrían, y lo harían, si fueran lo bastante honestos para decirlo, rechazar la bendición de ser hechos perfectamente veraces.

Así también en materia de perdón; ¡un hombre que se hace entero debe perdonar hasta setenta veces siete! Cuando no puedes perdonar una injuria, es porque tu alma está enferma; cuando un agravio se resiente fuertemente, estás enfermo por el momento; cuando se resiste constantemente, tienes una enfermedad crónica sobre ti. Algunas personas están tan lejos de querer saber perdonar, que casi rogarían poder vivir y morir para satisfacer la pasión de la venganza. Seguirían al hombre que les ha hecho una injuria a través de este mundo y también del otro, y se condenarían con él si pudieran tener la satisfacción de verlo entre las llamas. Dulce es la venganza para muchos hombres, y es inútil que un hombre diga: "Quiero ser sanado", mientras siga cultivando la malicia y teniendo mala voluntad hacia su prójimo.

De este modo podría pasar una tras otra las virtudes y los vicios, y mostrar que mi texto no es una cuestión tan simple después de todo, como algunos piensan. Hay algunos hombres que están afligidos por una disposición avara y codiciosa; si estuvieran sanos, serían generosos, serían bondadosos con los pobres, estarían dispuestos a dar de sus bienes a la obra del Señor; pero, ¿estarían sanos si se les dejara elegir esta mañana? Ah, no; ¡piensan que la generosidad es debilidad, y la caridad pura insensatez! "¿De qué sirve tener dinero y regalarlo?", se preguntan; "¿De qué puede servir conseguirlo si no es para guardarlo?". Y: "Es sabio el hombre que sabe guardarlo más rápidamente y desprenderse de él lo menos posible". El hombre no quiere ser curado, señor; considera que su mano paralizada y su corazón petrificado son marcas de salud; se cree el único hombre mentalmente sano, aunque su estrechez mental y la inanición de su alma son visibles para todos; es un verdadero esqueleto y una anatomía de la enfermedad, y, sin embargo, se cree el parangón de la salud. Los que admiran sus defectos no desean, evidentemente, librarse de ellos. "Qué hermosa catarata tengo en el ojo", dice uno. "Qué precioso carbunclo adorna mi miembro", dice otro. "Qué deliciosa curvatura la de mi pierna", dice un tercero. "Qué hermosa joroba adorna mi espalda", dice otro. Los hombres no hablan así de sus enfermedades corporales, o los tomaríamos por locos, pero a menudo se glorían de sus vergüenzas y se regocijan en sus iniquidades. Siempre que os encontráis con un hombre que tiene un defecto que mentalmente eleva a virtud, tenéis a un hombre que no desearía curarse, y que desdeñaría la visita del médico si esperase a su puerta; y tales personas son comunes en todas las calles.

Permítanme señalar también que si un hombre es sanado, no sólo abundarán en él las virtudes morales, sino también las gracias espirituales, pues un hombre que es sano lo es tanto en espíritu como en su carácter exterior. ¿Qué le sucedería entonces a un hombre si fuera sanado en su espíritu? Yo respondo, primero: "¿Ves a ese fariseo allí? Está dando gracias a Dios porque es tan bueno como debería ser, y mucho mejor que la mayoría de la gente. Ahora, si ese hombre es sanado alguna vez, dirá: 'Dios, sé propicio a mí, pecador'". Pero si yo le preguntara si le gustaría cambiar de lugar con el publicano, respondería: "¿Por qué habría de hacerlo? Es un miserable degradado y envilecido". El lenguaje que utiliza es muy apropiado para él, me alegro de que lo utilice; sería muy degradante para mí hacer la misma confesión que él hace, y no tengo intención de hacerlo. El hombre no quiere ser sanado; cree que ya lo está. El que es sanado se convierte en un hombre que se renuncia a sí mismo. Pablo estaba completo cuando dijo: "No teniendo mi propia justicia, que es por la ley, sino la que es por la fe de Cristo, la justicia que es de Dios por la fe". Cuando consideró que su propia justicia no era más que estiércol para poder ganar a Cristo y ser hallado en Él, era un hombre completo. Los hombres enfermizos piensan que su propia justicia es suficientemente buena, y se envuelven en ella, y le pegan un poco de joyería falsa de ceremonia y forma externa, y luego concluyen que son suficientemente buenos para el cielo; están en tal fiebre de orgullo que deliran acerca de su bondad imaginaria, mientras que a la bondad real la llaman cantinela e hipocresía.

El que es íntegro espiritualmente es un hombre de oración habitual. Está acostumbrado a sentir constante gratitud, y por tanto a exhibir continua alabanza; es un hombre de consagración permanente; todo lo que hace, lo hace para Dios, buscando la gloria de Dios en ello; su mente está fija en las cosas invisibles y eternas; su corazón no está esclavizado por las cosas que se ven, pues sabe que son vanidad. Ahora bien, si apeláramos a muchos, y ellos supieran plenamente lo que queremos decir con ello, cuando preguntamos: "¿Quieren ser sanados? ¿Te convertirías a partir de esta hora en un hombre que ora, en un hombre que alaba, en un hombre santo, en un hombre que sirve a Dios?". Creo que la mayoría, incluso de nuestras congregaciones, si hablaran honestamente, dirían: "No, no queremos ser sanados; nos gustaría ir al cielo, pero no queremos esto; deseamos escapar del infierno, pero no deseamos practicar toda esta precisión puritana que ustedes llaman santidad. No. Nos divertiríamos primero con los pecadores, e iríamos al cielo con los santos al final; el veneno es demasiado dulce para dejarlo, pero nosotros también tendremos el antídoto dentro de poco. Con gusto desayunaríamos con el diablo, y cenaríamos con Cristo; no tenemos prisa por ser purificados, nuestros gustos por el presente nos llevan en otra dirección."

II. Así pues, una vez explicada la cuestión, pasaré, como las fuerzas me lo permiten, a señalar en segundo lugar, que ESTA PREGUNTA ES CAPAZ DE MUCHAS RESPUESTAS, y por lo tanto es tanto más necesario que sea planteada y respondida.

1. En primer lugar, hay algunos aquí cuya única respuesta a esta pregunta se puede llamar ninguna respuesta en absoluto, es decir, que no quieren oír ni considerar nada de eso. "¿Serás sanado?" "Bueno, sí, no; no sabemos muy bien qué decir; ¡no queremos que se nos moleste por ello! Somos jóvenes, tenemos tiempo de sobra para pensar en estas cosas. Somos hombres de negocios; tenemos otra cosa que hacer además de preocuparnos por la religión. Somos personas adineradas; realmente no se debe esperar que nos ocupemos de estas cosas, como se les exige a las personas pobres y de mente tosca." O: "Estamos enfermos, y re- almente, la atención a nuestra salud nos ocupa demasiado tiempo como para permitirnos preocuparnos con dificultades teológicas." La pobre alma es la más preciosa, y sin embargo la menos estimada; ¡oh, cómo algunos de ustedes juegan con sus almas! ¡Cómo jugáis con vuestros intereses inmortales! Yo mismo lo hice una vez. Si las lágrimas de sangre pudieran expresar mi arrepentimiento por haberlo hecho, las lloraría con gusto, pues la pérdida de tiempo que se produce por un largo descuido en relación con los intereses de nuestra alma es algo muy solemne: una pérdida de tiempo que ni siquiera la misericordia divina puede devolvernos, que ni siquiera la gracia de Dios puede restituir. Yo desearía, jóvenes, que estas cosas estuvieran en sus mentes; ¡oh, cuán sinceramente desearía que estas cuestiones fueran consideradas por ustedes como importantes! Sí, urgentemente importantes, abrumadoramente importantes para vosotros, de modo que no pudierais desviaros de la investigación religiosa, ni alejar de vuestro espíritu la amorosa presión del Espíritu Santo que os despertaría. Quiera Dios que seáis lo bastante sabios para desear el noble desarrollo de la vida espiritual y la destrucción de todo lo que sea perjudicial para vuestro mayor bienestar; ¡sed considerados, os lo ruego, respecto a la primera y principal cuestión! No le des vueltas; la hora de tu muerte puede estar mucho más cerca de lo que piensas; el mañana en el que esperas considerar estas cosas puede no llegar nunca. Te lo repito: si algo se pospone, que sea algo que pueda esperar con seguridad; si algo se pospone, que no sea algo eterno, algo espiritual, sino "buscad primeramente el reino de Dios y su justicia."

Ahora bien, hay algunas personas que han tenido una gran preocupación religiosa, y no se han desprendido de ella, y sin embargo su respuesta a esta pregunta: "¿Quieres ser sano?" no es muy sincera. Hace años fueron despertados; cuando escuchaban un sermón, solían atesorar cada palabra; sus oraciones eran importunas, y sus deseos eran ansiosos, pero no han obedecido el mandamiento que dice: "Cree en Cristo y vive." Se han habituado a la miseria incrédula, a una permanencia bajo la carga del pecado que persistirán en llevar mientras haya un amado Salvador esperando para aliviarlos de la carga; y ahora en este momento su respuesta a la pregunta no es ni una cosa ni la otra. Gimen débilmente: "Quisiera, quisiera; quisiera, quisiera; pero mi corazón es duro...".

'Si algo se siente es sólo dolor
Descubrir que no puedo sentir'.

Quiero querer, pero apenas me atrevo a decir quiero". Mira a qué estado te has conducido, y que Dios te ayude ahora a hacer un esfuerzo desesperado con esa voluntad tuya; que Su Espíritu vivificador bendiga esta palabra afectuosa para tu corazón, y que digas: "¡Ah, sí; desde mi profunda desesperación, desde el pozo del infierno donde no hay agua, clamo a Ti, Dios mío! Del vientre del infierno deseo la liberación. ¡Quiero, quiero, quiero ser salvado! Oh, dame la gracia de ser salvo". Que ninguno de ustedes continúe siendo contado con aquellos que virtualmente no dan respuesta a la pregunta.

2. Y, en segundo lugar, hay demasiados que dan respuestas muy evasivas a la pregunta. A ellos debo dirigirme. ¿Quieren ser sanados? Mis queridos oyentes, estoy ansioso de hacer esta pregunta a cada inconverso, pero anticipo que de varios no obtendré una respuesta clara. Oiré que alguno dirá: "¿Cómo voy a saber si soy un elegido de Dios o no? Amados, esa no es la pregunta; esa pregunta no puede ser contestada en esta etapa del procedimiento, pero será contestada más adelante. Mientras tanto, ¿por qué necesitas traer a colación ese tema, excepto para cegar tus ojos a la solemne pregunta que el texto plantea? ¿Serás o no serás sanado? Vamos, hombre, ¡no eludas la pregunta! Acércate a ella y enfréntala como un hombre. ¿Estás dispuesto a reconciliarte con Dios, y a ser obediente a Él, o no? Di sí o no, ¡y habla! Si deseas ser enemigo de Dios, y amar el pecado y la injusticia, ¡dilo! Sé honesto contigo mismo, y mírate a la luz verdadera; pero si en verdad quieres ser purificado del pecado, y ser santificado, dilo; no será gran cosa, después de todo, no decir nada; en todo caso, presumir de ello.

"Bueno", dice otro, "no tengo el poder de dejar de pecar". De nuevo digo que esa no es la cuestión. Siempre se debe hacer una distinción entre la voluntad y el poder. Dios dará el poder, tenlo por seguro, en la medida en que dé la voluntad. Es porque nuestra voluntad no está allí que el poder no está allí. Cuando llega una voluntad débil, llega un poder débil; pero cuando la voluntad se vuelve intensa, entonces el poder también se vuelve intenso. Suben y bajan juntos, pero esa no es la cuestión. No digo: "¿Qué puedes hacer?", sino: "¿Qué serías?". ¿Serías santo? ¿Estás sincera y honestamente ansioso de ser liberado hoy del poder del pecado? Esa es la pregunta, y te ruego, por el bien de tu alma, que mires dentro de tu corazón y respondas a esta pregunta como ante los ojos de Dios.

"Pero he sido tan culpable en el pasado", dice uno, "mis pecados anteriores me alarman". De nuevo, aunque me alegro de que tengas un sentido de tu pecado, te recuerdo que esa no es la cuestión. No se trata de cuán enfermo estás, sino de si estás dispuesto a ser sanado. Sé que eres un pecador, y uno mucho peor de lo que crees ser; por muy negro que sea tu pecado a tus propios ojos, es cien veces más negro a los ojos de Dios, y eres un pecador completamente condenado y perdido por naturaleza. Pero la pregunta ahora es: "¿Serás sanado? No es, "¿Tendrás el pasado perdonado, y serás liberado de la pena de él?" Por supuesto que sí. Pero, ¿serás liberado de las lujurias que han sido tu deleite, de los pecados que han sido tus queridos? ¿Serías liberado de los deseos de tu carne y de tu mente, de las cosas que tu corazón anhela? ¿Quieres ser como los santos, como Dios: santo, libre del pecado? ¿Es ése el anhelo de tu espíritu, o no?

3. Ahora, pasaré a observar que hay muchas personas que prácticamente dicen "No" a esto. No lo evaden, sino que dicen honestamente: "No". No, debo retractarme de esa palabra; me pregunto si dicen honestamente "No", pero virtualmente dicen "No" por sus acciones. "Quiero ser sanado", dice uno, y sin embargo, cuando termina el servicio divino, regresa a su pecado. Un hombre dice que quiere ser curado de su enfermedad y, sin embargo, se entrega de nuevo a aquello que le causó la enfermedad: ¿es falso o está loco? Comer cierta carne puede ser la causa de la enfermedad; el médico se lo dice al paciente. El paciente dice que desea ser sanado, y, sin embargo, vuelve de inmediato al mismo plato que causó su enfermedad. Es un mentiroso, ¿no es cierto? Y quien dice que quiere ser sanado, y sin embargo se entretiene con su viejo pecado, ¿no se miente a sí mismo y a su Dios? Cuando un hombre quiere ser sanado, frecuenta los lugares donde se da la sanidad; sin embargo, hay algunos que muy rara vez suben a la casa de Dios. Van tal vez sólo una vez en domingo. De vez en cuando escuchan el evangelio, o

asisten a los lugares porque se llaman lugares de adoración; pero el evangelio no se predica, la conciencia nunca es exhortada, nunca se insiste plenamente en las demandas de la ley de Dios ni en las promesas del evangelio de Dios. Sin embargo, se contentan con haber ido allí, y piensan que han hecho bien; son como un hombre que, estando enfermo, no va al médico que entiende el caso, sino que acude a cualquier tienda de curanderos donde se hace profesión de curar, ¡aunque nunca se ha curado a nadie! Tal persona no desea curarse; no actuaría así si lo deseara.

¿Cuántos oyen el Evangelio, pero no lo escuchan con atención? Un telegrama en la Bolsa: lo leen con ambos ojos; si habrá un alza o una baja de las acciones; un artículo del cual pueden juzgar la corriente general del comercio: cómo lo devoran con sus mentes; absorben el significado, y luego van y ponen en práctica lo que han deducido de él. Un sermón escuchado, y he aquí, el ministro es juzgado en cuanto a cómo lo predicó; como si un hombre que lee un telegrama dijera que la letra mayúscula no estaba bien entintada en la imprenta, o que el punto en la "i" se ha caído de la carta; o como si un hombre que lee un artículo de negocios criticara simplemente el estilo del artículo, en lugar de buscar su significado, y actuar de acuerdo a su consejo. ¡Oh, cómo oirán los hombres y pensarán que es el colmo de la perfección decir que les gustó o desaprobaron el sermón! Como si al predicador enviado por Dios le importara un comino si a ustedes les gusta o no su sermón; su asunto no es complacer sus gustos, sino salvar sus almas; no ganar su aprobación, sino ganar sus corazones para Jesús, y llevarlos a reconciliarse con Dios. El gusto no es algo que deba considerarse en esta cuestión; rara vez un paciente se enamora del bisturí de un cirujano. El cirujano que concienzudamente extirpa la carne orgullosa, o evita que una herida sane demasiado rápido, no puede esperar admiración por su uso del bisturí mientras el sufriente todavía la siente. Tampoco el predicador, cuando declara fielmente la verdad, espera que los hombres lo elogien con sus gustos; si sus conciencias lo elogian, es suficiente. Ah, oyentes míos, ustedes nos dan una audición apática, una audición crítica, cualquier cosa menos una audición práctica, y todo esto viene a probar que, después de todo, aunque ustedes abarroten nuestras casas de oración, no quieren ser sanados. Demasiados toman el Evangelio como un hombre que lee puede tomar un libro de cirugía para entretenerse con un poco de arte, pero no para descubrir qué tocará su propio caso, o quitará su propia enfermedad. Lo mismo hacen ustedes con esta Biblia: la leen como un volumen sagrado, pero no como algo que tenga que ver con sus propios intereses; ¡cuán poco saben del profundo, ferviente, anhelo del corazón de encontrar a

Jesús, de ser reconciliados con Dios, y de ser librados de la ira venidera! Hay hombres que, tanto por no oír como por oír, dicen: "No queremos ser sanados".

Hay muchos, de nuevo, que no desean ser sanados porque ser sanados significaría perder su posición actual en la sociedad. No quieren separarse de sus ganancias impías o de sus compañeros malvados. La religión les supondría cierto grado de persecución; no les gustaría que se burlaran de ellos por ser metodistas o presbiterianos; no podrían permitirse ir al cielo si el camino fuera un poco accidentado; preferirían ir al infierno mientras el camino que conduce allí sea suave y agradable. Consideran que es mejor perderse con la aprobación de los necios que salvarse con la burla de los malvados; piensan que es inconveniente ser amable, fastidioso ser piadoso, deshonroso ser devoto, necio ser demasiado exacto; de buena gana tendrían la corona sin la lucha, la recompensa sin el servicio; disfrutarían de las dulzuras de la salud del alma, pero no perderían las ventajas de asociarse con los leprosos y contaminados. ¡Ay, pobres tontos!

4. Gracias a Dios, hay algunos que pueden decir: "Sí, sí, quiero ser sanado". Y de su caso voy a hablar ahora.

III. DONDEQUIERA QUE SE DÉ UNA RESPUESTA HONESTA Y AFIRMATIVA A ESTA PREGUNTA, PODEMOS CONCLUIR QUE HAY UNA OBRA DE GRACIA COMENZADA EN EL ALMA.

Si alguno de mis oyentes puede decir sinceramente: "sí, mi gran anhelo es ser liberado del pecado," mi querido amigo, me siento tres veces feliz de tener el privilegio de hablarle esta mañana. Si dices: "no es temor al castigo, el pecado es suficiente castigo para mí; si pudiera estar en el cielo y, sin embargo, ser un pecador como soy, no sería el cielo para mí. Quiero estar limpio de toda falta tanto de pensamiento como de palabra y de obra, y si pudiera ser perfecto, sería perfectamente feliz, aunque estuviera enfermo y pobre." Bien, si el Señor te ha hecho anhelar la santidad, hay ya en tu corazón el embrión de la gracia divina, la semilla de la vida eterna. Dentro de poco te regocijarás porque has nacido de nuevo, y has pasado de muerte a vida. "Oh", dirás, "¡ojalá pudiera ver eso; ojalá pudiera sentirlo!". No creo que ninguna persona totalmente desprovista de gracia pueda tener jamás anhelos sinceros, sinceros e intensos de santidad por causa de ella misma. Ahora, si quieren obtener el gozo y la paz que se derivan de este hecho, tengo que decirles algo muy parecido a lo que Jesús le dijo al pobre hombre en Betesda; le dijo: "Toma tu lecho, y anda". Así que ahora, esta mañana, oigan las palabras del Señor; confíen ahora mismo, de inmediato, en la obra consumada de Jesucristo, que como sustituto fue castigado por su culpa; confíen en Él, y serán un alma gozosa además de salva. "¿Tengo el poder de creer en Cristo?" pregunta alguien. Yo respondo: "sí, tienes el poder; yo no le diría a todo hombre: 'tienes el poder de ejercer la fe,' pues la falta de voluntad es la muerte del poder moral; pero si estás dispuesto, tienes el derecho, tienes el privilegio, tienes el poder de creer que Jesús murió por ti; que Dios, que te ha hecho anhelar la santidad, ha preparado la santidad para ti, y el instrumento por medio del cual Él la obrará en ti ahora, es tu fe. El mismo Espíritu que en ti obra para querer, está obrando en ti para hacer por Su buena voluntad. Miren, pues, a Cristo y sean salvos. Ruego que algunos de ustedes alcancen la paz perfecta esta mañana mirando a Cristo. "Necesito santidad," dicen ustedes. Sí, y puede parecer algo extraño, pero es cierto que mientras busquen la santidad en ustedes mismos, nunca la tendrán; pero si se apartan de ustedes mismos para mirar a Cristo, entonces la santidad vendrá a ustedes. Incluso ahora, esa misma santidad tuya te ha venido de Él. Es el comienzo del nuevo nacimiento en tu alma. Mira, te ruego, lejos, lejos, incluso de tus mejores deseos, a Cristo en la cruz, y este día será el día de tu salvación.

Puede parecer muy poca cosa tener un deseo, pero sin embargo un deseo como el que he descrito no es poca cosa. Es más de lo que la naturaleza humana jamás ha producido por sí misma, y sólo Dios, el Espíritu Eterno, puede implantarlo. Estoy persuadido de que una fe viva y salvadora siempre lo acompaña, y tarde o temprano sale a la superficie, y trae gozo y paz.

IV. Pero ahora, por último, CUANDO ESTA PREGUNTA SE CONTESTA EN NEGATIVO, debo volver a recordarles que IMPLICA EL PECADO MÁS PELIGROSO.

Desearía no tener que predicar sobre este último punto, pero debo hacerlo, por doloroso que sea. Hay algunos aquí; hay muchos en otros lugares que no están dispuestos a ser sanados. Ustedes, mis oyentes inconversos, tampoco están dispuestos. Enfréntenlo ahora, se los ruego, ya que tendrán que enfrentarlo pronto. Es simplemente esto: te prefieres a ti mismo antes que a Dios; prefieres complacerte a ti mismo antes que complacerlo a Él; prefieres el pecado antes que la santidad. Míralo de cerca y con justicia; el pecado es tu propia elección, tu propia elección deliberada actual. Lo estás haciendo ahora, y lo has hecho diez veces, y me temo que continuarás haciéndolo, si la gracia de Dios no lo impide; míralo a la cara, porque pronto, en un lecho de muerte, verás todo el asunto a la luz de la eternidad. Entonces descubrirás que preferiste los placeres de esta vida al cielo; que preferiste las juergas y las diversiones, y las justicias, y los orgullos, y las voluntades propias de unos pocos años fugaces, a la gloria y la bienaventuranza de obedecer perfectamente a Cristo, y de estar en Su presencia para siempre. Oh, cuando mueras, y ciertamente cuando vivas en otro estado, te maldecirás por haber hecho una elección como ésta. Cuando te encuentres muriendo sin ser salvo, te vendrá a la mente lo siguiente: "no soy aquí un hombre sin salvación por mi propia voluntad; no quise ser sanado; quise no ser un creyente, quise ser un impenitente; oí el Evangelio, me lo presentaron, pero deliberadamente quise dejarlo atrás, y permanecer como lo que soy. Ahora me doy cuenta de que estoy muriendo sin perdón y sin santidad, y eso por decisión propia". Recuerda, ¡ningún hombre espiritualmente enfermo puede entrar en el cielo! Debe ser sanado, o ser excluido de la gloria; no podemos estar en el lugar santísimo hasta que seamos hechos perfectos. Entonces tú, oh alma no sanada, permaneciendo como eres, nunca estarás en la presencia de Dios; y tú eliges, deliberadamente eliges nunca ser admitida en los atrios del paraíso.

Además, y oh, cómo esto te golpeará en un corto tiempo (cuán corto no lo sé, ni tú tampoco)-no habiendo entrada al cielo para ti, habiendo escogido no entrar al cielo, sólo quedará otra cosa, a saber, que seas expulsado de Su presencia a las quemaduras eternas de Su ira. Este será seguramente uno de los aguijones del infierno, que perecerás por tu propia voluntad. Cómo clamarás: "¡Yo elegí esto, yo elegí esto! Necio de mí, yo quise esto". ¿Qué es el infierno? Es el pecado en toda su extensión. El pecado es el mal en su concepción; el infierno es el pecado en su desarrollo. ¿Qué pensamientos tendrás en el infierno? "Elegí aquello que me ha envuelto en una miseria de la que nunca podré escapar; en una muerte de la que no podré ser liberado. Debo morir a Dios, a la santidad, a la felicidad, y existir para siempre en esa muerte eterna, en ese castigo eterno, y todo porque así lo quise, y como resultado de mi propia voluntad". Te ruego que mires esto a la cara. Me parece que es el elemento más terrible de todo el caso del pecador perdido. Si yo pudiera, cuando soy arrojado al infierno, decir: "estoy aquí por el decreto de Dios, y por ninguna otra razón," podría encontrar algo con lo cual endurecer mi espíritu para soportar la miseria de mi condición perdida; pero si en el infierno me veo obligado a sentir que mi ruina es total y únicamente mía, y que perezco por mi propio pecado, por mi rechazo personal de Cristo, entonces el infierno es un verdadero infierno. Estas llamas, ¿las encendí yo? Esta prisión, ¿es mi propio edificio? Esa puerta tan cerrada que nunca se abre, ¿la cerré yo? Entonces la última reliquia de consuelo se aleja de mi alma para siempre. Pero, mi querido oyente, espero que digas: "Deseo ser sanado". Entonces permítanme recordarles de nuevo que el lugar para encontrar el cumplimiento de ese deseo es al pie de la cruz. Permanezcan allí y esperen en el grandioso Redentor, pues ya hay algo de vida en ustedes; el Salvador moribundo la aumentará. Párate al pie de la cruz, donde caen las preciosas gotas de sangre; contempla el fluir de Su sangre redentora de almas, y espera, no, CREE que derramó esa sangre por ti, y serás salvo. Sigue tu camino, tú que quieres ser sanado, pues Jesús dice: "Yo te limpiaré".

Sermón #1479—La Obra de La gracia—La Garantía de la Obediencia

PRONUNCIADO EN LA MAÑANA DEL DÍA DEL SEÑOR, 15 DE JUNIO DE 1879,

POR C. H. SPURGEON,

EN EL TABERNÁCULO METROPOLITANO, NEWINGTON.

(En nombre del Fondo Mansion House para los Hospitales de Londres).

"El que me sanó, el mismo me dijo: Toma tu lecho y anda".

Juan 5:11.

Sólo algunas observaciones sobre la narración en sí. Era un día de fiesta y Jesucristo subió a Jerusalén en busca de oportunidades para hacer el bien entre la multitud de sus compatriotas. Veo a toda la ciudad alegre. Oigo la voz de regocijo en cada casa mientras celebran la fiesta y comen la grasa y beben lo dulce. Pero ¿dónde celebra Jesús la fiesta? ¿Cómo pasa su fiesta? Camina entre los pobres, a los que tanto ama. Míralo en el hospital. Había una notable Bethesda o casa de misericordia en Jerusalén: era una pobre provisión para las abundantes enfermedades de la ciudad, pero como tal, era muy apreciada. Había un estanque que de vez en cuando era agitado por el ala de un ángel y producía una curación ocasional. A su alrededor, personas caritativas habían construido cinco pórticos y allí, en los fríos escalones de piedra, yacían varios ciegos, lisiados y marchitos, cada uno en su mísero jergón, esperando el movimiento de las aguas. Allí estaban los cansados hijos del dolor, desfallecidos, mientras otros se daban un festín. Estaban atormentados por el dolor en medio del regocijo general. Suspiraban en medio del canto universal. Nuestro Señor estaba en casa en medio de esta misericordia, porque aquí había lugar para su tierno corazón y sus poderosas manos. Alimentó su alma haciendo el bien. Aprendamos esta lección, queridos amigos, que en los momentos de nuestras alegrías más brillantes debemos recordar a los afligidos y encontrar un gozo aún mayor en hacerles el bien. En la medida en que un día es feliz para nosotros, es bueno que lo sea para los enfermos y los pobres que nos rodean. Celebremos la fiesta enviando porciones a aquellos para quienes no hay nada preparado, pues de lo contrario el hambre puede traer una maldición sobre nuestro banquete. Cuando seamos prósperos en los negocios, reservemos una porción para los pobres; cuando estemos llenos de salud y fuerza, acordémonos de aquellos a quienes se niegan estos privilegios y ayudemos a los que los atienden. Bienaventurados los que, como el Señor Jesús, visitan a los enfermos y cuidan de ellos.

Al entrar en el hospital, nuestro Señor se fijó en cierto hombre cuyo caso era muy triste. Había muchos casos dolorosos allí, pero Él escogió a este hombre y parecería que la razón de Su elección fue que la pobre criatura estaba en la peor situación de todas. Si la miseria tiene derecho a la compasión, entonces cuanto mayor es el sufrimiento, mayor es la misericordia que se siente atraída hacia él. Esta pobre víctima del reumatismo o de la parálisis llevaba treinta y ocho años atada por su enfermedad. Esperemos que no hubiera un caso peor en todos los pórticos de Bethesda. Treinta y ocho años es más de la mitad del período señalado para la vida humana. Un año de dolor o de parálisis es una fatigosa tortura, pero piensen en treinta y ocho años. Podemos compadecernos del hombre que soporta los dolores del reumatismo incluso durante una hora, pero ¿cómo nos compadeceremos suficientemente de aquel que no se ha librado de él durante casi cuarenta años? Aunque el caso no fuera de dolor sino de parálisis, la incapacidad de trabajar y la consiguiente pobreza de tantos años no eran en absoluto un mal menor. Nuestro Señor, entonces, selecciona el peor caso para que sea tratado por Su mano sanadora, como un tipo de lo que Él hace a menudo en el reino de la gracia, y como una lección de prudencia para nosotros, instruyéndonos para que demos nuestros primeros auxilios a aquellos que están primero en el punto de necesidad.

El hombre a quien Jesús curó no era en modo alguno un personaje atractivo. Nuestro Salvador le dijo, cuando fue sanado: "No peques más, para que no te suceda algo peor", de lo cual no es improbable inferir que su primera enfermedad le había sobrevenido por un acto de vicio o un curso de excesos. De una manera u otra, había sido culpable de aquello que trajo a su cuerpo el sufrimiento que estaba padeciendo. Ahora bien, generalmente se considera un punto más allá de toda disputa que debemos ayudar a los dignos, pero rechazar a los inútiles; que cuando un hombre atrae una calamidad sobre sí mismo por una mala acción, estamos justificados en dejarlo sufrir para que pueda cosechar lo que ha sembrado. Esta fría idea farisaica es muy con- genial para las mentes que se empeñan en ahorrar su moneda. Brota en muchos corazones, o más bien en lugares donde deberían estar los corazones, y es generalmente considerada como si fuera una regla de prudencia que sería pecado discutir, un axioma infalible y universal. Ahora bien, me atrevo a decir que nuestro Salvador nunca nos enseñó a limitar nuestras limosnas a los merecedores. Él nunca habría concedido la grandiosa limosna de la gracia a ninguno de nosotros si hubiera seguido esa regla; y si ustedes y yo no hubiéramos recibido de manos de Dios más de lo que merecíamos, no habríamos estado en esta casa de oración. No podemos permitirnos que nuestra caridad se convierta en una especie de justicia mezquina y que nuestras limosnas se conviertan en un tribunal en miniatura. Cuando un hombre ha estado en la miseria durante treinta y ocho años, ya era hora de que su enfermedad fuera más tenida en cuenta que su iniquidad, y de que su pena actual fuera considerada más que su locura anterior. Así pensó Jesús, y por eso vino al pecador, no con reproche, sino con restauración. Vio su enfermedad en vez de su depravación y le dio compasión en vez de castigo. Nuestro Dios es bondadoso con los ingratos y con los malos: sed, pues, misericordiosos como vuestro Padre es misericordioso. Recordad cómo dijo nuestro Señor: "Orad por los que os ultrajan, para que seáis hijos de vuestro Padre que está en los cielos; porque Él hace salir su sol sobre malos y buenos, y hace llover sobre justos e injustos". Imitémosle en esto, y cuando haya dolor y aflicción, que sea nuestra alegría aliviarlos.

Además de la suposición de que este hombre había sido en algún momento gravemente culpable, parece bastante claro por el texto que era un tipo pobre, vago, desanimado, inanimado y estúpido. Nunca había conseguido entrar en la piscina, aunque sí lo habían hecho otros que estaban tan enfermos como él. Nunca había podido ganarse un amigo o conseguir un ayudante, aunque por la extrema duración de su enfermedad uno habría pensado que en algún momento u otro podría haber encontrado un hombre que lo metiera en la piscina cuando el ángel le dio el místico revuelo. El hecho de que el Salvador le preguntara: "¿Quieres ser curado?", nos lleva a pensar que había caído en un estado tan apático, desesperado y enfermo del corazón que, aunque acudía diariamente al borde de la piscina por costumbre, no sólo había dejado de esperar, sino que casi había dejado de desear. Nuestro Señor tocó la cuerda que tenía más probabilidades de responder, es decir, su voluntad y deseo de ser sanado, pero la respuesta fue muy débil. Su respuesta muestra cuán pobre criatura era, pues no hay ni un rayo de esperanza en ella, ni siquiera de deseo; es un lamento, un canto desesperado, un doloroso lamento: "No tengo quien me meta en el estanque cuando las aguas están revueltas, sino que, mientras yo vengo, otro desciende delante de mí". Pero la total imbecilidad y falta de cerebro de la pobre criatura se ve mejor en el hecho de que, como un simplón, se dirigió a los enemigos de Cristo y les dijo que era Jesús quien lo había sanado. Estoy seguro de que no había malicia en que informara así a los enemigos de nuestro Señor, pues si la hubiera habido, habría dicho: "Fue Jesús quien me ordenó que tomara mi lecho", mientras que él lo redactó así: "Fue Jesús quien lo sanó". Sin embargo, no me atrevo a esperar, como hacen algunos, que hubiera mucha gratitud en este testimonio, aunque sin duda la pobre alma estaba agradecida. Concibo que su larga resistencia al dolor, actuando sobre una mente débil, le había llevado a un estado mental casi imbécil, de modo que hablaba sin pensar. Nuestro Señor, por lo tanto, no le exigió mucho. Ni siquiera le pidió que reconociera claramente su fe, sino sólo esa pequeña medida de fe que podría estar implícita en su respuesta a la pregunta: "¿Quieres ser sanado?". Este pobre hombre no mostraba nada de la astucia del ciego de nacimiento que respondió tan agudamente a los fariseos; era de otro tipo y no podía hacer más que exponer su propio caso a Jesús. Gracias a Dios, incluso eso le bastó a nuestro Señor para trabajar. El Señor Jesús salva a personas de todo tipo. Tiene entre sus discípulos hombres de ingenio rápido y presto que pueden desconcertar a sus oponentes, pero con la misma frecuencia...

"Toma al tonto y le hace conocer Las maravillas de Su amor agonizante:
Para rebajar la sabiduría aspirante,
Y todo su orgullo reprender".

Así que eligió a esta pobre criatura simplona y obró en ella una gran maravilla, para alabanza de su gracia condescendiente.

Nótese bien que la mente de este hombre, aunque no había mucho de ella, estaba toda absorta y llena del hecho de que había sido sanado. Jesús era para él: "El que me hizo sano". De la persona de Jesús no sabía casi nada, pues sólo lo había visto por un instante y entonces no sabía que era Jesús. Su única idea de Jesús era: "El que me hizo sano". Ahora, amados hermanos, esto era natural en su caso, y será igualmente natural en el nuestro. Aun cuando los salvos sean más inteligentes y tengan una mente más grande que la de este pobre paralítico, todavía deben pensar principalmente en el Hijo de Dios como su Salvador, como Aquel que los sanó. Si yo no sé mucho acerca del Señor, sin embargo sé que Él me ha salvado. Estaba cargado de culpa y lleno de aflicciones, y no podía descansar ni de día ni de noche hasta que Él me dio paz. Si no puedo decir mucho acerca de la gloria de Su persona, Sus atributos, Sus relaciones, Sus oficios o Su obra, sin embargo puedo decir: "Una cosa sé, mientras estaba cegado por el error, ahora veo. Mientras estaba paralizado por el pecado, ahora soy capaz de mantenerme erguido y caminar en Sus caminos". Esta pobre alma conoció al Señor por experiencia y esa es la mejor manera de conocerlo. El contacto real con Él produce un conocimiento más seguro y verdadero que todas las lecturas del mundo. En el reino de Cristo suceden hechos maravillosos, como la conversión y el hallazgo de la paz con Dios, y felices son aquellos para quienes estos hechos son experiencias personales. Cuando los hombres son convertidos del error de sus caminos, y cuando su corazón encuentra descanso y paz en Cristo, grandes obras son hechas por el Señor Jesús; y si estás familiarizado con estas dos cosas, aunque ignores muchas otras cosas, no temas exagerar su importancia, sino pon tu mente en ellas, y llama a Jesús por ese nombre: "El que me hizo íntegro". Piensa en Él bajo ese aspecto, y tendrás una idea muy valiosa e influyente de Él. Verás cosas más grandes que éstas, pero por el momento deja que estos hechos felices y seguros estén muy presentes en tu mente, así como el haber sido sanado estaba presente en la mente de este hombre.

En cuanto a los quisquillosos fariseos, observen que no tomaron en cuenta el glorioso hecho de la curación del hombre; ignoraron voluntariamente lo que Cristo había hecho, pero se lanzaron de lleno sobre esa pequeña circunstancia insignificante de que se había hecho en día de reposo, y entonces gastaron todos sus pensamientos y emociones en ese asunto secundario. No dicen nada de la restauración del hombre, sino que se enfurecen porque llevó su cama en sábado. Lo mismo sucede con los hombres del mundo de hoy. Habitualmente ignoran el hecho de la conversión. Si no la niegan, la consideran una nimiedad, un asunto que no vale la pena. Aunque ven que la ramera se vuelve casta y el ladrón honesto y el profano devoto y el desesperado alegre y otros cambios morales y espirituales del mayor valor práctico, olvidan todo esto y atacan algún punto peculiar de doctrina o modo de hablar o diver- sidad de maneras y levantan una tormenta al respecto. ¿Es porque los hechos mismos, si se examinaran con justicia, establecerían lo que ellos no quieren creer? Olvidan persistentemente el hecho de que el cristianismo está haciendo maravillas en el mundo, como ninguna otra cosa las ha hecho jamás, pero ese hecho es precisamente lo que tú y yo debemos recordar con la misma persistencia. Debemos detenernos en lo que Cristo, por medio de su Espíritu Santo, ha obrado en nuestra naturaleza al renovarnos en el espíritu de nuestras mentes, y debemos hacer de esta obra de gracia una fuente de argumentos que establezcan nuestra fe y justifiquen nuestra conducta. Este pobre hombre así lo hizo. No sabía mucho más, pero sí sabía que había sido sanado, y a partir de ese hecho se justificó por lo que había hecho. "El que me sanó, él mismo me dijo: Toma tu lecho y anda".

Esta es la verdad sobre la que quiero extenderme esta mañana: primero, diciendo que la obra de Cristo nos proporciona una justificación para nuestra obediencia a Su mandato: "El que me sanó, él mismo me dijo"; esa es nuestra completa justificación para lo que hacemos. En segundo lugar, la obra de Jesucristo nos impone la obligación de hacer lo que Él nos ordena; si Aquel que me sanó me dice: "Toma tu lecho, y anda," estoy obligado a hacerlo, y debo sentir la obligación de Su bondad presionándome. Y en tercer lugar, no es sólo una justificación y una obligación, sino que el acto de gracia se convierte en un constreñimiento a la obediencia: Aquel que me dijo: "Levántate", y así me sanó, por esa misma palabra de poder me hizo tomar mi lecho y caminar. El poder que nos salva también nos mueve a obedecer a nuestro Salvador. No con nuestras propias fuerzas cumplimos la voluntad de nuestro Señor, sino con el poder que el Sanador nos da en la misma hora. Ya ven, pues, el sentido de nuestro discurso. Que el Espíritu Santo nos conduzca al poder de esta verdad, pues estoy persuadido de que el sentido de la obra del Señor dentro de nosotros es una gran fuerza y debe ser excitada y aplicada a los fines más elevados.

I. Primero, entonces, esta es nuestra JUSTIFICACIÓN por lo que hacemos cuando obedecemos a Cristo. Este pobre hombre no podía defender la acción de tomar su lecho y caminar, pues sus enemigos eran doctos en la ley y él no. Tú y yo podríamos defenderlo muy fácilmente, porque nos parece una cosa muy apropiada bajo las circunstancias. El peso de su cama no era mucho mayor que el de un abrigo grande ordinario. Era una simple alfombra o estera sobre la que estaba acostado; realmente no había violación de la ley divina del sábado y, por lo tanto, no había nada que excusar. Pero los rabinos establecieron reglas de las cuales sólo les daré un ejemplo: "Es ilegal llevar un pañuelo suelto en el bolsillo"; pero si lo prendes a tu bolsillo o lo atas alrededor de tu cintura como un cinturón, puedes llevarlo a cualquier parte porque se convierte en parte de tu vestimenta. A mi mente poco sofisticada le habría parecido que el alfiler aumentaba la pesada carga y, por tanto, ¡el peso del alfiler era mayor de lo necesario! Según las estimaciones rabínicas, se trataba de un asunto bastante pesado. La mayoría de las regulaciones rabínicas con respecto al sábado eran absolutamente ridículas, pero este pobre hombre no estaba en condiciones de decirlo, ni siquiera de pensarlo, porque, como el resto de sus compatriotas, tenía miedo de los escribas y doctores. Estos doctos fariseos y sacerdotes eran demasiado reverenciados para que esta pobre criatura les respondiera a su manera, pero él hizo lo que tú y yo debemos hacer siempre que estamos desconcertados: se escondió detrás del Señor Jesús y suplicó: "El que me sanó, él mismo me dijo: Toma tu lecho". Eso fue suficiente para él, y lo citó como si sintiera que debía ser suficiente para quienes lo cuestionaban. En verdad debería haber sido así. Puede que yo no sea capaz de encontrar en mi propio conocimiento y capacidad una autoridad igual a la autoridad de los incrédulos eruditos, pero mi experiencia personal del poder de la gracia me colocará en tan buena posición como lo estaba para él la curación de este hombre. Sostuvo que debía haber en el hombre que lo había curado suficiente autoridad para igualar al rabino más grande que jamás hubiera existido. Incluso su pobre y débil mente podía comprender eso, y seguramente ustedes y yo podemos hacer lo mismo: podemos defendernos detrás de la muralla de la obra de gracia de nuestro Salvador, y de la consiguiente autoridad que le pertenece a Él.

Hay ciertas ordenanzas a las que un cristiano está obligado a asistir, sobre las que el mundo levanta una tormenta de preguntas. El mundo no se da cuenta de que este hombre fue una vez un borracho, y que por la gracia divina se ha vuelto sobrio, y así se ha convertido en un buen padre, y en un buen esposo, y en un buen ciudadano. Deja pasar ese milagro sin prestarle atención; pero si va a ser bautizado, de inmediato se oponen a la ordenanza. O si va a unirse a una iglesia cristiana, inmediatamente se burlan de él como presbiteriano o metodista, como si importara qué clase de nombre le den, siempre y cuando sea un hombre mejor que ellos y sea redimido del pecado y enseñado a ser recto, casto y puro a los ojos de Dios. La obra de la gracia no cuenta nada con ellos, sino que sólo la peculiaridad de la secta, o la peculiaridad del rito religioso se hace un mundo. Las criaturas ciegas desprecian la medicina que cura a causa del frasco que la contiene o de la etiqueta con que se la nombra. Sin embargo, nuestra respuesta es: "El que nos hizo íntegros", el mismo nos dio un mandamiento y por ese mandamiento acataremos. No buscamos ninguna justificación sino ésta: que Aquel que obró un milagro de gracia en nosotros nos ordenó hacerlo. ¿Y si estoy a punto de ser bautizado como creyente? El mismo que dijo: "Cree", dijo: "Bautízate". El que me dio la salvación, el mismo dijo: "El que creyere y fuere bautizado, será salvo". Sobre todas las objeciones, ponemos la autoridad divina de Jesús. Aquel por cuya sangre somos limpiados y por cuyo Espíritu somos renovados, es Señor y legislador para nosotros. Su precepto es nuestra garantía suficiente. Si vamos a la mesa de la comunión y los injuriadores dicen: "¿De qué sirve comer un pedazo de pan y beber una gota de vino? ¿Por qué pensar tan solemnemente en un asunto tan insignificante?". Respondemos: El que nos hizo íntegros, el mismo dijo: "Haced esto en memoria mía". Renunciamos a lo que Él no ha ordenado, pero nos aferramos a Sus estatutos. Si Él hubiera ordenado un rito todavía más trivial o una ceremonia todavía más susceptible de objeción a los ojos del hombre carnal, no nos disculparíamos más que con esto: Él, que nos ha creado de nuevo y nos ha dado una esperanza del cielo y nos ha conducido a buscar la santidad perfecta, Él nos ha ordenado que lo hagamos. Esta es nuestra respuesta final, y aunque pudiéramos encontrar otras justificaciones, serían superfluas. Esta es nuestra defensa: el Salvador nos lo ordena.

La misma disculpa se aplica a todas las doctrinas del evangelio. Repito, los hombres impíos no admitirán o si lo admiten lo ignoran, que el evangelio obra un cambio maravilloso en los corazones de los hombres. Si quieren pruebas, podemos encontrarles instancias por cientos y por miles del poder recuperador, elevador y purificador del evangelio de Jesucristo. El evangelio está obrando milagros espirituales diariamente, pero esto lo olvidan, y continúan encontrando fallas en sus doctrinas peculiares. Con frecuencia discuten la justificación por la fe. "Bueno", dicen, "esa es una doctrina escandalosa. Si enseñas a los hombres que han de ser salvos sólo por la fe y no por sus obras, por supuesto que llevarán vidas flojas. Si declaras continuamente que la salvación es sólo por gracia y no por méritos, el resultado inevitable será que los hombres pecarán para que la gracia abunde". Encontramos una respuesta completa a esta calumnia en el hecho de que los creyentes en la justificación por la fe y en las doctrinas de la gracia se encuentran entre los mejores y más puros de los hombres, y de hecho estas verdades obran la santidad. Pero no nos interesa argumentar así. Preferimos recordar a nuestros adversarios que Aquel que ha hecho que seamos hombres regenerados, Él mismo nos enseñó que todo el que crea en Él será salvo y declaró expresamente que el que cree en Él tiene vida eterna. Por boca de Su siervo Pablo, Él ha dicho que por gracia los hombres son salvos por medio de la fe y que no de ellos mismos, es el don de Dios. También nos ha dicho que por las obras de la ley ninguna carne será justificada y nos ha ordenado declarar que "El justo vivirá por la fe". Aquel que diariamente por Su evangelio está convirtiendo a los hombres del pecado a la santidad, ha dado esto como la suma total del evangelio que debemos predicar: "Mirad a Mí y sed salvos, todos los términos de la tierra". Si este evangelio no mejora a los hombres y cambia su naturaleza malvada, pueden cuestionarlo si quieren, y no nos sorprende que lo hagan; pero mientras continúe su obra purificadora, no nos avergonzaremos ni tartamudearemos cuando declaremos las doctrinas que son su esencia y su vida. Nuestra regeneración nos prueba la autoridad de nuestro Señor, y sobre eso estamos dispuestos a basar nuestro credo. Para nosotros, la mejor evidencia es Su obra dentro de nosotros, y en esa evidencia depositamos una fe implícita.

Lo mismo se aplica a todos los preceptos que el cristiano está llamado a obedecer. Por ejemplo, si es fiel a sus colores, se mantiene alejado de todos los placeres pecaminosos, prácticas y políticas del mundo en las que otros se deleitan y, en consecuencia, el mundo impío dice que es peculiar, preciso y que se cree a sí mismo. Esta es la respuesta para todos los cristianos: "El que nos hizo íntegros, él mismo nos dijo: 'Vosotros no sois del mundo, como tampoco yo soy del mundo. Salid de en medio de ellos y apartaos, no toquéis lo inmundo y yo os recibiré'". Si sigues los preceptos del Señor Je- sus Cristo, puedes responder a todos los cargos de peculiaridad alegando la supremacía del Salvador cuyo poder te ha convertido en una nueva criatura. Donde está Su Palabra, hay un poder ante el cual nos inclinamos de inmediato. No nos corresponde cuestionar a nuestro Salvador, sino obedecerle. Somos limpiados por Su sangre. Somos redimidos por Su muerte. Vivimos de Su vida y por lo tanto no nos avergonzamos de tomar Su cruz y seguirle.

Esta disculpa debería bastar incluso a quienes se oponen a nosotros, pues si se sintieran tan agradecidos como nosotros, también obedecerían. En todo caso, deberían decir: "No podemos culpar a estos hombres por hacer lo que Jesús les ordena, porque Él ha hecho mucho por ellos". Seguramente el pobre hombre que había estado treinta y ocho años paralizado no podía ser culpado por obedecer el mandato de quien, en un momento, le devolvió la salud y la fuerza. Si se convertía en su siervo de por vida, ¿quién lo censuraría? ¿Quién diría que se sometió demasiado dócilmente? ¿No debería tal benefactor ejercer una influencia ilimitada sobre él? ¿Qué podría ser más natural y apropiado? Ahora bien, ustedes, los inconversos, deben disculparnos si, en obediencia a nuestro Señor Jesús, hacemos muchas cosas que a ustedes les parecen muy peculiares, pues aunque no quisiéramos ofender innecesariamente, no podemos complacerlos a ustedes a riesgo de desagradar a nuestro Señor. No os debemos tanto a vosotros como a Él. No le debemos tanto al mundo entero como al Señor Jesús. De hecho, a decir verdad, no sentimos que le debamos nada al mundo. El tiempo pasado nos basta para haber obrado la voluntad de los gentiles, pues cuando se nos hace la pregunta: "¿Qué fruto teníais entonces en aquello de que ahora os avergonzáis?" Tenemos que confesar que no tuvimos fruto, excepto las uvas agrias que nos pusieron los dientes de punta. Como los marineros que se hicieron a la mar en contra del consejo de Pablo, nuestra única ganancia ha sido la pérdida y el daño. Al servir al mundo, encontramos que el trabajo es fatigoso y el salario es la muerte, pero en cuanto a nuestro Señor Jesús, se lo debemos todo y, por tanto, deben disculparnos si intentamos seguirle en todo. Nos parece que esta es una excusa que deben aceptar de nosotros como si cubriera todo el terreno; pero si la rechazan, no estamos para nada consternados, pues nos basta, sí, más que nos basta: nos hace gloriarnos en lo que hacemos. ¿Jesús lo ordena? Entonces es nuestro deber obedecer. Los objetores podrían decir, en relación a una de Sus ordenanzas, que es inadecuada para el clima, que es indecente, que es innecesaria, que es no sé qué; todo esto no nos concierne; pero si Jesús nos ordenó que lo hiciéramos, Su mandato nos asiste en el lugar del razonamiento. El que nos hizo íntegros nos da suficiente excusa para la obediencia en ese mismo hecho. "Oh, pero es contrario a lo que enseñan los padres y a lo que enseña la iglesia". No nos importa ni un chasquido de dedos que todos los padres y todas las iglesias bajo el cielo vayan en contra de lo que nuestro Señor enseña; pues ellos no nos hicieron íntegros, y no estamos obligados a ellos como lo estamos a Él. La autoridad de Jesús es suprema porque es de Sus labios que recibimos la palabra que sanó la enfermedad de nuestro pecado. Esto satisface nuestra conciencia ahora y lo hará en medio de las solemnidades de la muerte. ¿Cómo podemos equivocarnos si seguimos las palabras de Jesús en todas las cosas? Hermanos míos, podemos alegar Sus preceptos como nuestra garantía en el último gran día ante el Juez de vivos y muertos. ¿Qué mejor alegato podemos tener que este: "Tú nos hiciste íntegros y Tú nos mandaste hacer esto"? Tal justificación de nuestra conducta hará que nuestra almohada de muerte sea suave y que nuestra resurrección brille de alegría.

En lugar de admitir que ésta no es una justificación amplia, vayamos aún más lejos en la fuerza de ella. Si el mundo nos ha considerado viles por obedecer a nuestro Señor, seamos aún más viles, y puesto que Aquel que nos hizo íntegros dijo: "Id por todo el mundo y predicad el Evangelio a toda criatura", esforcémonos por difundir por todas partes el sabor de Su nombre, consagrándonos en cuerpo, alma y espíritu a la extensión de Su Reino. Aquel que nos sanó a nosotros sanará al mundo con su propio poder maravilloso. ¿No hemos demostrado abundantemente que el mandato de nuestro Señor es una sólida justificación de nuestra conducta?

II. Y ahora, en segundo lugar, la curación produjo UNA OBLIGACIÓN. "El que me sanó, él mismo me dijo: Toma tu lecho y anda". El argumento toma esta forma: primero, si Él me sanó, Él es divino o no podría hacer este milagro. O por decir lo menos, Él debe estar divinamente autorizado; y si Él es divino o está divinamente autorizado, yo debo estar obligado a obedecer las órdenes que Él emita. ¿No es éste un argumento claro que incluso la pobre y simple mente del paralítico fue capaz de comprender y esgrimir? Intentemos sentir nosotros mismos la fuerza de ese argumento. Jesús, que nos ha salvado, es nuestro Dios: ¿no hemos de obedecerle? Puesto que está revestido de poder y majestad divinos, ¿no nos esforzaremos escrupulosamente por conocer su voluntad y nos esforzaremos celosamente por cumplirla en todos los puntos que su Espíritu nos permita?

Además del carácter divino que el milagro demostraba y exhibía, estaba la bondad que resplandecía en el acto de poder y conmovía el corazón del pobre hombre. Su argumento fue: "Debo hacer lo que mi gran Libertador me ordena. ¿Cómo puedes pensar de otro modo? ¿Acaso no me sanó Él? ¿Quieres que yo, a quien Él ha restaurado tan bondadosamente, me niegue a cumplir Su deseo? ¿No debo tomar mi lecho en el momento en que Él me dé fuerzas para hacerlo? ¿Cómo puedo hacer otra cosa? ¿Es ésta la recompensa que debo pagar a mi buen Médico: negarme de una vez a hacer lo que me pide? ¿No ves que estoy bajo una obligación que sería vergonzoso negar? Él restauró estos miembros, y yo estoy obligado a hacer con ellos lo que Él me ordene. Él dice: 'Camina', y puesto que estos pies, una vez marchitos, han sido restaurados, ¿no debo caminar? Él me ordena que enrolle mi cama, y puesto que no pude usar mis manos hasta que Su palabra les dio vida, ¿no habré de usarlas para enrollar el cubrecama por Su mandato? Estos pobres hombros míos estaban doblados por la debilidad, pero Él me ha puesto de pie. Y puesto que ahora me pide que lleve mi cama, ¿no me echaré el colchón sobre los hombros y soportaré la fácil carga que Él me impone?". No hubo respuesta a tal razonamiento. Cualquiera que hubiera sido la pretensión de Jesús sobre los demás, era evidente que tenía un derecho indiscutible a la obediencia leal de alguien a quien había sanado perfectamente.

Síganme brevemente en esto, hermanos y hermanas. Si habéis sido salvados por la gracia de Dios, vuestra salvación os ha puesto en la obligación de hacer en adelante lo que Jesús os mande. ¿Has sido redimido? Entonces no eres tuyo; has sido comprado por precio. ¿Has sido, como consecuencia de lo que el Señor ha hecho por ti, rescatado de la esclavitud satánica y adoptado en la familia divina? Entonces se deduce claramente que, puesto que sois hijos e hijas, debéis ser obedientes a la ley del hogar -pues, ¿no es éste un primer elemento de la filiación-, que debéis reverenciar al gran Padre de familia? El Señor se ha complacido en borrar vuestro pecado. Estás perdonado; pero, ¿acaso el perdón no exige enmienda? ¿Volveremos a los viejos pecados de los que hemos sido limpiados? ¿Viviremos en las iniquidades de las que hemos sido lavados por la sangre de nuestro Señor Jesús? Era horrible pensar en eso. Sería nada menos que diabólico que un hombre dijera: "He sido perdonado, y por eso volveré a pecar". No hay re- misión donde no hay arrepentimiento. La culpa del pecado permanece en aquel hombre en quien aún permanece el amor al pecado. Sintamos prácticamente la fuerza de esto y sigamos en adelante la pureza y la rectitud.

Hermanos y hermanas en quienes Cristo ha obrado Su gran obra, ustedes han experimentado el amor de Dios y, por lo tanto, si Dios los ha amado así, ustedes están obligados a amarlo a su vez. Si Dios os ha amado así, también vosotros debéis amar a vuestro hermano. ¿Acaso el amor a Dios y el amor al hombre no nacen como consecuencia segura del amor de Dios derramado en el corazón? ¿No ve todo el mundo la necesidad de que un amor siga al otro? Pero el amor es la madre de la obediencia; por tanto, todo lo relacionado con nuestro Señor nos obliga a obedecerle. No hay una sola bendición del pacto que no conlleve necesariamente su deber correspondiente, y aquí apenas me gusta decir deber, pues estas bendiciones del pacto hacen que el deber sea nuestro privilegio, y que la santidad sea nuestro deleite. De ahora en adelante, redimidos del pecado, no viviremos más en él. De ahora en adelante, hechos herederos del cielo, nos esforzamos por llevar la vida celestial, de modo que, aunque estemos abajo, nuestra conversación esté en el cielo, desde donde esperamos al Salvador, el Señor Jesucristo. Hermanos, el que os hizo íntegros ha mandado que hagáis esto y aquello. Os aconsejo que guardéis el mandamiento del Rey. Como María dijo a los mozos en la boda de Caná, así os digo a vosotros: "Todo lo que Él os diga, hacedlo". Si os manda orar, orad sin cesar. ¿Os ordena que veléis además de orar? Entonces guarda cada acto, pensamiento y palabra. ¿Te ordena Él que ames a tus hermanos? Entonces ámalos con un corazón puro y ferviente. ¿Te ordena Él que los sirvas y te humilles por amor a Él? Entonces hazlo y conviértete en el siervo de todos. ¿Ha dicho Él: "Sed santos, porque yo soy santo"? Entonces procura serlo por medio de Su Santo Espíritu. ¿Ha dicho: "Sed perfectos, como vuestro Padre que está en los cielos es perfecto"? Entonces esfuércense por alcanzar la perfección, pues Aquel que los hizo íntegros tiene el derecho de dirigir su camino, y será tanto su seguridad como su felicidad someterse a Sus mandatos.

III. Suficiente, sin embargo, sobre esto. Ahora llamamos su atención, en tercer lugar, al texto bajo el sentido de CONSTRAINT. "El que me sanó, él mismo me dijo: Toma tu lecho y anda".

Lo curó diciendo: "Levántate, toma tu lecho". El llevar la cama era parte integrante de la curación. La primera parte de la palabra sanadora fue "Levántate", pero la segunda fue: "Toma tu lecho". Ahora bien, no fue una palabra ordinaria la que Jesús dirigió a aquel hombre: una mera palabra de consejo, advertencia u orden; fue una palabra llena de poder, como la que creó la luz de las tinieblas. Cuando el Señor le dijo al pobre hombre: "Levántate", él se levantó. Un estremecimiento lo recorrió; aquellos vasos sanguíneos estancados sintieron que la sangre vital se agitaba y fluía; aquellos nervios adormecidos fueron despertados a sensaciones de salud. Aquellos tendones y músculos marchitos se prepararon para una acción enérgica, porque la omnipotencia había visitado al hombre impotente y lo había restaurado. Oh, debió de ser una alegría maravillosa para aquel armazón tanto tiempo enervado, sin nervio, impotente, ser capaz de un movimiento saludable, ser capaz de soportar una carga feliz. El hombre gozoso enrolló su cama, se la echó a la espalda y marchó con los mejores. Llevar la cama era parte de la curación y prueba de la curación. El paralítico no había sido llamado a deliberar si debía levantarse o no, pero Jesús dijo: "Levántate", y se puso en pie. La misma palabra dijo: "Levanta tu lecho". La cama se levantó de inmediato y según la última palabra, "camina", el hombre caminó con deleite. Todo fue hecho por el poder de una frase emocionante que no se detuvo para ser cuestionada, sino que cumplió el fin para el cual el Señor la había enviado. El hombre restaurado no cargó su lecho de mala gana, sino que lo hizo obligado, pues el mismo poder que lo sanó lo hizo obediente. Antes de que la energía divina lo hubiera tocado, apenas parecía tener voluntad alguna y el Señor tuvo que cazar para encontrar una voluntad en él, diciéndole: "¿Quieres ser sanado?". Pero ahora quiere obedecer alegremente a su bienhechor y, con la fuerza de la orden, cumplió el mandato del Señor. Digo que el hecho de que tomara su lecho y caminara fue hecho por la habilitación de Cristo, y hecho por la constricción de Cristo; y ruego que puedan saber por experiencia lo que esto significa. Lo que quiero que sientan es esto: "No puedo evitar obedecer a Cristo, pues por Su Santo Espíritu me ha hablado a una vida que nunca morirá y nunca será vencida. Él ha pronunciado en mí una palabra que tiene una fuerza continua sobre mí, y me emociona constantemente. No puedo evitar tratar de obedecer a Cristo, de la misma manera que este hombre no pudo evitar cargar su cama cuando el Señor, por una palabra de poder, se lo ordenó".

Hermanos, miren esto y sean instruidos y advertidos. ¿Se sienten renuentes esta mañana a entrar en el servicio de su Señor debido a una debilidad consciente? ¿Te ha tentado el diablo para que te abstengas de obedecer debido a tu incapacidad? ¿Dudas? ¿Tiemblas? Seguramente necesitas acercarte al Señor otra vez y escuchar Su voz de nuevo. Tomen sus Biblias y dejen que Él les hable de nuevo por medio de la Palabra, y que la misma emoción que los despertó de su sueño de muerte los despierte de su letargo actual. Es necesario que la Palabra viva de Dios vuelva a tu alma íntima con ese mismo poder milagroso que habitó en ella al principio. "Señor, vivifícame," es la oración de David, pero a mí me sirve todos los días, y creo que la mayoría del pueblo de Dios haría bien en usarla diariamente. "Señor, háblame de vida ahora como lo hiciste al principio. Habla poder, habla fuerza espiritual en mí". "El amor de Cristo nos constriñe", dice el apóstol. Esta constricción es lo que queremos sentir cada vez más. Necesitamos perpetuamente que la vida divina nos impulse a actos de obediencia. No queremos destruir la voluntad, sino que nos gustaría que se vivificara en una completa sumisión a la voluntad del Señor. Como el arca de Noé en tierra seca, la voluntad se mantiene en su lugar por su propio peso muerto, en espera de que un torrente de gracia la mueva, la levante, la lleve, la arrastre una poderosa corriente. Seríamos llevados ante el amor de Cristo como un pedacito de madera es arrastrado por la corriente del golfo o como una de las motas que bailan en el rayo del sol sería llevada por un viento impetuoso. Así como el impulso que comenzó con Jesús encontró al pobre hombre pasivo, porque era totalmente incapaz de ser de otra manera, y luego lo impulsó a movimientos activos como con una ráfaga de poder, que así sea siempre con nosotros durante toda la vida. Que cedamos siempre al impulso divino. Ser pasivos en las manos del Señor es un buen deseo, pero ser lo que yo llamaría activamente pasivos, ser alegremente sumisos, dispuestos a renunciar a nuestra voluntad, éste es un estado de ánimo espiritual más elevado. Debemos vivir y, sin embargo, no nosotros, sino Cristo en nosotros. Debemos actuar y, sin embargo, debemos decir: Aquel que me hizo íntegro me ordenó hacer esta santa obra, y la hago porque Su poder me mueve a hacerla. Si lo he hecho bien, pongo el honor a Sus pies. Si espero hacerlo bien en el futuro, es porque espero que Él me dé la fuerza para hacerlo bien, creyendo que obrará en mí con el mismo poder que me convirtió al principio. Amados, esfuércense por permanecer bajo esta influencia, y que el Espíritu Santo los lleve allí.

Mi última palabra es una lección práctica. La iglesia de Dios en la tierra en este tiempo presente desea ansiosamente extender su influencia sobre el mundo. Por amor a Cristo deseamos que se reconozcan las verdades que predicamos y que se obedezcan los preceptos que impartimos. Pero fíjense, ninguna iglesia tendrá jamás poder sobre las masas de esta o de cualquier otra tierra, sino en la medida en que les haga bien. Hace mucho tiempo que pasó el día en que cualquier iglesia podía esperar prevalecer con el argumento de la historia. "Miren lo que fuimos", es un vano llamamiento; a los hombres sólo les importa lo que somos. La secta que se glorifica con los laureles descoloridos de los siglos pasados y se contenta con estar inactiva hoy, está muy cerca de su fin inglorioso. En la carrera de la utilidad, a los hombres de hoy les importa menos el pedigrí del caballo y más la velocidad a la que puede correr. La historia de una congregación o secta es de poca importancia comparada con el bien práctico que está haciendo. Ahora bien, si alguna iglesia bajo el cielo puede demostrar que está haciendo a los hombres honestos, templados, puros, morales, santos, que está buscando a los ignorantes e instruyéndolos, que está buscando a los caídos y reclamándolos, que de hecho está convirtiendo los desechos morales en jardines y tomando las malezas y zarzas del desierto y transformándolas en preciosos árboles frutales, entonces el mundo estará dispuesto a escuchar sus reclamos y a considerarlos. Si una iglesia no puede demostrar su utilidad, la fuente de su fuerza moral se habrá ido y, de hecho, algo peor que esto habrá sucedido, pues su fuerza espiritual también se habrá ido, porque una iglesia estéril está manifiestamente sin el Espíritu fructífero de Dios. Hermanos, ustedes pueden, si quieren, dignificar a su ministro con el nombre de obispo. Pueden dar a sus diáconos y ancianos grandes títulos oficiales. Pueden llamar catedral a su lugar de culto. Pueden rendir culto si quieren con toda la grandeza de ceremonias pomposas y los adornos de música e incienso y cosas por el estilo; pero sólo tendrán la apariencia de poder sobre las mentes humanas a menos que tengan algo más que eso. Pero si tienen una iglesia, sin importar el nombre que se le dé, que sea devota, que sea santa, que viva para Dios, que haga el bien en su vecindario, que por medio de las vidas de sus miembros difunda la santidad y la justicia-en una palabra, si tienen una iglesia que realmente esté sanando al mundo en el nombre de Jesús-descubrirán a la larga que aun los más carnales e irreflexivos dirán: "La iglesia que está haciendo este bien es digna de respeto. Por lo tanto, escuchemos lo que tiene que decir". La utilidad viva no nos protegerá de la persecución, pero nos salvará del desprecio. Una iglesia santa va con autoridad al mundo en nombre de Jesucristo, su Señor, y esta fuerza la usa el Espíritu Santo para someter los corazones humanos a la verdad. Oh, que la iglesia de Dios creyera en el poder de Jesús para sanar las almas enfermas. Recordad que este hombre, enfermo desde hacía treinta y ocho años, llevaba enfermo más tiempo del que Cristo había vivido en la tierra. Había estado afligido siete años antes de que Cristo naciera. Y así también este pobre mundo ha estado afligido durante mucho tiempo. Años antes de Pentecostés o del nacimiento de la iglesia visible actual, el pobre mundo pecador yacía en el estanque y no podía moverse. No debemos estar desesperanzados al respecto, pues aún el Señor arrojará el pecado fuera de él. Vayamos en el nombre de Jesucristo y proclamemos el evangelio eterno y digamos: "Levántate, toma tu lecho y anda", y se hará y Dios será glorificado y nosotros seremos bendecidos.

Sermón #1211—El Hospital de Camareros Visitado con el Evangelio

PRONUNCIADA POR C. H. SPURGEON,

EN EL TABERNÁCULO METROPOLITANO, NEWINGTON.

"Jesús le dijo: Levántate, toma tu lecho y anda". Juan 5:8.

¡Era el día de reposo! ¿Dónde y cómo pasaría Jesús ese día? No lo pasaría, estamos seguros, de ninguna manera deshonrosa ni de ningún modo insignificante. ¿Qué haría? Haría el bien, pues es lícito hacer el bien en sábado. ¿Dónde haría el bien? Sabía que había una visión en Jerusalén que era particularmente dolorosa: la visión de un número de personas pobres, ciegas, cojas y lisiadas, que estaban tendidas alrededor de un estanque de agua, esperando una bendición que rara vez llegaba. Pensó en ir a hacer el bien allí, pues era donde más se necesitaba. Quiera Dios que todos los siervos de Cristo sientan que la necesidad más urgente es la que más les reclama; que donde hay más necesidad, allí deben ejercer la mayor bondad, y que no hay mejor manera de pasar el sábado que llevando el evangelio de salvación a quienes más lo necesitan. Pero también era un día de fiesta. Era una gran fiesta de los judíos y Jesús había subido a Jerusalén para celebrar la fiesta. ¿Dónde festejará? ¿Le ha invitado alguien a su casa? Estaban María, Marta y Lázaro en Betania. ¿Se lo pedirían? A veces incluso los fariseos y los publicanos abrían sus casas y hacían un banquete para Él. ¿Dónde iría Él? ¿Era una elección singular para Él decirse a sí mismo: "Mi banquete se celebrará entre los ciegos, los cojos y los lisiados"? No, no era singular, pues había dicho a uno que le había invitado a su casa: "Cuando hagáis banquete, llamad a los pobres, a los mancos, a los cojos y a los ciegos; y seréis bienaventurados, porque no os podrán recompensar, pues seréis recompensados en la resurrección de los justos." Lo que exhortaba a los demás a hacer, Él mismo se aseguraba de hacerlo. Era propio de Él decir: "Pasaré mi fiesta en un hospital. Usaré este día, sagrado tanto para el gozo como para el descanso, yendo donde los enfermos yacen densamente agrupados, pues para Mí ser misericordioso es estar alegre; bendecir a los hombres es encontrar descanso para Mi corazón". Cristo nunca festeja más gozosamente que cuando hace el bien a los demás, y cuanto mayor es el acto de Su liberalidad -cuanto mayor es el acto de poder obrado por Su amor- más se llena de descanso y gozo Su bendita naturaleza.

Vean, entonces, al Salvador bajando al estanque de Betesda, determinando que en el lugar donde el dolor y la enfermedad reinaban supremos, Él ejercería Su misericordia y vencería al mal. Les pediré que bajen conmigo, y con el Salvador, al estanque de Betesda. Lo llamaré EL HOSPITAL DE LOS ESPERANTES. Mientras estamos allí, notaremos que Jesucristo fija Sus ojos en la persona más desvalida de esa compañía que espera. Y luego, en tercer lugar, tendremos que notar con gozo cómo nuestro Señor trató al hombre al estilo evangélico.

I. En primer lugar, dije que bajaríamos a la PISCINA DE BÉTESDA con sus cinco pórticos, a la que he llamado el hospital de los camareros, pues todas aquellas personas que estaban allí hacían una cosa: esperaban. Esperaban el movimiento de las aguas. No podían hacer otra cosa. Estaban tumbados, enfermos, con los ojos ansiosos mirando el pequeño estanque, esperando verlo burbujear, ver un círculo que se ensanchaba sobre su plácida superficie, esperando zambullirse inmediatamente, pues quienquiera que se zambullera primero recibiría un milagro, uno y nada más. ¿No dije en verdad que era un hospital de camareros?

Hoy en día es demasiado fácil encontrar una gran compañía de camareros. Ojalá no fuera así, pero siempre hay un gran número esperando. Creo que sé lo suficiente para llenar los cinco porches.

Algunos esperan un momento más oportuno y tienen la idea, tal vez, de que ese momento más oportuno les llegará en el lecho de un enfermo. Posiblemente, incluso piensan, en un lecho de muerte. Es un gran error. Han oído el evangelio y creen que es verdad, aunque no lo han aceptado. Van a un lugar de adoración, continuamente, y se dicen a sí mismos: "Esperamos que uno de estos días podremos asirnos de Cristo, y seremos sanados de la enfermedad del pecado, pero no ahora". ¿Cuántos años han estado esperando, algunos de ustedes, la estación conveniente: cinco, seis, ocho, diez, veinte? Conozco a algunos que han estado esperando veinte o más años. Recuerdo que les hablé de sus almas y me dijeron, entonces, que no pensaban descuidar el asunto. Estaban esperando y aún no había llegado el momento. No me explicaron exactamente lo que se interponía en su camino, pero era algo que iba a desaparecer en unos meses, tal vez incluso semanas. Pero no se ha ido y siguen esperando. Y me temo que esperarán hasta que llegue el día del juicio y los encuentre sin salvación. Siempre cuentan con un buen mañana, pero mañana es un día que no encontrarás en el almanaque; no se encuentra en ninguna parte sino en el calendario del necio. El hombre sabio vive hoy. Lo que su mano encuentra para hacer, lo hace de inmediato con todas sus fuerzas. Hoy es el tiempo de Dios, y cuando seamos salvados será nuestro tiempo. Pero, por desgracia, muchos esperan hasta que se les agarrotan las articulaciones, les fallan los ojos, les pesan los oídos y sus corazones son cada vez más insensibles. Oh vosotros, sencillos, ¿será así para siempre? ¿Esperaréis hasta que seáis arrojados al infierno?

En un segundo porche, una multitud de camareros espera sueños y visiones. Ustedes, tal vez, piensen que son muy pocos, pero no son tan pocos como se imaginan. Y tienen la idea de que tal vez una de estas noches tendrán un sueño tan vívido del juicio que se despertarán alarmados, o una visión tan brillante del cielo que se despertarán fascinados por ella. Han leído en la biografía de alguien que vio algo en el aire, o que oyó una voz, o que un texto de las Escrituras "le fue presentado" (como se dice). Ellos están esperando, digo, hasta que las mismas señales y maravillas les sucedan a ellos. Les doy testimonio de que están muy ansiosos de que esto suceda. Pero su error es que lo desean, o esperan que suceda, y yacen allí junto al estanque de Betesda esperando, y esperando, y esperando, como si no pudieran creer a Dios, pero pudieran creer en un sueño; no pueden confiar en la enseñanza de las Sagradas Escrituras, pero pueden creer en una voz que imaginan que está sonando en sus oídos, aunque pudiera ser el gorjeo de un pájaro, o pudiera no ser nada en absoluto. Podrían confiar en su imaginación, pero no pueden confiar en la palabra de Dios tal como está escrita en el volumen inspirado. Quieren algo más que la palabra segura del testimonio. El testimonio de Dios no es suficiente para ellos. Exigen el testimonio de la fantasía, o el testimonio del sentimiento, y están esperando en el porche junto a la piscina hasta que llegue. ¿Qué es esto sino una insultante incredulidad? ¿No ha de creerse en el Señor hasta que una señal o un prodigio corroboren Su testimonio? Tal espera provoca al Altísimo.

Un tercer pórtico lleno de gente se encontrará esperando una especie de compulsión. Han oído que los que vienen a Cristo son atraídos por el Espíritu de Dios. Creen en las doctrinas de la gracia y me alegra que lo hagan, porque son verdaderas. Pero malinterpretan esas doctrinas. Suponen que el Espíritu de Dios hace que los hombres hagan esto o aquello totalmente en contra de su voluntad, ejerciendo fuerza. Su noción parece ser que los hombres son llevados al cielo por sus orejas o arrastrados por la fuerza, y porque hablamos de cuerdas de amor y bandas de un hombre, ellos escogen la imaginería y la traducen mal. Ahora, créanme, el Espíritu de Dios nunca actúa por el corazón humano como ustedes y yo podríamos actuar por una caja de la que hemos perdido la llave. Él no la arranca ni la abre. De acuerdo a las leyes de nuestra naturaleza, Él actúa con los hombres como hombres. Tira con cuerdas, pero son cuerdas de amor; con ligaduras, pero son ligaduras de hombre. Es iluminando el juicio como influye en la voluntad. Él nos lleva a ver las cosas bajo una luz diferente por la instrucción que nos da, y por esa luz más clara Él influye en el entendimiento y en el corazón. Las cosas que amamos, vemos que son malas, y las odiamos. Y las cosas que una vez odiamos, vemos que son buenas, y las elegimos. Estas personas piensan que se arrepentirán, quieran o no, que creerán en Jesucristo, quieran o no. Pero no es así como actúa el Espíritu Santo. Permítanme advertirles del gran pecado y de poner al Espíritu Santo en contraste o rivalidad con Jesucristo. Ahora, el evangelio es, "Cree en el Señor Jesucristo, y serás salvo". Pero que tú digas: "Estoy esperando al Espíritu Santo", es poner a Jesús en una especie de oposición con el Espíritu Santo, mientras que el Padre, el Hijo y el Espíritu Santo concuerdan en uno; no, son uno, y el testimonio de Jesús es el testimonio del Espíritu Santo. Y cuando el Espíritu Santo obra en los hombres, obra con las cosas de Cristo, no con cosas nuevas. El toma de las cosas de Cristo y nos las muestra. Si un hombre rechaza el evangelio que dice: "Cree y vivirás", rechaza al Espíritu Santo, que no traerá ningún otro evangelio, sino que lo deja encerrado para que crea en Jesús o muera en sus pecados. Usted debe tener a Cristo, o perecer. Y si te niegas a obedecer Su palabra evangélica, ni Dios Padre ni Dios Espíritu se interpondrán para librarte. Jesucristo tiene el Espíritu para dar testimonio de Él y cuando Él viene, convence a los hombres de pecado porque no creen en Cristo. Y luego los conduce, no a confiar en alguna obra por encima de la obra de Jesús, sino a descansar simple y únicamente en la expiación que Cristo ha provisto. Ay de aquellos que se quedan cortos en esto.

Un cuarto pórtico es atractivo para mucha gente, especialmente en este tiempo peculiar. Están esperando un avivamiento. Hemos oído buenas nuevas, en las que nos regocijamos, de grandes avivamientos en diferentes partes de Inglaterra, Escocia e Irlanda. Y hay algunos que dicen: "Oh, si un avivamiento viniera aquí, yo estaría convertido". O dice así: "Si los dos honorables siervos de Dios vinieran aquí y celebraran cultos, entonces, seguramente, nos convertiríamos". Se fijan en los hombres y en las excitaciones. Doy gracias a Dios por cada genuina re- vivación y, siempre que Él obra, me regocijo en ello. Pero que alguien suponga que el mandamiento del evangelio se suspende por un tiempo hasta que venga un avivamiento, es suponer una mentira. El evangelio dice: "Arrepentíos y bautícese cada uno de vosotros". Así dijo Pedro el día de Pentecostés. O, en otras palabras, "Creed en el Señor Jesucristo, y seréis salvos". El llamado del evangelio es: "Hoy, si oís Su voz, no endurezcáis vuestros corazones". No dice, "Esperen, esperen, esperen hasta tiempos de refrigerio. Esperad hasta un avivamiento". Me inclino a pensar que aunque viniera un avivamiento, las personas que ahora lo ponen como excusa para demorarse estarían en un estado muy improbable de obtener una bendición de él. O si pensaran que obtuvieran una bendición, sería, con toda probabilidad, un error, porque podrían estar dependiendo de los hombres, o de la excitación carnal, y no mirando a Jesucristo, que es tan capaz de salvarlos ahora como lo será en un avivamiento. Y Él es tan capaz de salvarlos por mi voz, ahora, o por ninguna voz en absoluto, como lo sería por cualquier otro hombre, por muy útil que haya sido. Me temo que hay muchos esperando en ese pórtico.

Muchos están esperando en el pórtico de las impresiones esperadas. Quieren una impresión, y desean que el ministro predique un sermón muy alarmante. Quieren que sea muy afectuoso y serio, como debe ser, pero quieren que los fije, que les dispare la flecha en la carne, para que sean traspasados en el corazón; por eso están esperando. Vienen aquí todos los domingos. Se han sentido muy conmovidos e intranquilos. Se han sentido como si apenas pudieran escuchar el sermón, pero se las han arreglado para hacerlo, y se las han arreglado para esperar, y esperar. ¿Cuándo llegaré a ustedes? ¿Cómo voy a predicar? Seguramente, si supiera de qué manera podría llevarlos a Jesús. Me encantaría seguirlo. Pero no puedo predicar otro evangelio que el que predico. Y no puedo hacerlo más claramente. Tampoco creo que pueda hacerlo con más fervor, pues deseo la salvación de los pecadores con toda mi alma. Muchos pueden predicarlo mejor, pero ninguno más de corazón. Si buscan que yo haga algo más, buscarán en vano, pues no tengo nada mejor que traer. Les he señalado las heridas fluyentes de un Salvador, y les he ordenado que miren hacia Él y vivan. Si no aceptan Su salvación, entonces no tengo otra esperanza que ofrecerles. Si no confían en mi Señor, ni siquiera un ángel del cielo, si viniera, podría darles otra esperanza. Si los hombres no oyeran el evangelio que he predicado, tampoco podrían convertirse aunque uno resucitara de entre los muertos.

Así, les he mostrado cinco porches de camareros. Les diré por qué estoy seguro de que se equivocan al esperar. Les expondré su teoría. Esas personas estaban esperando porque un ángel vendría y agitaría el agua, y quienquiera que entrara primero sería sanado. Esa era su idea. No esperaban a Jesús, ninguno de ellos. ¿No habían oído que Jesús curaba a los enfermos? ¿No habían oído hablar de la mujer que vino detrás de Él entre la multitud, tocó su manto y se le cortó la hemorragia? ¿No habían oído hablar del hijo de un noble que estaba a punto de morir y fue resucitado? ¿Nunca habían oído hablar de todo esto? No lo sé, pero lo cierto es que nunca trataron de llegar a Jesús, ni clamaron a Él. Confiaron enteramente en el estanque, en el ángel y en el movimiento del agua. Ah, creo que si hubieran sido sabios, habrían dicho: "Esto es incierto y sólo sucede de vez en cuando. Pero Jesús dice: 'Al que a mí viene, no le echo fuera', y Él puede salvar perpetuamente a los que por él se acercan a Dios. ¿No sería mejor que nos arrastráramos lo mejor que pudiéramos hasta esos queridos pies y miráramos a Su rostro y dijéramos: 'Tú, Hijo de David, ten misericordia de nosotros'?

Existe la teoría, la teoría de la oposición al Evangelio. Quiero hacerla pedazos, si Dios el Espíritu Santo me ayuda- la teoría de la espera, la teoría de buscar algo, pero no buscar a Cristo y sólo a Él. Esta gente le daba mucha importancia al lugar. Se quedaban en el estanque de Be- thesda. Allí estaba el lugar. Si alguna vez obtenían algo bueno, lo obtendrían allí. Y así encuentro que los mozos de- diez dan gran importancia al lugar de adoración; esperan encontrar la salvación sólo allí. ¿Acaso no saben que Jesús puede salvar sus almas mañana por la mañana en el patio de bronceado, tan bien como el próximo domingo en el Tabernáculo? ¿No saben que Jesús es tan Salvador un sábado como un domingo? ¿No saben que cuando caminan por las calles, en Cheapside o en el Borough, si le elevan una oración, Él es tan poderoso para salvarlos como lo sería si estuvieran de rodillas, o en casa, o sentados aquí escuchando el Evangelio? Él está dondequiera que haya un corazón que lo necesite. Dondequiera que haya un ojo que desee mirarlo con la mirada de la fe, allí está Jesús. Ahora no hay estanques de Betesda, ni lugares apartados para monopolizar la dispensación de la misericordia divina.

"Dondequiera que le buscamos, se le encuentra,

Y todo lugar es tierra sagrada".

Oh, vayan a Él, entonces, en estas bancas, pues este es un lugar donde Él está. Y si ustedes estuvieran tendidos en sus lechos de enfermos, yo les diría que Él está allí. Y si estuvieran en el banco de un carpintero manejando el avión, o en los campos manejando el arado, no tendría nada más que decirles sino esto: "La palabra está cerca de ti, en tu boca y en tu corazón, que si confesares con tu boca que Jesús es el Señor, y creyeres en tu corazón que Dios le levantó de los muertos, serás salvo. Esta teoría de que debemos esperar en el estanque de las ordenanzas es el evangelio del anticristo. El evangelio de Cristo es: "Cree en el Señor Jesucristo y serás salvo".

Luego dicen que han de esperar señales y prodigios. Los que esperaban en Betesda esperaban un ángel. No sé si alguna vez vieron un ángel, o si el agua fue agitada misteriosamente por un ala invisible. Pero esperaban un ángel, un misterio. A la gente le gusta el misterio, pero el anhelo es malo, porque aunque el evangelio es, en un aspecto, el misterio de la piedad, sin embargo, en lo que a ustedes pecadores concierne, es la cosa más simple del mundo entero. Es esto: "Cree en el Señor Jesucristo, y serás salvo". Él ha sido puesto por Dios como propiciación por el pecado. La sangre de Jesús es una ofrenda sustitutiva a la justicia de Dios, en lugar de nuestra muerte. Y el que confía en Cristo para que lo sustituya y acepta así que Cristo sea su sustituto, es un hombre salvo. Los sacerdotes tratan de hacer un misterio de todo, hoy en día, y esta es la palabra que está escrita en la frente de la ramera de Babilonia, según el Libro del Apocalipsis: "Misterio, Madre de las Rameras". Su misa es un misterio y sus ceremonias son todos misterios; la lengua latina se usa para hacer el servicio un misterio; el sacerdote mismo es un misterio; el bautismo es un misterio. Ahora, en el evangelio de Jesucristo, la verdad esencial es tan clara como una vara de pica. Legibles sólo por la luz que dan, están las palabras que aceleran el alma: "Cree y vivirás". Un hombre que es casi un idiota puede entender esto. Confía en Cristo. Acepta a Cristo como tu sustituto ante Dios y serás salvo en el acto, salvo en un instante. Pero no, ellos esperan un misterio. Anhelan un misterio. Incluso suponen que el Espíritu Santo, Él mismo, vendrá sobre ellos para confundir el evangelio, mientras que, lo que Él hace es hacer el evangelio aún más claro para nosotros. Y cuando El viene, El rompe el misterio, quita las escamas de nuestros ojos, y nos hace ver que es un simple asunto recibir a Jesus y convertirnos en hijos de Dios.

Una vez más, estos mozos que dan tanta importancia al lugar y esperan misterios, parecen esperar también una influencia que es intermitente. El ángel agitó el estanque sólo en un momento determinado. Así parecen creer que hay ciertos tiempos y estaciones en los que Cristo está dispuesto a recibir a los pecadores, e intervalos ocasionales en los que pueden esperar encontrar la salvación. Mientras que la misericordia de mi Dios no es como el estanque de Betesda, que se agita de vez en cuando; es un pozo de agua que brota siempre, y cualquiera que crea en Jesús, ya sean las ocho menos dieciséis o las ocho, encontrará que Cristo está listo para recibir a los pecadores. "Todo está preparado, venid a la cena", es una de las proclamaciones del Evangelio. Listos, y listos ahora, no algunas veces, sino en todo tiempo; no de vez en cuando, no ocasionalmente, los domingos y los días festivos y los días de avivamiento, sino: "Hoy, si oyereis su voz". "Hoy es el tiempo aceptable; hoy es el día de salvación". Por lo tanto, porque estas personas piensan que hay una cierta influencia intermitente; creen que todo lo que tienen que hacer es esperarla de una manera muy singular. Oh, si yo fuera a ser ahorcado mañana por la mañana, y supiera que se ha presentado una solicitud de perdón, esperaría el resultado; pero, ¿cómo creen que esperaría? Supongan que no tuviera ninguna esperanza en el cielo, y supiera que voy a ser ahorcado mañana, pero tuviera una mínima esperanza de que tal vez pudiera llegar un indulto, esperaría por él; pero, ¿cómo esperaría? ¿Me iría a dormir esta noche? ¿Haría una fiesta y me emborracharía con los borrachos? Oh no, mi vida, mi vida, mi vida está en peligro. No puedo jugar. ¿Cómo esperan los marineros en el naufragio al bote salvavidas? ¿Crees que están ociosos? No, se esfuerzan con la mirada y estallan con sus señales de socorro, implorando ayuda. ¿Se duermen en el naufragio y dicen: "Si hemos de salvarnos, nos salvaremos; vamos a dormir"? No, están esperando, pero si llegara un cohete al barco con una cuerda, estarían listos para agarrarla en un minuto y no esperar más. Es una mentira, nueve de cada diez veces, cuando los hombres dicen que están esperando a Cristo, porque no tienen esa terrible ansiedad, esa triste inquietud mental que acompaña a la verdadera espera. Es sólo una espera imaginaria, una mera excusa. Cualquiera que sea la clase de espera, es totalmente opuesta al Evangelio, que nunca dice una palabra sobre esperar, sino que ordena a los hombres creer y vivir.

Además, estas personas esperan una influencia que se supone muy limitada. Sólo una persona fue sanada a la vez en Betesda, y fue la primera que se sumergió. Y así, cuando los que esperan se enteran de que alguien se ha salvado, piensan que estaba en circunstancias más favorables que ellos, que estaba en mejor posición para obtener la salvación. Parecen estar en la retaguardia de las filas e incapaces de llegar a esta maravillosa piscina suya. Todo es un error. Jesucristo está tan cerca de un buscador como de otro. Si un hombre ha sido moral, el evangelio le dice: "cree". Si un hombre ha sido inmoral, el evangelio le grita, "cree". Si un hombre es un rey, el evangelio le ordena, "cree". Si es un mendigo, también le ordena: "cree". Si un hombre está lleno de justicia propia, el evangelio le señala a Cristo, y le dice que renuncie a su justicia. Y si un hombre está lleno de vicios y podrido por el pecado, le señala a Cristo y le pide que deje su pecado y mire a Jesús. La base sobre la cual el Evangelio se dirige a los pecadores es la misma en todo momento. No tiene ni más ni menos que decir al hijo de la ramera que al hijo de la matrona cristiana. Presenta el mismo perdón al gran pecador y al pequeño pecador (si lo hay), y viene con la misma rica bendición al principal de los pecadores, como a los hijos de padres piadosos. No te metas falsas ideas en la cabeza. El mismo Señor sobre todo es rico con todos los que le invocan. Una fe semejante obtiene una bendición semejante. Hay un límite, porque "El Señor conoce a los que son suyos", pero en la predicación del evangelio, no estamos obligados por el decreto que es secreto, sino por nuestras órdenes de marcha: "Id por todo el mundo y predicad el evangelio a toda criatura; el que creyere y fuere bautizado, será salvo". El que me ordenó predicar a toda criatura no me ordenó eximir a un alma de mi mensaje.

Así, he tratado de mostrar por qué tantos esperan, y añadiré sólo una cosa más sobre este punto. Algunas de estas personas que esperan confían mucho en otras personas, tal como dijo este pobre hombre: "No tengo a nadie que me meta en la piscina." Todas las semanas recibo cartas de personas en apuros mentales que me piden que rece por ellas, cosa que hago con mucho gusto. Pero como regla general, les digo: "Mis queridos amigos, les ruego que no traten de calmar su mente pidiéndome que rece por ustedes. Esa no es su esperanza. 'Cree en el Señor Jesucristo y serás salvo', reces por él o no". Trato de alejarlos de toda confianza en las oraciones de alguien y que miren sólo a Jesús. Oh, no digan: "pediré a mis amigos que oren por mí, y entonces estaré tranquilo". Pueden decirlo si quieren, pero les ruego que no descansen en eso. Recuerden que hay que mirar a Jesucristo, no a las oraciones de los mejores. Si miran a Jesús tendrán salvación inmediata. Pero si toda la iglesia de Dios se arrodillara de inmediato y permaneciera allí durante los próximos cincuenta años orando por ti, estarías condenado con certeza si no creyeras en Jesús. Si rezas por ti mismo y miras solo a Jesús, con toda seguridad te salvarás. ¿No es esto suficiente sobre ese lúgubre hospital lleno de camareros?

II. Ahora, unos minutos sobre la segunda cabeza. Jesucristo ha entrado en el hospital, y mira a su alrededor. Y escoge AL HOMBRE MÁS DESFAVORECIDO DE TODO EL MUNDO. Me agradó notar en la cartelera de los servicios en los teatros una línea que dice: "Los más pobres son los más bien recibidos". Es una frase evangélica. Así es también con Cristo. Él siempre ama dar Su misericordia a los que más la necesitan. Allí yacía aquel hombre y él no pensaba en Cristo, pero Cristo se paró y lo miró. Él no conocía a Jesucristo, pero Jesucristo lo conocía, y Él sabía que había estado mucho tiempo en esa condición. Él sabía que él había estado enfermo 38 años. Sabía todo eso, y sabía antes de que el hombre se lo dijera, que a menudo había sido decepcionado, y, en verdad, ese pobre infeliz lo había sido. A menudo había intentado, tanto como su cuerpo paralizado se lo permitía, meterse en el agua. Pero alguien, incluso algún ciego que había conseguido acercarse a la orilla y tenía uso de sus miembros, se zambullía primero y salía con los ojos abiertos, mientras que esta pobre criatura nerviosa no podía meterse en el agua en ningún momento.

Había visto curarse a muchos otros y eso le había hecho más dolorosa la enfermedad. Pero no le había animado, sino que más bien le había entristecido. Era el hombre más irresoluto y blando que se haya conocido. Lee la historia del hombre a quien Cristo abrió los ojos, y que dijo: "Una cosa sé: que estando ciego, ahora veo." Hay un hombre muy duro de cabeza. Podría haber sido un escocés. Pero este hombre era todo irresolución, vacilante, débil de mente. Usted conoce a algunas personas así, tal vez las tenga en su familia. No puedes ayudarlos. Si les pones un negocio, seguro que fracasan. Hagan lo que hagan, nunca tienen éxito. Son un tipo de personas pobres, débiles e infantiles, a las que hay que meter en una cesta y llevar a cuestas por todo el mundo. Hay personas de esta clase en cuanto a la religión, y este hombre era un tipo de ellas. Anhelaba ardientemente ser sanado, pero no lo dijo apenas, pues cuando Jesús le dijo: "¿Quieres ser sano?", no dijo: "Señor, lo deseo de todo corazón," sino que continuó con una historia incoherente, diciendo: "No tengo quien me meta en el agua," y así sucesivamente. Cuando nuestro Señor lo sanó, si te fijas, no le preguntó a Cristo Su nombre, y, cuando se enteró de eso después, fue como un estúpido, a los fariseos, y les dijo directamente quién era su benefactor, y así metió al Señor en problemas. Todavía hay gente de esta clase. Apenas conocen su propia mente. Saben que necesitan ser salvos, pero apenas dicen eso. Se impresionan correctamente, pero se impresionan de otra manera casi con la misma facilidad. Son irresolutos e inestables. Ahora, mi Señor y Maestro escogió a este mismo hombre para ser el sujeto de Su energía sanadora. A Dios pertenecen las maravillas de la gracia. ¿Acaso no dijo Jesús: "Te doy gracias, Padre, Señor del cielo y de la tierra, porque escondiste estas cosas de los sabios y de los entendidos, y las revelaste a los niños? Así, Padre, pues así te ha parecido bien"? "Dios ha escogido lo necio del mundo para confundir a los sabios. Y escogió Dios lo débil del mundo para confundir lo poderoso; y lo vil del mundo y lo despreciable escogió Dios, sí, y lo que no es, para anular lo que es".

Este pobre, desventurado, indefenso, paralítico, casi tan paralizado en su cerebro como en su cuerpo, fue compadecido por nuestro bondadoso Señor. Ahora, ¿quién es el hombre más desvalido en este lugar? ¿Quién es la mujer más desvalida en este lugar? Sé que algunos de ustedes dicen: "Me temo que soy yo". Tengo buenas noticias para ti. Para empezar, eres justo el tipo de mujer que ama mi Señor. No te ofendas por la descripción, pero estate dispuesto a aceptarla. Muy probablemente, al mirar hacia atrás en su vida pasada, se verá obligado a decir: "Bueno, eso es realmente lo que he sido. Tengo mucho ingenio en mis negocios. En eso soy bastante listo. Pero cuando se trata de religión, me temo que soy esa clase de tonto. No tengo resolución. No tengo una determinación fija. Siempre me tira de las orejas una tentación, o me llevan por el mal camino malas compañías". Ahora, mi pobre amigo, acuéstate delante de Jesucristo en toda tu impotencia, en toda tu estupidez, y ruega al Señor que te mire. Un hermano me dijo una vez: "Mi querido señor, desearía que usted nunca hablara con nadie que no fuera un pecador sensato". Le respondí: "Bueno, me da mucho gusto predicarles a los pecadores sensatos cuando vienen a oírme, pero vienen tantos pecadores estúpidos con ellos que estoy obligado a predicarles a ellos también". Y así lo hago. Les predico el Evangelio a aquellos que se sienten insensibles y estúpidos en todo, y que se inscriben entre los necios. Je- sus ha venido a buscar y salvar a los pobres pecadores perdidos, arruinados y muertos, y le ruego que los mire a ustedes en este momento.

III. Ahora, el tercer punto es CÓMO JESUCRISTO TRATÓ CON ÉL. Si Jesucristo se hubiera dirigido a una cierta clase de ministros, habría dicho: "Bien, amigo mío, estás yaciendo en el estanque de las ordenanzas, y es mejor que yazcas allí". Él no pertenecía a esa persuasión y, por lo tanto, no dijo nada por el estilo. Tampoco dijo, como lo hacen algunos hermanos: "Mi querido amigo, deberías orar". Un consejo muy apropiado en algunos aspectos, ustedes lo saben, pero Jesús no lo dio; Él sabía que no era así. No dijo: "Ahora, debes comenzar a orar y esperar delante del Señor". Eso es algo muy bueno para decir a algunas personas, pero no es el evangelio para los pecadores. Jesucristo no les dijo a Sus discípulos, "Vayan ustedes por todo el mundo, y díganle a la gente que ore." No. "Predicad el evangelio a toda criatura; el que creyere y fuere bautizado, será salvo".

¿Qué le hizo Jesucristo? Le dio una orden. "Levántate, toma tu lecho y anda". Las palabras sonaron como tres truenos. "Pero no puede. Pero no puede. Está paralizado, buen señor. Está paralítico". Sí, pero el evangelio es un mandamiento, porque leemos de algunos que desobedecen el evangelio. Ahora, un hombre no puede desobedecer lo que no es un mandamiento. No puede ser desobediente a menos que, en primer lugar, haya un mandamiento. Jesucristo le trajo la bendición del evangelio de sanidad como un mandamiento. "Levántate", le dijo, "toma tu lecho y anda". Era una orden que implicaba fe, porque el hombre no podía levantarse ni podía tomar su lecho, y no podía caminar por sí mismo. Pero si creía en Jesucristo, podía levantarse y podía tomar su cama-y podía caminar. Así que en realidad era un mandamiento para ejercitar la fe en Jesús y probarla con obras prácticas. "Pero el hombre no pudo hacerlo". Eso no tiene nada que ver. El poder no está en el pecador, sino en el mandato. Él no podía levantarse, pero Jesucristo podía hacer que lo hiciera. Y cuando yo, o cualquier otro ministro del Señor Jesús, en el poder del Espíritu Santo, nos dirigimos a ti, pecador escogido, y te decimos: "Confía en Jesucristo," no lo hacemos porque creamos que hay alguna fuerza en ti, como no la había en el paralítico, sino porque hablamos en el nombre de Je- sus de Nazaret, que nos ha enviado a decirte: "Levántate y anda." Confío en que mi Señor enviará su poder con el Evangelio.

Sé muy bien que no tengo poder propio, pero Aquel que me envió bendecirá Su propio mensaje como le plazca. Si vas a obtener la salvación, la obtendrás creyendo en Jesús y levantándote de inmediato del estado en el que te encuentras ahora. Por Su poder, a través del simple acto de creer en Él, serás sanado. El hombre creyó en Jesús.

Eso fue todo lo que hizo. Era un simplón blando. Irresoluto, y todo eso, tenía suficiente sentido común, y Dios le dio la gracia suficiente para simplemente creer en Jesús. Decidió que probaría sus piernas y para su sorpresa -oh, cuán asombrado debe haber estado- esas pobres piernas funcionaron. Se puso de pie y descubrió que podía agacharse y, enrollando su colchón, lo levantó y se marchó con él. Qué alegría recorrió su cuerpo. Tú has estado enfermo, pero el Señor te ha restaurado, y te has levantado y te has encontrado capaz de caminar. ¿No fue un deleite para ti? Conozco bien esa sensación. ¿Qué debe ser estar paralizado 38 años? Y luego ser capaz de agacharte, enrollar una cama, ponértela a la espalda y salir caminando. Debe haber sido un deleite sentir la nueva vida saltando a través de sus nervios, tendones y venas. Ahora, si un pecador dice: "Bueno, nunca lo he intentado antes, pero por la gracia de Dios voy a confiar mi alma en las manos de Jesús...".

"Creo, creeré,

Que Jesús murió por mí,

Y en la cruz derramó Su sangre Por el pecado, para liberarme".

Pecador, te levantarás y caminarás directamente. Tú mismo te sorprenderás al descubrir el poderoso cambio que Dios está obrando en ti por medio de Su bendito Espíritu mediante ese sencillo acto de fe. Y bajarás esos escalones del Tabernáculo apenas sabiendo dónde estás, cantando de gozo porque el Señor te ha sacado del hospital de los mozos y te ha puesto entre los creyentes. ¿Acaso no ha dicho Él: "Entonces el cojo saltará como un ciervo, porque en el desierto brotarán aguas, y arroyos en la soledad"?

Jesucristo trató a este hombre de una manera evangélica, pues la forma en que la fe entró en ese hombre es muy notable. El hombre no conocía a Jesucristo, ¿por qué creyó en Él? No sabía quién era, pero sabía que era alguien maravilloso. Había una mirada en Él, un brillo majestuoso en esos ojos, una fuerza maravillosa en el tono de esa voz, un poder en el levantamiento de ese dedo que era muy diferente de lo que el hombre había visto antes. No sabía quién era y no conocía Su nombre; sin embargo, de alguna manera, la confianza nació en su alma. ¿Cuánto más, entonces, puede venir la fe a ustedes que saben que Jesucristo es el Hijo de Dios? Sabéis que murió e hizo plena expiación por el pecado. Ustedes saben que resucitó de los muertos, y que está sentado a la diestra de Dios, el Padre, y que le ha sido dado todo poder en el cielo y en la tierra, y que "puede también salvar perpetuamente a los que por él se acercan a Dios, viviendo siempre para interceder por ellos. No digas: "Trataré de obtener fe". Ese no es el camino. Si quiero creer una declaración, ¿cómo lo hago? Pues, la oigo y la fe viene por el oír. Si tengo alguna duda al respecto, la oigo de nuevo y pido que me la repitan con más detalle y, cuando la he vuelto a oír, me asalta la convicción. Por eso Jesús, en el Evangelio, dice: "Inclina tu oído y ven a Mí; oye y vivirá tu alma; y haré contigo un pacto eterno, las misericordias firmes de David". "Escúchame. Créeme"-este es, en resumen, el evangelio que Jesús predica a los corazones de los hombres. Ahora Dios da Su testimonio acerca de Cristo de que Él es Su Hijo, pues desde el cielo habló y dijo: "Este es Mi Hijo amado, en quien tengo complacencia." ¿No le creeréis? El Espíritu, el agua y la sangre siempre están dando testimonio, y estos tres concuerdan en uno. Cree a Jesucristo. La evidencia es fuerte, entrega tu alma a él y encontrarás gozo, paz y vida eterna.

La creencia del hombre en Jesús, demostrada activamente por su resurrección, zanjó el asunto. Un caso muy diferente es el de mentir y esperar. Yo pensaría que este hombre, si tuviera suficiente inteligencia, regresaría y les diría a los otros que yacían y esperaban: "¿Qué? ¿Todavía mintiendo y esperando? Pues yo estuve mintiendo y esperando durante 38 años, y no conseguí nada de nada mintiendo y esperando. Tampoco lo conseguiréis vosotros". Sencillo como era, habría dicho: "Te diré qué es mejor que mentir y esperar. Hay un hombre entre nosotros, Jesucristo, el Hijo de Dios, y si confiamos en Él, nos sanará, pues cura toda clase de enfermedades. Si no puedes ir a Él, envíale un mensajero, pues Él curó al hijo de un noble a muchos kilómetros de distancia. Sólo creedle y de Él saldrá la virtud, pues no es posible que nadie confíe en Él y no sea sanado". Creo que me hubiera gustado ser ese hombre, por muy simplón que hubiera sido, para haber ido a decirles a esas pobres almas que yacían y esperaban, la diferencia entre mentir y esperar y creer inmediatamente. Lo diría de la manera más sencilla posible, pues yo mismo estuve esperando cuando era niño. Oí muchas predicaciones que me llevaron a esperar, y creo que habría seguido esperando si no hubiera oído a ese pobre hermano metodista primitivo gritar: "Mira, joven, mira ahora". Miré, entonces y allí, y encontré la salvación en el acto, y nunca la he perdido.

No tengo nada más que decirles, sino: "Hay vida en una mirada al Crucificado," y todo hombre que mire la tendrá aquí, ahora y de inmediato. Oh, que muchos miraran. ¿Lo comprenden? Cristo cargó con la ira de Dios en lugar de aquellos que confían en Él. Jesucristo tomó los pecados de todos los que confían en Él y fue castigado en lugar de cada creyente, de modo que Dios no castigará a un creyente porque ha castigado a Cristo por él. Cristo murió por el hombre que cree en Él, de modo que sería una injusticia por parte de Dios castigar a ese hombre, pues ¿cómo va a castigar dos veces por el mismo delito? La fe es el sello y la evidencia de que fuiste redimido hace mil novecientos años en el árbol sangriento del Calvario. Y tú eres justificado, y ¿quién podrá acusarte de algo? "Dios es el que os justifica; ¿quién es el que os condena? Es Cristo el que murió; más aún, el que resucitó". Este es el evangelio de tu salvación. "Oh, pero yo no siento". ¿He dicho algo sobre sentir? Tendrás sentimientos después de tener fe. "Pero no tengo razón." No me importa lo que eres o no eres. Jesús dice: "De cierto, de cierto os digo que el que cree en mí tiene vida eterna". "Oh, pero..." Fuera con tus "peros". Aquí está el evangelio: "El que quiera, que venga y tome gratuitamente del agua de la vida". El Espíritu y la novia dicen: 'Ven'". Y lo que el Espíritu y la esposa de Cristo dicen, ciertamente yo puedo decirlo y lo digo. Y que Dios bendiga el decirlo. Y que vosotros, los que esperáis, lo aceptéis. Que miréis, creáis y viváis, por amor de Jesús. Amén.

Sermón #2309—Las Obras de Dios se Manifiestan

DESTINADO A SER LEÍDO EL DÍA DEL SEÑOR, 21 DE MAYO DE 1893

PRONUNCIADA POR C. H. SPURGEON

EN EL TABERNÁCULO METROPOLITANO, NEWINGTON, LA NOCHE DEL DÍA DEL SEÑOR, 12 DE MAYO DE 1889

"Respondió Jesús: Ni éste pecó, ni sus padres" (que naciera ciego): "sino para que las obras de Dios se manifiesten en él".

Juan 9:3

Nunca atribuyas ningún dolor especial sufrido por los hombres a algún pecado especial. Hay una tendencia a considerar que aquellos sobre quienes cayó la torre en Siloé debían haber sido pecadores por encima de todos los hombres que habitaban en Jerusalén. Y si alguno encontró una muerte muy repentina, somos propensos a suponer que debe haber sido sumamente culpable; pero no es así.

Hombres muy piadosos han muerto quemados en un tren. Recuerdo a uno que tuvo ese terrible final. Muchos hombres santos se han ahogado a bordo de un barco cuando iban a hacer los recados de su Señor. Algunos de los hombres más bondadosos que he conocido han caído muertos sin previo aviso. No puedes juzgar el estado de un hombre delante de Dios por lo que le sucede en el orden de la providencia. Y es muy poco amable, poco generoso y casi inhumano, sentarse, como los amigos de Job, y suponer que porque Job está muy afligido, debe ser muy pecador. No es así.

Todas las aflicciones no son castigos por el pecado; hay algunas aflicciones que tienen un fin y un objeto muy diferentes. Son enviadas para refinar, enviadas como una santa disciplina, enviadas como excavadoras sagradas, para hacer más espacio en el corazón para Cristo y Su amor. En efecto, ustedes saben que está escrito: "A todos los que amo con ternura, reprendo y castigo". "Al que ama el Señor lo castiga, y azota a todo hijo que recibe".

Por lo tanto, era en último grado absurdo suponer que si un hombre nacía ciego, era un castigo por el pecado de sus padres, o un castigo enviado de antemano por algún pecado que pudiera cometer en el futuro. Nuestro Salvador nos pide que miremos de otra manera y consideremos las enfermedades y los males físicos como enviados para ser un espacio en el que Dios pueda desplegar Su poder y Su gracia.

Fue así muy especialmente en este caso particular, y voy a llevar el hecho más lejos, y decir que incluso el pecado mismo, existiendo como existe en todas partes, existiendo especialmente en algunos, puede proporcionar lo que llamamos "espacio" para la gracia de Dios y puede, de hecho, convertirse en una plataforma sobre la cual el maravilloso poder, y paciencia, y soberanía de la gracia divina pueden ser desplegados.

Ese será el tema del que hablaremos esta noche, cómo Dios aprovecha las penas y los pecados de los hombres para manifestar sus propias obras para su propia gloria. Así como este hombre nació ciego, para que, a través de su ceguera, el poder de Dios pudiera ser visto al darle la vista, así creo que hay muchos en quienes el poder de Dios puede muy fácilmente ser visto, y las obras de Dios ser claramente manifestadas.

I. Así que, primero, preguntemos qué obras son éstas. ¿QUÉ OBRAS DE DIOS SE VEN EN LA SALVACIÓN DE LOS HOMBRES?

Hay un hombre allí que está fuera de lugar. No hay nada correcto en él. Es un hombre al revés. Su corazón ama lo que lo arruinará y no ama lo que lo bendecirá. Su entendimiento está entenebrecido. Pone lo amargo por lo dulce y lo dulce por lo amargo. Su voluntad se ha vuelto muy dominante y ha usurpado un poder que nunca debió poseer.

Si lo estudias bien, no le sacarás mucho partido. Está todo desajustado, como una pieza de maquinaria en la que las ruedas no funcionan correctamente. Para describirlo brevemente con una palabra, diría que está en un estado de caos, todo es confusión y desorden, sacudido arriba y abajo. "Bueno", dice uno, "ése es mi caso. Esta noche estoy así".

Ahora bien, la primera obra de Dios que leemos en la Biblia es la obra de la creación: "En el principio creó Dios el cielo y la tierra". Cuando llegó la plenitud del tiempo para el acondicionamiento del mundo, acontecimiento que generalmente llamamos creación, aunque en realidad era la ordenación de lo que había sido creado, entonces salió el Señor, y el Espíritu de Dios, con las alas desplegadas, meditó sobre el caos y sacó orden de la confusión.

Oh, que el Espíritu del Señor viniera esta noche y meditara sobre la mente confusa y confundida de ese hombre, donde todo es sacudido en un salvaje desorden. No puede decir por qué nació, ni para qué vive. Parece no tener ningún propósito en la vida, es zarandeado de un lado a otro como un tronco en el océano. Sus pasiones vuelan de vanidad en vanidad y no puedes ponerlo en orden.

Su madre lo intentó, pero él se negó a atarse a su delantal. Muchos amigos lo han intentado desde entonces, pero ahora él ha tomado el bocado en su boca y ha huido; se niega a obedecer las riendas. Oh Dios, si vinieras esta noche y lo hicieras una nueva criatura en Cristo Jesús, Tu obra creadora se manifestaría en él.

Si Tú lo moldeas, y lo modelas, y le das forma, hasta que sea un vaso apto para Tu uso, entonces la obra de Dios comenzará a manifestarse en él. ¡Oh, que así sea! Hay algunos de nosotros aquí que podemos dar testimonio de que Dios es un gran Creador, porque Él ha hecho todas las cosas nuevas dentro de nosotros y ha transformado lo que antes era caos en un mundo de belleza y deleite donde Él se deleita en morar.

Tras la creación del mundo, la siguiente obra de Dios fue hacer la luz. La tierra fue creada, pero estaba envuelta en tinieblas. "Las tinieblas estaban sobre la faz del abismo". Ni el sol, ni la luna, ni las estrellas habían aparecido todavía. Ninguna luz había caído aún sobre la tierra, tal vez a causa de densos vapores que impedían el paso de la luz. Dios no hizo más que decir: "Hágase la luz, y la luz se hizo".

Pues bien, esta noche ha entrado aquí uno que no sólo carece de forma y está vacío, y terriblemente zarandeado, sino que él mismo está a oscuras y en la oscuridad. Quiere la luz, pero no la tiene. No conoce el camino de la vida. No ve ni un rayo de esperanza de encontrar el camino. Parece encerrado en una noche sombría, espesa y egipcia, y tal vez, lo peor de todo, no conoce su verdadera condición: llama luz a la oscuridad, y se enorgullece de que puede ver, cuando en realidad no puede ver nada en absoluto.

Señor, pronuncia la palabra y di: "Hágase la luz", y el hombre verá la luz, y la verá de inmediato. Estoy completamente seguro de que, ya sea que yo pueda hablar con poder o no, Dios puede hablar con poder, y estando aquí, es para mi corazón un dulce consuelo que Él pueda, en este momento, encontrar al pecador más oscurecido en el edificio, sentado o de pie en cualquier parte, y que la luz pueda penetrar en su alma en menos tiempo del que me toma a mí decir las palabras.

Y para su propia sorpresa las tinieblas se harán luz a su alrededor y la noche egipcia se convertirá en el mediodía del amor y la misericordia infinitos. Rogad a Dios que así sea, hermanos. Elevad una oración silenciosa al cielo, porque este dar luz, esta iluminación es una obra especial de Dios, y hay muchos que ahora están en la oscuridad, en quienes es posible que se manifieste esta obra de Dios.

Una vez realizadas estas dos obras de Dios, después de la creación y de la iluminación, subsiste la muerte y es necesaria la obra divina de la resurrección. ¿De qué sirve una forma bellamente modelada si está muerta, y de qué sirve que la luz brille con todo su esplendor sobre un cadáver? Sin embargo, en esta casa de oración hay esta noche algunos que están muertos en delitos y pecados.

No sienten el peso del pecado, aunque para un hombre vivo es una carga intolerable. No son heridos por la espada de dos filos del Señor, aunque un hombre vivo es pronto cortado y desgarrado por ella. No oyen ni siquiera las notas gozosas de la gracia gratuita y del amor agonizante. Aunque suenan como un tañido de campanas de plata, estos pecadores muertos no aprecian su dulce música. Es obra de Dios hacer que los hombres vivan.

Llegará un día, y quizá antes de lo que pensamos, en que todas las miríadas de cuerpos que yacen en nuestros cementerios y cementerios de iglesias se levantarán de la tumba para vivir de nuevo. Esa será una manifestación del poder divino, pero no será una manifestación mayor del poder divino que cuando un corazón muerto, una conciencia muerta, una voluntad muerta se hagan vivir con una vida divina.

¡Oh, que Dios haga ese poderoso milagro de misericordia esta noche! Oren para que así sea, amados hermanos y hermanas en Cristo. Los muertos no orarán por esta resurrección; por tanto, oremos por ella por ellos. Y si hay un hombre que ora por ella, uno que clama: "¡Señor, hazme vivir!", esa es una prueba de que ya hay un estremecimiento de vida disparándose a través de él, pues de lo contrario no tendría ese deseo vivo.

Hermanos, podría seguir trabajando sobre la línea de la historia de la creación y la disposición del mundo en el orden debido, pero no lo haré; pueden hacerlo ustedes mismos. A continuación quiero hablarles de la obra divina de la purificación. Hay, esta noche, en este lugar de adoración, un hombre que está negro de suciedad.

Ha hecho todo lo que podía hacer para rebelarse contra Dios. Tal vez sea como el señor John Newton, que se describe a sí mismo de esta manera: "Yo era en muchos aspectos como el apóstol Pablo. Fui blasfemo, perseguidor e injurioso, pero hubo un punto en el que fui más allá que el apóstol Pablo, pues él lo hizo ignorantemente, pero yo pequé contra la luz y el conocimiento."

¿Hablo aquí a alguno que, al pecar, ha transgredido muy groseramente porque ha hecho lo que sabía que estaba mal y ha perseverado en hacerlo contra los controles de la conciencia y contra las advertencias de un anhelo mejor, que aún no ha podido matar?

A veces me asombro cuando he tenido que hablar con personas cuyas vidas han llegado casi hasta el extremo de la iniquidad, pero que, sin embargo, siempre han tenido un cierto freno interior que nunca les ha permitido ir un poco más allá, lo que les habría puesto más allá de la esperanza. Siempre había algo que todavía veneraban, incluso cuando pretendían no creer en nada y blasfemar de todo. Había alguna influencia para el bien que todavía operaba sobre ellos, como si Dios tuviera un sedal y un anzuelo en las fauces del leviatán, y aunque se adentrara tanto en el gran abismo del pecado que no se pudiera decir adónde había ido, tenía que regresar después de todo. Dios sigue haciendo maravillas de misericordia y gracia.

Ahora, supongamos que esta noche ese negro pecador, con todos sus años de pecado, fuera perdonado rotundamente, supongamos que esta noche la totalidad de esos cincuenta o sesenta años de pecado desaparecieran de una vez por todas, supongamos que Dios perdonara, mejor aún, que Dios olvidara, supongamos que, con un tremendo golpe de Su brazo omnipotente, tomara toda la masa del pecado de ese pecador y la arrojara a las profundidades del mar, ¡qué maravilla de gracia sería eso!

Eso es lo que Dios hará por todos los que confían en Jesús. Si vienes y te arrojas a Sus amados pies, y miras a Jesús crucificado, sangrando en tu lugar, y crees esas palabras del profeta Isaías: "Jehová cargó en él el pecado de todos nosotros," o las palabras del apóstol Pedro: "El cual llevó él mismo nuestros pecados en su cuerpo sobre el madero," si confías en Jesús, el grandioso Portador del Pecado, Él te hará más blanco que la nieve. Y en tu caso se manifestarán las obras de Dios, pues nadie sino el Dios Todopoderoso puede hacer blancos a los pecadores de grana, y puede hacerlo en un momento. Señor, ¡hazlo ahora!

Supongamos que ocurriera otra cosa, que un hombre aquí, o una mujer, que están desesperadamente empeñados en hacer el mal, se volvieran esta noche en una dirección totalmente opuesta, eso sería manifiestamente una obra divina de cambio de toda la corriente de la vida. Nunca he visto el Niágara, y supongo que nunca lo veré, pero hay algunos aquí que sí lo han visto. La poderosa inundación desciende con un tremendo estruendo, saltando siempre desde lo alto.

¿No creerían que es Dios quien, en un momento, haría que esa catarata saltara hacia arriba en vez de hacia abajo, y buscara tan impetuosamente las alturas como ahora salta hacia las profundidades? Pues bien, el Señor puede hacer eso con alguna gran catarata del Niágara de un pecador aquí presente esta misma noche. Tú estás decidido esta noche a entrar en malas compañías y a cometer un pecado inmundo.

Estás decidido mañana a agarrar la copa del borracho y no estar satisfecho hasta que te hayas convertido en algo por debajo de una bestia. Estás decidido a seguir con ese malvado negocio tuyo, ese de conseguir dinero apostando, o algo peor. Sí, pero si mi Señor sale esta noche, resuelto a salvarte, te hará cantar con otra melodía.

"¡Oh, pero yo nunca sería metodista!" dice uno. Todavía no sé lo que serás". "¡Oh!", dice otro, "nunca me convertirías". Yo no dije que pudiera; pero el Señor puede hacer de ti lo que tú piensas que nunca serás. Hay algunos aquí que, si se hubieran podido ver a sí mismos hace diez años, sentados aquí y disfrutando de la Palabra, habrían dicho: "No, no, Charlie, ese no eres tú, estoy seguro, hijo mío", y "No, Mary, esa no eres tú, hija mía". Nunca estarás allí, no hay temor de eso".

Pero tú estás aquí, ya ves, y lo que la gracia gratuita ha hecho por algunos de nosotros, puede hacerlo por otros. Señor, hazlo de acuerdo a ese poderoso poder que obraste en Cristo cuando lo resucitaste de entre los muertos. Obra de la misma manera en los impíos esta noche y hazlos volver del error de sus caminos para que corran tan impetuosamente tras Ti como ahora huyen de Ti.

Sólo tengo un asunto más que mencionar bajo este epígrafe. Creo que las obras de Dios se manifiestan a veces en los hombres dándoles una gran alegría. Hay aquí esta noche una persona convencida de pecado. El señor Conciencia ha venido contra él. Ya conocen al señor Conciencia: tiene un gato encerrado. Cuando se le permite ponerse a trabajar y agarra fuertemente a un pecador que lo ha tenido mucho tiempo bajo las escotillas, dice: "Ahora me toca a mí". Y te lo hace saber, créeme. Deje que un hombre una vez que la conciencia, con un gato-o'-nueve colas, poniéndolo en, y nunca lo olvidará. Cada golpe parece arrancarle un puñado de su carne temblorosa. Mira cómo los nueve arados hacen surcos profundos cada vez que caen.

"Hablas", dice uno, "como un hombre que lo sabe". ¿Conocerlo? Lo supe durante años, cuando no era más que un niño. Y ni de noche ni de día podía escapar de la caída de esas terribles correas. Oh, cómo me azotaba la conciencia, y no podía encontrar descanso en ninguna parte, hasta que, una vez, oí la voz divina que dijo: "Mirad a mí, y sed salvos, todos los confines de la tierra," y la conciencia apartó sus colas de gato, y mis heridas fueron bañadas en bálsamo celestial, y dejaron de doler, y yo me alegré.

¡Oh, cómo gritó mi corazón: "¡Aleluya!" cuando vi a Jesús en la cruz! Entonces comprendí que Dios había ejecutado toda la venganza debida a mi pecado sobre Su Bienamado, que había desnudado bondadosamente Su hombro al látigo y se había comprometido a soportar el castigo de mi pecado. Entonces mi corazón saltó de alegría.

Notarán que siempre estoy predicando la doctrina de la sustitución. No puedo evitarlo, porque es la única verdad que me trajo consuelo. Nunca habría salido del calabozo de la desesperación si no hubiera sido por esa gran verdad de la sustitución. Espero que ninguna joven me pida que escriba en su álbum esta semana. Esa petición me la hacen no sé cuántos días a la semana, y siempre escribo este versículo en todos los álbumes:-.

"Desde que, por la fe, vi el torrente que surte tus heridas, el amor redentor ha sido mi tema, y lo será hasta que muera".

Si conocen una vez el poder de ese bendito tema, entonces verán que es una obra de Dios barrer nuestras cenizas y darnos el óleo del gozo, quitarnos nuestras ropas de luto y vestirnos con vestiduras de hermosura, poner un cántico nuevo en nuestros meses y afirmar nuestros pasos. Que todos ustedes tengan esta bendita obra de Dios realizada en ustedes, para alabanza de la gloria de Su gracia.

II. Ahora, mi segunda pregunta es, ¿CÓMO ESTAS OBRAS SE HACEN ESPECIALMENTE MANIFESTADAS EN ALGUNOS HOMBRES?

Tomaré a este ciego y repasaré su vida. Primero, era totalmente ciego. Su ceguera no era una farsa. No podía ver ni un rayo de luz, estaba totalmente ciego, no sabía nada de la luz. ¿Hay alguien aquí que esté totalmente ciego en un sentido espiritual? No puedes ver nada, mi pobre amigo. No tienes ni un buen deseo, ni siquiera un buen pensamiento.

Ah, usted no sabe qué clase de gente tenemos en este Londres, pero nos encontramos con personas que, durante años, parece que nunca se les ha pasado por la cabeza un buen pensamiento. Y si alguien les hablara de algo bueno, o incluso decente, ¡les estaría hablando en holandés!

No lo entienden. Tenemos multitudes de ese tipo en nuestros barrios bajos, sí, y en el West End son igual de malos.

Ahora bien, cuando el Señor, en Su infinita misericordia, se acerca a estas personas que están totalmente ciegas y las hace ver, hay lugar para que Su poderoso poder actúe allí, pues todo el mundo dice: "¡Qué cosa tan maravillosa que una persona como esa se convierta!".

Recuerdo bien a un hombre con quien he orado a menudo en muy dulce comunión. Era un pez raro cuando lo conocí, aunque después fue un hombre muy bueno. Era un ser tan excéntrico como jamás he conocido, y yo mismo soy suficientemente excéntrico, pero era un mundano muerto. Sus domingos... bueno, él no conocía ninguna diferencia entre el domingo y el lunes, excepto que los domingos no podía estar tanto tiempo en la cervecería.

Me dijo: "Había salido un domingo por la mañana a comprar un par de patos y me metí uno en cada bolsillo del abrigo. Al pasar y ver que la gente entraba en un lugar de culto, pensé en ver cómo era, había oído que por dentro tenía un aspecto decente."

Fue, el Señor se reunió con él, y ese día esos patos no se cocinaron; tuvieron que esperar hasta el lunes. Pero él mismo fue atrapado y capturado para Cristo aquel día. Se produjo en él un cambio total y se convirtió de inmediato en un ferviente cristiano, mientras que antes había estado totalmente desprovisto de cualquier tipo de pensamiento religioso, ya fuera de temor o de esperanza. He aquí un caso en que las obras de Dios se manifestaron especialmente. Aquel hombre se ha ido al cielo. Lo recuerdo muy bien y alabo a Dios por su conversión.

Pero el hombre mencionado en nuestro texto nació ciego. Ahora bien, hay muchos así. De hecho, todas las personas nacen ciegas. Es el pecado original, del que todos sufrimos. El pecado es una mancha en la sangre. Nacemos ciegos. Hay algunos que, de una manera muy peculiar, son criados y nacen en una familia totalmente desprovista de religión. Se les educa para despreciarla, o se les educa en medio de la superstición y se les enseña a rezar una oración inútil a un crucifijo de madera o de piedra.

¿Pueden estas personas, tan educadas, encontrar a Cristo? Pero encuentran a Cristo, o mejor dicho, Cristo los encuentra a ellos. Oyen el Evangelio y se les presenta de inmediato. Supongo que nadie fue más supersticioso que Martín Lutero. He visto esa escalera en Roma, por la que Martín Lutero subió de rodillas. Se dice que es la escalera por la que nuestro Señor bajó del palacio de Pilatos.

He visto a la gente subir y bajar de rodillas. Sólo piensen en Lutero haciéndolo, y le vinieron a la mente, mientras subía las escaleras de rodillas, esas palabras: "El justo por la fe vivirá," y se levantó de inmediato, y ya no se arrodilló más. ¡Oh, que Dios se apareciera de esa manera a algunos de ustedes!

A continuación, este ciego fue curado por medios especiales. Esa fue otra manifestación de las obras de Dios. El Salvador escupió, se inclinó, y con su dedo trabajó esa saliva en el polvo hasta que hizo arcilla. Luego, tomándola, comenzó a ponerla sobre los ojos del hombre. Creo que Dios es grandemente glorificado por la salvación de las personas a través de la simple predicación del Evangelio, el medio más simple que se puede utilizar.

A menudo los hombres dicen, cuando las almas son salvadas en este lugar, como lo son continuamente: "Bien, no puedo ver nada notable en el predicador". No, y si miraran mucho más, verían menos de lo que ven ahora, pues no hay nada en él; pero hay mucho en el Evangelio. Oh, hermanos, si algunos predicadores predicaran únicamente el Evangelio, pronto verían cuán superior es a todos sus bellos ensayos.

Pero preparan tan bien sus sermones. Oh, sí, lo sé, pero ¿han oído hablar del hombre que solía preparar las papas antes de plantarlas en su jardín? Siempre las hervía; nunca crecían, pues había preparado toda la vida de ellas. Ahora, muchos sermones hervidos son llevados a la gente, pero nunca crecen. Es elaborado y preparado tanto que nunca saldrá nada de él.

Al Señor le encanta bendecir las palabras vivas pronunciadas con un lenguaje sencillo y de corazón sincero. El hombre que habla así no se lleva la gloria; la gloria es para Dios, y así hay lugar para que se manifiesten las obras de Dios.

Este ciego era también una esfera especialmente apta para que Dios manifestara Sus obras en él, porque era conocido como un mendigo público. Lo llevaban por la mañana, supongo, a la puerta del templo, y allí tomaba su lugar y se sentaba. Era un hombre de lengua fácil, supongo, de modo que a menudo solía intercambiar bromas con los que pasaban por allí, y ellos se acordaban de la clase de hombre que era.

Siempre fue muy sarcástico, sospecho, y cuando le hablaban y no le daban nada, él sabía darles algo. Aquel mendigo ciego era un personaje muy conocido en Jerusalén, tan conocido como el mendigo ciego de Bethnal Green, de modo que el Salvador lo eligió, porque era muy conocido, y le abrió los ojos.

Así que has venido aquí esta noche, amigo mío, ¿verdad? Eres bien conocido, pero no te señalaré. No me gusta hacer ese tipo de cosas. No hace mucho vino aquí un soldado que había sido profesor de religión, pero había sido un terrible apóstata y había regresado, pero quería oír el Evangelio otra vez.

Justo allí, donde hay dos pilares, eligió sabiamente un lugar donde yo no pudiera verle. Pero sucedió que aquel domingo por la noche, y él es testigo de ello, recuerdo muy bien haberle dicho: "Bueno, Will, tienes que volver. Tienes que volver. Y cuanto antes, mejor". Y Will regresó, y él me mandó decir que Will había regresado con un corazón roto para encontrar a su Señor. Yo no sabía que su nombre era Will, yo estoy seguro, y yo no sabía por qué él se había escondido detrás de los pilares allí, pero Dios lo hizo, y Él adaptó la palabra a la persona, y así Él trajo a Will de regreso otra vez.

Si hay algún Will, o Tom, o Jack, o Mary, o si hay otros aquí que se han alejado de Dios, ¡oh gracia soberana, tráelos de vuelta, ya sean soldados o civiles, para que puedan buscar y encontrar al Salvador incluso ahora! Este Testamento era bien conocido y su restauración a Cristo manifestará, confío, las obras de Dios en él porque era tan bien conocido.

¡Oh, que el Señor escuchara esa oración de mi amigo esta mañana, y convirtiera al Príncipe de Gales! Todos dijimos "Amén" a esa petición. Queremos que el Señor traiga a Su iglesia a algunos de los más conocidos, ya sean príncipes o mendigos, para que las obras de Dios se manifiesten en ellos.

Cuando este hombre se convirtió, en lugar de ser un mendigo público, se convirtió en un confesor público. Me gusta esa respuesta suya: "Si es pecador o no, no lo sé; una cosa sé: que, mientras estaba ciego, ahora veo". Hay muchos hombres que pueden decir: "Bueno, no sé mucho de teología, pero sé que fui un borracho, y sé que ahora no soy un borracho. Sé que solía golpear a mi esposa, y ahora, Dios la bendiga, ella sabe cómo la amo. Antes podía haberme metido en todo tipo de compañías pecaminosas, pero ahora, gracias a Dios, Sus santos son mis compañeros predilectos. Antes podía gloriarme en mi propia justicia, pero ahora la considero escoria y estiércol, para ganar a Cristo y ser hallado en Él. Hay un gran cambio en mí, nadie puede negar ese hecho, y alabo el nombre de Dios por ello.

El Señor envíe una gran compañía de hombres que no se avergüencen de Jesucristo. Queremos muchos hombres y mujeres que salgan directamente del mundo y digan: "Cristo para mí, pues Él ha tocado tanto mi corazón, que yo soy para Él. Y si nadie más quiere confesarlo, yo debo hacerlo, pues Él es mi mejor Amigo, mi Señor, mi Salvador, mi todo". En tales casos, las obras de Dios se hacen manifiestas.

III. Ahora, he terminado cuando acabo de decir tres o cuatro cosas a manera de indicios sobre este último punto, ¿CÓMO PUEDEN MANIFESTARSE LAS OBRAS DE DIOS EN NOSOTROS?

Algunos de vosotros sois muy pobres. Otros estáis muy cojos o muy enfermos. Sois tísicos, asmáticos, estáis llenos de dolores y quejas. Ahora bien, tal vez se permita todo este sufrimiento para que la obra de Dios se manifieste en vuestras aflicciones, por vuestra santa paciencia, vuestra sumisión a la voluntad divina, vuestra santidad perseverante en medio de toda vuestra pobreza y pruebas. Todo esto se envía para que la gracia de Dios se manifieste en ti.

¿Mirarás tus aflicciones bajo esa luz y creerás que no son enviadas como un castigo, sino como una plataforma sobre la cual Dios puede pararse y desplegar Su gracia gratuita en ti? Soporta bien toda la voluntad del Señor, pues tus pruebas son enviadas con este propósito, para que las obras de Dios se manifiesten en ti.

Lo mismo ocurre con tus enfermedades. Ninguno de nosotros es perfecto, pero también podemos tener debilidades físicas. Ahora crean, si son enviados a predicar el Evangelio, o a enseñar a los niños, o de cualquier manera a hacer avanzar el reino de Dios, que no estarían mejor capacitados para su trabajo si tuvieran toda la elocuencia de un Cicerón y toda la erudición de un Newton. Tú, tal como eres, puedes servir al Señor y puedes ocupar cierto lugar mejor, con todas tus desventajas, de lo que podrías hacerlo sin esas desventajas. Un cristiano sensato hará uso de sus debilidades para la gloria de Dios.

Hay una extraña historia que cuentan de San Bernardo, una tradición que algunos creen, pero que yo considero una alegoría más que un hecho. Iba por los Alpes hacia Roma por algún asunto. El diablo sabía que el santo estaba a punto de hacer algo que perjudicaría mucho a su reino, así que vino y rompió una de las ruedas del carruaje del santo. Entonces Bernardo le gritó: "Satanás, ¿piensas detenerme de esta manera? Ahora sufrirás por ello tú mismo". Así que lo cogió, le dio la vuelta, lo convirtió en una rueda, lo ató al carruaje y siguió su camino,

Ahora, el significado de esa alegoría es que, cuando las debilidades amenazan con dañar tu utilidad, debes usar esas debilidades al servicio de Dios. Convierte al mismo diablo en una rueda y avanza tanto mejor debido al obstáculo que trató de causar. A veces puede ser una ventaja verse obligado por el tartamudeo a poner énfasis en una palabra.

Y si de vez en cuando me sintiera atrapado en un agujero por ese proceso, me cuidaría de estar atrapado en algún lugar cerca de la cruz. Muchos hombres han tenido el poder de atraer a la gente por la misma singularidad que parecía que iba a menoscabar su utilidad. Todas nuestras debilidades, cualesquiera que sean, son sólo oportunidades para que Dios despliegue Su obra de gracia en nosotros.

Lo mismo sucederá con todas las oposiciones que encontremos. Si servimos al Señor, seguramente encontraremos dificultades y oposiciones, pero sólo son más oportunidades para que las obras de Dios se vean en nosotros.

Tarde o temprano, llegaremos a morir y en nuestras muertes podrá manifestarse la obra de Dios. Me pregunto con qué muerte glorificaremos a Dios. ¿No fue ésa una hermosa expresión de Juan, cuando el Salvador habló de Pedro? Le dijo a Pedro cómo moriría, pero Juan no lo expresa así. Dice: "Con qué muerte glorificará a Dios".

Quizá sea por una larga y penosa enfermedad. Algunos se disolverán gradualmente por el consumo. Pues bien, glorificarás a Dios con ello. Esas mejillas pálidas y esa mano delgada, a través de las cuales brillará la luz, predicarán muchos sermones en ese lecho de enfermo. O tal vez glorificarás a Dios de otra manera. Tal vez tengas que morir con amargos dolores, pero entonces, si el Señor te anima y te hace paciente, glorificarás a Dios con ese tipo de muerte. Mirarás a la muerte tranquilamente a la cara, y no te preocuparás, y no tendrás miedo.

Tendrás que morir de alguna manera, a menos que el Señor mismo venga, y bendito sea Su nombre, Él te llevará a casa de una manera que de alguna manera u otra traerá gloria a Su nombre, como quiera que sea. Así que comencemos a regocijarnos en ello incluso ahora.

Que Dios bendiga estas palabras mías y que muchas, aquí, sean monumentos eternos de la gracia ilimitada y soberana de Dios. Y a Él sea la gloria por los siglos de los siglos. Amén.

Sermón #1754—El Ciego abre los Ojos

PRONUNCIADO LA NOCHE DEL DÍA DEL SEÑOR, 12 DE AGOSTO DE 1883,

POR C. H. SPURGEON,

EN EL EXETER HALL.

"Respondió Jesús: Ni éste pecó, ni sus padres, sino para que las obras de Dios se manifiesten en él. Es necesario que yo haga las obras del que me envió, mientras es de día: llega la noche, cuando nadie puede trabajar".

Juan 9:3, 4.

Observen, queridos amigos, cuán poco se desconcertó nuestro Señor Jesucristo ante la más violenta oposición de Sus enemigos. Los judíos tomaron piedras para apedrearlo, y Él se escondió de ellos. Pero muy poco después, cuando había pasado, tal vez, por un solo atrio, y estaba lo suficientemente fuera de su alcance como para no ser observado por ellos, se detuvo y fijó Sus ojos en un mendigo ciego que había estado sentado cerca de la puerta del templo. Me temo que la mayoría de nosotros no habría tenido corazón para ayudar ni siquiera al más necesitado mientras escapábamos de una lluvia de piedras, y si hubiéramos intentado la obra, movidos por una compasión suprema, lo habríamos hecho torpemente, con mucha prisa, y ciertamente no habríamos hablado con calma y sabiduría, como lo hizo el Salvador cuando respondió a la pregunta de Sus discípulos y siguió hablando con ellos. Una de las cosas dignas de notarse en el carácter de nuestro Señor es su maravilloso espíritu tranquilo, especialmente su maravillosa calma en presencia de quienes lo juzgaban mal, lo insultaban y lo calumniaban. Él es vilipendiado a menudo, pero nunca se enoja. A menudo está muerto, pero siempre lleno de vida. Sin duda sintió vivamente todas las contradicciones de los pecadores contra Él mismo, pues en un pasaje de los Salmos que se refiere al Mesías leemos: "El oprobio ha quebrantado mi corazón"; sin embargo, el Señor Jesús no permitió que sus sentimientos le dominaran, se mantuvo tranquilo y dueño de sí mismo, actuando con profunda indiferencia ante las calumnias y los asaltos de sus acérrimos enemigos.

Creo que una de las razones por las que era tan reservado era que nunca se alegró por los elogios de los hombres. Créeme, porque lo sé, que si alguna vez te permites alegrarte por quienes hablan bien de ti, en esa medida serás capaz de entristecerte por quienes hablan mal de ti. Pero si has aprendido (y es una dura lección para la mayoría de nosotros) que no eres siervo de los hombres, sino de Dios, y que, por tanto, no vivirás del aliento de las narices de los hombres si te alaban, y no morirás si te denuncian, entonces serás fuerte, y mostrarás que has llegado a la estatura de un hombre en Cristo Jesús. Si la cabeza del grandioso Maestro se hubiera vuelto por los hosannas de la multitud, entonces Su corazón se habría hundido dentro de Él cuando gritaron: "Crucifícale; crucifícale." Pero Él no fue levantado ni abatido por los hombres. No se encomendó a nadie porque sabía lo que había en el hombre.

La razón más íntima de esta quietud de corazón era su comunión ininterrumpida con el Padre. Jesús habitaba aparte, porque vivía con Dios, el Hijo del hombre que bajó del cielo seguía habitando en el cielo, serenamente paciente porque estaba elevado por encima de las cosas terrenales en las santas contemplaciones de Su mente perfecta. Porque Su corazón estaba con Su Padre, el Padre le hizo fuerte para soportar cualquier cosa que pudiera venir de los hombres. Oh, que todos pudiéramos llevar esta armadura de luz, la panoplia celestial de la comunión con el Alto Eterno. Entonces no tendríamos miedo de las malas noticias, ni de los sucesos malignos, porque nuestros corazones estarían fijos en la roca segura del amor inmutable de Jehová.

Tal vez había otra razón para la maravillosa compostura de nuestro Salvador cuando fue atacado con piedras, a saber, que su corazón estaba tan concentrado en su obra que no podía apartarse de ella, hicieran lo que hicieran los judíos incrédulos. La pasión dominante lo llevó a través del peligro y el sufrimiento, y lo hizo desafiar con calma toda oposición. Había venido al mundo para bendecir a los hombres, y debía bendecir a los hombres. Los judíos podían oponérsele por una u otra razón, pero no podían desviar la corriente de su alma del cauce de misericordia por el que corría como un torrente. Debía hacer el bien a los que sufrían y a los pobres, no podía evitarlo. Se había convertido en su comida y su bebida hacer la voluntad de Aquel que lo envió, y así, cuando tomaron piedras, aunque se retiró un poco, como sólo deseaba conservar su vida para hacer el bien, regresó a su obra de vida sin demora. Las piedras no pueden apartarlo de sus actividades de gracia. Así como hemos visto a un ave que ha sido ahuyentada por un momento de su nido, regresar a él en el instante en que el intruso se ha retirado, así vemos a nuestro Señor regresar a Su santa obra casi antes de que esté fuera de la vista de Sus posibles asesinos. Allí está sentado un ciego, y Jesús está inmediatamente a su lado para sanarlo. Te alcanzarán, oh Cristo. Tratarán de matarte. Hay más piedras en sus manos crueles. Tus aborrecedores lanzan sus proyectiles ferozmente, y estarán sobre Ti en un momento. ¿Qué le importa eso a Él? Ningún espíritu cobarde puede hacerle pasar por alto una ocasión para glorificar al Padre. Ese ciego debe ser atendido, y a toda costa Él se detiene para tratar con Él en amor. Si ustedes y yo nos dejamos llevar completamente por el celo por Dios, y por el deseo de ganar almas, entonces nada nos amedrentará. Soportaremos cualquier cosa, y no parecerá que tenemos algo que soportar. Oiremos calumnias como si no las hubiéramos oído, y soportaremos penurias como si no hubiera ninguna que soportar. Como la flecha de un arco, lanzada por un arquero fuerte, desafía el viento contrario, y avanza velozmente hacia el blanco del blanco, así volaremos nosotros hacia el gran objetivo de nuestra ambición compasiva. Dichoso aquel hombre a quien Dios ha lanzado como un rayo de su mano, que debe seguir adelante y cumplir su destino, dichoso de que sea su vocación llevar a los pecadores a los pies del Salvador. Oh Espíritu bendito, levántanos a habitar en Dios, y a simpatizar de tal modo con su paternal compasión, que no prestemos atención ni a las piedras, ni a las burlas, ni a las calumnias, sino que quedemos absortos en nuestro abnegado servicio por amor de Jesús.

Que esto sirva de introducción. El Salvador en Su peor y más bajo estado, cuando está cerca de la muerte, no piensa en nada sino en el bien de los hombres. Cuando ojos crueles lo espían para matarlo, Él tiene un ojo para el pobre ciego. No hay piedra en Su corazón hacia los afligidos, incluso cuando las piedras vuelan junto a Sus oídos.

I. Así que les presento esta noche el primer tema del presente discurso, que es EL OBRERO. Doy ese título bien merecido al Señor Jesucristo. Él es el obrero, el obrero principal y el ejemplo de todos los obreros. Él vino al mundo, dice, para hacer la voluntad del que le envió, y para terminar su obra. En esta ocasión, cuando es perseguido por sus enemigos, sigue siendo un obrero, un obrero prodigioso con el ciego. Hay muchos en este mundo que ignoran el dolor, que pasan por alto la aflicción, que son sordos al lamento y ciegos a la angustia. Lo más fácil que sé hacer con esta malvada y desdichada ciudad de Londres es no saber mucho de ella. Dicen que la mitad del mundo no sabe cómo vive la otra mitad. Seguramente, si lo supiera, no viviría tan despreocupadamente como lo hace, ni sería tan cruel como es. Hay lugares en esta metrópoli que podrían derretir un corazón de acero y hacer generoso a un Nabal. Pero es una forma fácil de escapar del ejercicio de la benevolencia cerrar los ojos y no ver nada de la abyecta miseria que se arrastra a tus pies. "Cuando la ignorancia es felicidad, es una locura ser sabio", dijo un ignorante de antaño. Si los mendigos son persistentes, los transeúntes deben ser sordos. Si los pecadores son profanos, basta con taparse los oídos y seguir adelante. Si este ciego debe necesariamente sentarse a mendigar a la puerta del templo, entonces los que frecuentan el templo deben pasar de largo como si fueran tan ciegos como él. Las multitudes pasan de largo y no se fijan en él. ¿No es así con la multitud de hoy? Si tienes problemas, si sufres un desengaño, ¿no te ignoran y siguen su camino hacia su granja y sus mercancías, aunque tú te acuestes y te mueras de hambre? A Dives le conviene permanecer ig- norante a las llagas de Lázaro. No sucede lo mismo con Jesús. Él tiene un ojo rápido para ver al mendigo ciego si no ve nada más. Si no está embelesado con las enormes piedras y la hermosa arquitectura del templo, fija sus ojos en un mendigo ciego a la puerta del templo. Él es todo ojos, todo oídos, todo corazón, todo manos, donde la miseria está presente. Mi Maestro está hecho de ternura. Se derrite de amor. Oh, almas verdaderas que le amáis, imitadle en esto, y dejad que vuestros corazones se conmuevan siempre con un sentimiento común por el que sufre y el que peca.

Hay otros que, aunque ven la miseria, no la disminuyen con su cálida simpatía, sino que la aumentan con sus frías conclusiones lógicas. "Pobreza", dicen, "sí. Bueno, eso por supuesto es provocado por la embriaguez y por la pereza y por toda clase de vicios". No digo que no sea así en muchos casos, pero sí digo que la observación no ayudará a un pobre hombre a ser ni mejor ni más feliz. Una observación tan dura más bien exasperará al endurecido que ayudará al que lucha. "Enfermedad", dicen algunos; "Oh, sin duda, una gran cantidad de enfermedades es causada por hábitos perversos, negligencia de las leyes sanitarias", etcétera. Esto también puede ser tristemente cierto, pero rechina en el oído del que sufre. Una doctrina muy amable y agradable para enseñar en las salas de nuestros hospitales. Yo les recomendaría que no la enseñaran hasta que ustedes mismos estuvieran enfermos, y entonces tal vez la doctrina no les parecería tan instructiva. Incluso los discípulos de Cristo, cuando vieron a este ciego, pensaron que debía haber algo particularmente malvado en su padre y en su madre, o algo especialmente vicioso en el hombre mismo, que Dios previó, y a causa de lo cual lo castigó con la ceguera. Los discípulos tenían el mismo espíritu que los tres consoladores de Job, quienes, cuando vieron al patriarca en un estercolero, privado de todos sus hijos, despojado de todos sus bienes y rascándose porque estaba cubierto de llagas, dijeron: "Por supuesto que debe ser un hipócrita. Debe haber hecho algo muy espantoso, o no estaría tan gravemente afligido". El mundo seguirá aferrado a su infundada creencia de que si la Torre de Siloé cae sobre cualquier hombre, éste debe ser un pecador por encima de todos los pecadores sobre la faz de la tierra. Una doctrina cruel, una doctrina vil, apta para salvajes, pero no para ser mencionada por los cristianos, que saben que a quien ama el Señor lo castiga, e incluso sus mejores amados han sido arrebatados de repente. Sin embargo, veo mucho de esta noción cruel, y si los hombres están en problemas, oigo murmurar: "Bueno, por supuesto que ellos se lo buscaron". ¿Es ésta su manera de animarlos? Las observaciones morales baratas empapadas en vinagre son un mal plato para un inválido. Tales censuras son una manera lamentable de ayudar a un perro cojo a cruzar un obstáculo; no, es ponerle otro obstáculo para que no pueda cruzarlo en absoluto. Ahora, yo observo esto de mi Señor: que está escrito de Él que "da a todos abundantemente, y no reprende". Cuando alimentó a esos miles en el desierto, habría sido muy justo que les hubiera dicho: "¿Por qué salisteis todos vosotros al desierto, y no trajisteis provisiones? ¿Qué tienen que hacer aquí sin algo que comer? No sois ahorrativos y merecéis morir de hambre". No, no, Él nunca dijo una palabra de ese tipo, sino que los alimentó, los alimentó a todos, y los envió a casa llenos. Ustedes y yo no hemos sido enviados al mundo para recitar mandamientos desde la cima del Sinaí; hemos venido al Monte de Sión. No hemos de andar por el mundo como si fuéramos juez y verdugo a la vez, para enfrentarnos a todo el dolor y la miseria del mundo con amargas palabras de censura y condena. Si lo hacemos, ¡cuán diferentes somos de nuestro bendito Maestro, que no dice ni una palabra de reproche a quienes le buscan, sino que simplemente alimenta a los hambrientos y sana a todos los que necesitan ser curados! Es fácil criticar, es fácil reprender, pero nuestra tarea debería ser la más elevada y noble de bendecir y salvar.

Observo una vez más que hay algunos otros que, si no son indiferentes al dolor, y no se lanzan sobre alguna cruel teoría de condenación, especulan sin embargo mucho donde la especulación no puede ser de ninguna utilidad práctica. Cuando nos reunimos hay muchas cuestiones que nos gusta plantear y sobre las que nos gusta discutir y que no tienen ningún valor práctico. Está la cuestión del origen del mal. Ese es un buen tema para aquellos a quienes les gusta cortar lógica por semana, sin hacer suficientes astillas para encender un fuego donde calentarse las manos frías. Tal fue el tema, propuesto al Salvador: culpa prevista o mancha hereditaria: "¿Quién pecó, este hombre o sus padres?". ¿Hasta qué punto es justo que el pecado de los padres recaiga sobre los hijos? Podría proponerles muchos temas igualmente profundos y curiosos, pero ¿de qué serviría? Sin embargo, hay muchos en el mundo que son aficionados a estos temas, tejiendo telarañas, soplando burbujas, haciendo teorías, rompiéndolas y haciendo más. Me pregunto si el mundo ha sido alguna vez bendecido en la medida de un cuarto de penique por todas las teorías de todos los sabios que han existido. ¿Acaso no se las puede clasificar a todas bajo el epígrafe de teorías vanas? Preferiría crear una onza de ayuda que una tonelada de teoría. Es hermoso para mí ver cómo el Maestro rompe la fina especulación que los discípulos están exponiendo. Dice en pocas palabras: "Ni éste ni sus padres han pecado", y luego escupe en el suelo, hace barro y abre los ojos del ciego. Esto era trabajo, lo otro era mera preocupación. "Padre", dijo un niño, "las vacas están en el maíz. ¿Cómo han entrado?" "Niño", dijo el padre, "no importa cómo hayan entrado, démonos prisa en sacarlas". Hay sentido común en ese proceder práctico. Aquí hay gente hundida en el vicio y sumida en la pobreza. Pospongamos las preguntas: ¿cómo llegaron a esta condición? ¿Cuál es el origen del mal moral? ¿Cómo se transmite de padres a hijos? Responded a esas preguntas después del día del juicio, cuando tendréis más luz, pero ahora lo importante es ver cómo podemos vosotros y yo sacar el mal del mundo, y cómo podemos levantar a los caídos y restaurar a los que se han extraviado. Nunca imitemos al hombre de la fábula que vio a un niño ahogándose, y entonces y allí le sermoneó sobre la imprudencia de bañarse fuera de su profundidad. No, no, llevemos al niño a la orilla, sequémoslo y vistámoslo, y luego digámosle que no vuelva allí, no sea que le ocurra algo peor.

Digo que el Maestro no era un especulador, no era un hilandero de teorías, no era un mero doctrinalista, sino que se puso a trabajar y sanó a los que necesitaban sanación. Ahora, en esto, Él es el gran ejemplo para todos nosotros en este año de gracia. Vamos, ¿qué hemos hecho alguna vez para bendecir a nuestros semejantes? Muchos de nosotros somos seguidores de Cristo, y ¡oh, cuán felices deberíamos estar de serlo! ¿Qué hemos hecho digno de nuestro alto llamamiento? "Señor, la otra noche oí una conferencia", dice uno, "sobre los males de la intemperancia". ¿Eso es todo lo que hizo? ¿Ha surgido alguna acción de esa brillante oratoria y de su cuidadosa atención a ella? ¿Intentó en seguida eliminar la intemperancia con su ejemplo? "Bueno, pensaré en eso, señor, uno de estos días". Mientras tanto, ¿qué será de estos intemperantes? ¿Su sangre no yacerá a tu puerta? "El otro día escuché", dice uno, "una conferencia muy convincente e interesante sobre economía política, y creo que es una ciencia de mucho peso, y que puede explicar gran parte de la pobreza que usted menciona." Tal vez sea así, pero la economía política en sí misma es tan dura como el latón, no tiene agallas, ni corazón, ni conciencia, y tampoco puede tener en cuenta esas cosas. El economista político es un hombre de hierro, que se oxidaría con una lágrima, y por lo tanto nunca tolera el ánimo de la compasión. Su ciencia es una roca que hace naufragar una armada y permanece impasible ante los gritos de hombres y mujeres que se ahogan. Es como el viento del desierto que marchita todo lo que sopla. Parece secar las almas de los hombres cuando llegan a dominarla, o más bien son dominados por ella. Es una ciencia de hechos obstinados, que no serían hechos si no fuéramos tan brutos. Economía política o no economía política, vuelvo a mi punto: ¿qué has hecho por los demás? Pensemos en ello, y si alguno de nosotros ha estado soñando, día tras día, lo que haría "si", veamos lo que podemos hacer ahora, y como el Salvador, pongámonos a trabajar.

Pero ese no es el punto al que quiero llegar. Es éste. Si Jesús es tan trabajador, y no un teorizador, entonces ¡qué esperanza hay esta noche para algunos de nosotros que necesitamos Su cuidado! ¿Hemos caído? ¿Somos pobres? ¿Nos hemos sumido en la tristeza y la miseria? No miremos a los hombres ni a nosotros mismos. Los hombres nos dejarán morir de hambre, y luego harán una investigación forense sobre nuestro cuerpo para averiguar por qué nos atrevimos a morir, y por qué no dejamos de pagar por una tumba y un ataúd. Seguramente harán una investigación después de que todo haya terminado con nosotros; pero si venimos a Jesucristo, Él no hará ninguna investigación, sino que nos recibirá y dará descanso a nuestras almas. Ese es un texto bendito: "A todos da con liberalidad, y no reprende". Cuando el hijo pródigo regresó a casa con su padre, de acuerdo a toda propiedad, como lo haría la gente hoy en día, el padre debió haberle dicho a su hijo: "Bien, has regresado a casa, y me alegra verte, pero ¡en qué estado te encuentras! ¿Cómo has llegado a esta situación? Apenas tienes un trapo limpio en la espalda. ¿Cómo es que has llegado a ser tan pobre? Y estás flaco y hambriento, ¿cómo es que ha sucedido esto? ¿Dónde has estado? ¿Qué has hecho? ¿Qué compañía has tenido? ¿Dónde estabas hace una semana? ¿Qué hacías anteayer a las siete?". Su padre no le hizo ni una sola pregunta, sino que lo estrechó contra su pecho y lo supo todo por instinto. Llegó tal como era, y su padre lo recibió tal como era. El padre pareció decirle con un beso: "Hijo mío, lo pasado, pasado está. Estabas muerto, pero has vuelto a la vida; estabas perdido, pero has sido encontrado, y no quiero saber nada más de ti". Así es como Jesucristo está dispuesto a recibir a los pecadores penitentes esta noche. ¿Hay aquí alguna mujer de la calle? Ven, pobre mujer, tal como eres, a tu amado Señor y Maestro, que te limpiará de tu grave pecado. "Todo pecado y blasfemia será perdonado". ¿Hay aquí alguien que haya transgredido las reglas de la sociedad, y sea señalado como especialmente pecador? Sin embargo, venga y dé la bienvenida al Señor Jesús, de quien está escrito: "Este recibe a los pecadores y come con ellos". El médico nunca piensa que es un desprecio ir entre los enfermos, y Cristo nunca sintió vergüenza de cuidar a los culpables y a los perdidos. No, escriban esto sobre Su diadema: "El Salvador de los pecadores, y de los principales," Él cuenta esto como Su gloria. Él trabajará por ti, no te regañará. No te tratará con una dosis de teorías, y con un cúmulo de amargas reprimendas, sino que te recibirá tal como eres en las heridas de Su costado, y te esconderá allí de la ira de Dios. ¡Oh, bendito Evangelio que tengo que predicaros! Que el Espíritu Santo os lleve a abrazarlo. Esto en cuanto al obrero.

II. Ahora, lo segundo es LA SALA DE TRABAJO. Todo trabajador necesita un lugar donde trabajar. Todo artista debe tener un estudio. ¿Tenía Cristo un estudio? Sí, Él vino para hacer obras muy maravillosas, las obras de Aquel que le envió, pero ¡qué lugar tan extraño, tan extraño, encontró el Señor para hacer Su obra! Y, sin embargo, no sé si pudo haber encontrado otro. Decidió realizar las obras de Dios, y seleccionó el lugar más adecuado para hacerlo. Una de las obras de Dios es la creación. Si Jesús va a realizar esta obra entre los hombres, debe encontrar dónde falta algo que Él pueda suplir mediante un acto creador. Aquí hay dos ojos sin el aparato apropiado para recibir la luz; aquí hay lugar para que Jesús cree ojos y vista. No podría haber creado ojos en mi cabeza ni en la tuya si hubiéramos estado presentes, porque los ojos ya están ahí, y más ojos serían inadecuados para nosotros. En el mendigo ciego del templo había espacio para que Jesús produjera lo que faltaba en el curioso mecanismo del ojo, el ojo ciego era, por tanto, Su taller. Si había globos oculares, estaban completamente privados de vista y así habían estado desde el nacimiento del hombre, y esto dio ocasión a que Jehová Jesús dijera: "¡Hágase la luz!". Si los ojos de aquel hombre hubieran sido como los tuyos y los míos, claros y brillantes y llenos de luz, no habría habido espacio para la operación divina de nuestro Señor. Pero como todavía estaba en las tinieblas que lo rodeaban desde su nacimiento, sus ojos proporcionaron un espacio en el que el poder del Todopoderoso pudo manifestarse mediante una obra tan maravillosa que, desde el principio del mundo, nunca se había oído decir que alguien hubiera abierto los ojos a un ciego de nacimiento. El hombre era ciego por esta razón: "Para que las obras de Dios se manifiesten en él". Oh, pero ese es un pensamiento bendito si lo piensas. Aplícalo a ti mismo. Si hay algo que te falta, hay lugar para que Cristo obre en ti. Si eres naturalmente perfecto, y no hay ninguna falta en ti, entonces no hay lugar para que el Salvador haga algo por ti, pues Él no dorará el oro refinado, ni pondrá esmalte sobre el lirio. Pero si sufres de alguna gran deficiencia, alguna terrible carencia que hace que tu alma se sienta en tinieblas, tu necesidad es la oportunidad de Cristo, tu necesidad de gracia suple Su necesidad de ob- jetos para Su piedad. Aquí hay lugar para que el Salvador venga y muestre Su piedad hacia ti, y puedes estar seguro de que pronto estará contigo. Aun así, ven Señor Jesús.

Entonces, de nuevo, no fue sólo la deficiencia de visión de este hombre, sino que fue la ignorancia de este hombre lo que requirió la ayuda del Todopoderoso. Es obra de Dios no sólo crear, sino también iluminar. El mismo poder que llama a la existencia también llama a la luz, ya sea luz natural o espiritual. Es obra divina iluminar y regenerar el corazón. Este hombre estaba tan oscuro de mente como de cuerpo; ¡qué gran cosa es iluminarle en un doble sentido! No conocía al Hijo de Dios, por tanto no creía en Él, sino que preguntaba maravillado: "¿Quién es, Señor, para que crea en Él?" Jesucristo vino para obrar en este hombre el conocimiento de Dios, la vida de Dios; en una palabra, la salvación; y debido a que el hombre estaba destituido de estas cosas, había lugar en él para la habilidad y el poder del Salvador. Amigo, ¿es ése tu caso? ¿Eres inconverso? Entonces hay espacio en ti para que el Redentor obre por medio de la gracia convertidora. ¿Eres no regenerado? Entonces hay espacio en ti para que el Espíritu de Dios obre la regeneración. Todas estas deficiencias espirituales tuyas -tu ignorancia y tu oscuridad- serán convertidas por el amor infinito en oportunidades para la gracia. Si no estuvieras perdido, no podrías ser salvado. Si no fueras culpable, no podrías ser perdonado. Si no fueras pecador, no podrías ser limpiado. Pero todo tu pecado y dolor, por un extraño misterio de amor, es una especie de calificación de ti mismo para que Cristo venga y te salve. "Eso es ponerlo", dice uno, "bajo una nueva luz para mí". Acepta esa nueva luz, y consuélate, porque es luz evangélica, y está destinada a animar al desesperado. Tú has dicho: "No hay nada en mí", por lo tanto está claro que hay lugar para que Cristo sea tu todo en todo. Ya ves que no puede haber dos todo en todos, sólo puede haber uno, y como no pretendes el título Jesús lo llevará. Todo el espacio que ocupas en tu propia estima le quita mucho a la gloria del Señor Jesús, y si no eres nada, entonces toda la casa queda para el Salvador. Él vendrá y llenará todo tu vacío interior con Su propio ser amado y será glorioso a tus ojos para siempre.

Puedo aventurarme a decir esta noche que todas las aflicciones pueden ser consideradas de la misma manera como una oportunidad para la obra de misericordia de Dios. Siempre que vean a un hombre afligido y en problemas, la manera de verlo es, no culparlo y preguntarle cómo llegó allí, sino decir: "Aquí hay una apertura para el amor todopoderoso de Dios. He aquí una ocasión para el despliegue de la gracia y la bondad del Señor". Este hombre, siendo ciego, dio al Señor Jesús la oportunidad para la buena obra de darle la vista, y esa obra fue una maravilla tan grande que todos a su alrededor se vieron obligados a reconocerla y admirarla. Los vecinos empezaron a quejarse de ello, los fariseos tuvieron que celebrar un cónclave al respecto, y aunque han transcurrido casi diecinueve siglos, aquí estamos nosotros en este momento meditando sobre ello. Los ojos abiertos de aquel hombre iluminan los nuestros en este momento. La Biblia no habría estado completa sin esta narración conmovedora y enseñadora, si este hombre no hubiera nacido ciego, y si Cristo no hubiera abierto sus ojos, todas las generaciones habrían tenido menos luz. Deberíamos alegrarnos de que este hombre estuviera tan gravemente afligido, porque de este modo somos graciosamente instruidos. Si no hubiera sido ciego, no habríamos visto el gran espectáculo de la ceguera de nacimiento, ahuyentada por Aquel que es la Luz de los hombres. Así que creo que puedo decir a todos los afligidos aquí esta noche: no os quejéis de vuestras aflicciones, no os turbéis excesivamente por ellas, ni os sintáis totalmente abatidos por ellas, sino que esperad considerarlas como aperturas para la misericordia, puertas para la gracia, caminos para el amor. El valle de Acor será para vosotros una puerta de esperanza. Aquel poderoso obrero de quien he estado hablando encontrará un taller en tu aflicción, y allí formará monumentos de Su gracia. Glorificaos en vuestras debilidades para que el poder de Cristo descanse sobre vosotros. Alégrate de que, así como abundan tus tribulaciones, también abundarán tus consolaciones por Cristo Jesús. Pídele que haga que todas las cosas cooperen para tu bien y para su gloria, y así será.

Dejo el pensamiento del taller cuando he añadido que creo que el pecado en sí tiene algo del mismo aspecto que la aflicción, pues da cabida a la misericordia de Dios. Apenas me atrevo a decir lo que dijo Augus- tine, cuando hablando de la caída y del pecado de Adán, y contemplando todo el esplendor de la gracia que le siguió, dijo: "Beata culpa" -feliz culpa-, como si pensara que el pecado había proporcionado tales oportunidades para la revelación de la gracia de Dios, y mostrado de tal modo el carácter de Cristo, que incluso se atrevió a llamarlo una feliz culpa. No me aventuraré a decir tal cosa; apenas me atrevo a repetir lo que dijo una vez aquel gran maestro de Israel. Pero sí digo que no puedo imaginar una ocasión para glorificar a Dios igual al hecho de que el hombre haya pecado, puesto que Dios ha dado a Cristo para morir por los pecadores. ¿Cómo podría haberse concedido ese don inefable si no hubiera habido pecadores? La cruz es una constelación de gloria divina más brillante que la creación misma.

"Porque en la gracia que rescató al hombre, Su forma más noble de gloria brilla; Aquí en la cruz 'tis fairest escrito

En sangre preciosa y líneas carmesí".

¿Cómo podríamos haber conocido el corazón de Dios? ¿Cómo podríamos haber comprendido la misericordia de Dios? Si no hubiera sido por nuestro pecado y nuestra miseria, ¿cómo habríamos podido mostrar tanta indulgencia y amor? Venid, pues, culpables, animaos y buscad la gracia. Como el médico necesita al enfermo para ejercer su poder curativo, así el Señor de misericordia os necesita a vosotros para mostrar la gracia que puede conceder. Si yo fuera médico y deseara un consultorio, no buscaría la parroquia más saludable de Inglaterra, sino un lugar donde los enfermos llenaran mi consultorio. Si todo lo que buscara fuera hacer el bien a mis semejantes, desearía estar en Egipto o en alguna otra tierra visitada por el cólera o la peste, donde pudiera salvar vidas humanas. El Señor Jesucristo, mirando a esta multitud esta noche, no busca a los que son buenos, o piensan que lo son, sino a los culpables, que conocen su pecaminosidad y se lamentan de ella. Si hay aquí un pecador, leproso y desaliñado, si hay aquí un alma enferma de pies a cabeza con la incurable enfermedad del pecado, el Señor Cristo, el poderoso obrero, se fija en él, pues en él encuentra un laboratorio en el que puede obrar las obras de Aquel que le envió.

III. Tengan paciencia conmigo ahora que paso, en tercer lugar, a comentar brevemente LA CAMPANA DE TRABAJO.

Por la mañana temprano se oye una campana que despierta a las obreras de sus camas. Mira cómo salen a las calles, como abejas que se apresuran a ir o volver de la colmena. Los ves salir a trabajar, porque la campana está sonando. Había una campana de trabajo para Cristo, y Él la oyó. Entonces dijo: "Tengo que trabajar. Debo trabajar. Debo trabajar". ¿Qué le hizo decir eso? Pues, la vista de ese hombre ciego. Apenas lo vio, dijo: "Debo trabajar". El hombre no había pedido nada, ni pronunciado sonido alguno, pero aquellos orbes sin vista hablaron elocuentemente al corazón del Señor Jesús, y sonó en voz alta el llamamiento que Jesús oyó y obedeció, pues Él mismo dijo: "Me es necesario trabajar."

¿Y por qué debía trabajar? Porque había venido desde el cielo para hacerlo. Había venido desde el trono de su Padre para ser un hombre que bendijera a los hombres, y no quería que su largo descenso fuera en vano. Tenía que trabajar, ¿por qué si no estaba aquí donde había que trabajar?

Además, había impulsos en su corazón, que no necesitamos detenernos a explicar ahora, que le obligaban a trabajar. Su mente, su alma y su corazón estaban llenos de una fuerza que producía perpetua actividad. Algunas veces seleccionaba una ruta cuando viajaba porque "debía pasar por Samaria". Algunas veces iba tras los hombres porque, dijo, "Tengo otras ovejas que no son de este redil; también a ellas debo traer". Había una especie de instinto en Cristo de salvar a los hombres, y ese instinto ansiaba gratificación y no podía ser negado. "Tengo que trabajar", dijo. La visión de aquellos ojos ciegos le hizo decir: "Tengo que trabajar", y pensó en aquel pobre hombre: cómo durante veinte años y más había vivido en completa oscuridad; cómo no había podido disfrutar de las bellezas de la naturaleza, ni mirar a la cara a sus seres queridos, ni ganarse el pan de cada día. Y se compadeció de las penas de aquel hombre sumido en la oscuridad durante toda su vida. Además, al recordar cómo el alma de aquel hombre también había estado encerrada como un prisionero en una mazmorra a causa de su crasa ignorancia, dijo: "Debo trabajar, debo trabajar". Ustedes ven que lo persiguen con piedras, pero Él se detiene, pues dice: "Debo trabajar. Pueden apedrearme si quieren, pero debo trabajar. Oigo la llamada y debo trabajar".

Ahora aprendan esta lección, todos ustedes seguidores de Cristo. Cada vez que vean sufrimiento, espero que cada uno de ustedes sienta: "Debo trabajar. Debo ayudar". Cada vez que vean pobreza, cada vez que vean vicio, díganse a sí mismos: "Debo trabajar. Debo trabajar". Si sois dignos del Cristo a quien llamáis jefe, dejad que todas las necesidades de los hombres os impulsen, os obliguen, os constriñan a estar bendiciéndolos. Deja que el mundo que yace en el inicuo te despierte. Que te despierten los gritos de los hombres de Macedonia que te dicen: "¡Ven y ayúdanos!". Los hombres están muriendo, muriendo en la oscuridad. El cementerio se está llenando y el infierno también. Los hombres mueren sin esperanza y pasan a la noche eterna. "Debo trabajar". Claman: "Maestro, ahórrate, el trabajo incesante te agotará y te llevará a la tumba". Pero ¡mira! Mirad. Mirad. La perdición se traga a las multitudes. Descienden vivas a la fosa. ¡Escuchen sus gritos lastimeros! Las almas perdidas se alejan de Dios. "Debo trabajar." Oh, que yo pudiera poner mi mano; o, mucho mejor, que mi Señor pusiera Su mano traspasada sobre cada verdadero cristiano aquí presente, y la presionara sobre él hasta que exclamara: "No puedo quedarme sentado aquí. Debo ponerme a trabajar tan pronto como termine este servicio. No sólo debo oír, y dar, y orar, sino que también debo trabajar".

Bien, esa es una gran lección, pero no pretendo que sea la principal, pues estoy pendiente de quienes anhelan encontrar misericordia y salvación. Qué bendición es para ti, querido amigo, si quieres ser salvado, que Cristo debe salvar. Hay un impulso sobre Él que debe salvar. Yo sé que tú dices: "no puedo orar. No puedo sentir como quisiera". No se preocupen por eso, el asunto está en mejores manos. Verán, este hombre no dijo ni una palabra; bastó verlo para conmover el corazón del Señor Jesús. En cuanto Jesús lo vio, dijo: "Tengo que trabajar". ¿Habéis visto alguna vez en Londres a un hombre que no tenga una oratoria particular, y que, sin embargo, consiga obtener limosnas a gran escala? Yo lo he visto. Viste como un obrero. Lleva un guardapolvo andrajoso, y se sienta en un rincón por donde pasan muchos. Está un poco apartado del tráfico, pero lo bastante cerca para llamar la atención de muchos pasajeros. Muestra una pala en mal estado por el uso que le ha dado otra persona, y en ella está escrito: "Me muero de hambre". Parece demacrado y hambriento. Está muy bien maquillado y tan pálido como la tiza puede dejarlo. ¡Oh, la cantidad de medio penique que entra en su viejo sombrero! ¡Cómo le compadece la gente! No canta una cancioncilla triste, no habla una palabra, y sin embargo muchos se conmueven por el hecho de que parece como si fuera cierto que se está muriendo de hambre. Ahora, oyente mío, no necesitas ser falso en lo que haces si expones tu miseria y tu pecado delante del Señor. Esta noche, cuando llegues a casa, arrodíllate junto a tu cama y di: "Señor Jesús, no puedo orar, pero aquí estoy. Estoy pereciendo, y me pongo a la vista de Ti. En vez de oír mis súplicas, mira mis pecados; en vez de exigir argumentos, mira mi maldad. En vez de oratoria, que no tengo, Señor, recuerda que pronto estaré en el infierno si Tú no me salvas". Os digo que sonará la campana, y el gran obrero sentirá que ha llegado la hora de que trabaje. Él dirá en las palabras de mi texto: "Debo trabajar," y en ustedes se manifestarán las obras de Dios. Ustedes serán el taller de Cristo.

IV. Una cabeza más, y es LA JORNADA DE TRABAJO. Nuestro divino Maestro dijo: "Me es necesario trabajar las obras del que me envió, mientras es de día; viene la noche, cuando nadie puede trabajar."

Ahora, escuchen. Esto no se refiere a Cristo el Salvador resucitado, sino que esto se refiere al Señor Jesucristo como Él era hombre aquí en la tierra. Había un cierto día en el cual Él podía bendecir a los hombres, y cuando ese día terminara Él se iría, no habría ningún Jesucristo en la tierra para abrir los ojos de los ciegos, o para sanar a los enfermos. Desaparecería de entre los hombres y ya no sería accesible como sanador de enfermedades corporales. Nuestro Señor como hombre aquí en la tierra tuvo un día. Era sólo un día: un período corto y no muy largo; no podía alargarlo, pues estaba establecido por el gran Señor. El día de Su sacrificio estaba señalado. Él mismo dijo una vez: "Todavía no ha llegado mi hora". Pero esa hora llegó. Nuestro Señor empleó treinta años en prepararse para la obra de su vida, y luego, en tres años, se llevó a cabo su guerra. ¡Cuánto abarcó en esos tres años! Siglos de servicio no podrían igualar la labor de ese breve período. Hermanos, algunos de nosotros hemos trabajado durante treinta años, pero me temo que hemos hecho muy poco, y ¿qué pasaría si sólo nos quedaran tres años más? Sintamos los impulsos de la eternidad venidera. Dentro de poco ya no veré los rostros de la muchedumbre, no me recordarán más que como un nombre, por eso predicaré lo mejor que pueda mientras me queden fuerzas y se prolongue mi vida. Dentro de poco, hermano mío, no podrás ir de puerta en puerta ganando almas, la calle te echará de menos a ti y a tus tratados, el distrito te echará de menos a ti y a tus visitas regulares. Haz bien tu trabajo, porque pronto se pondrá el sol. Estas palabras mías pueden ser más proféticas para algunos de los presentes de lo que soñamos. Tal vez me dirija a algunos que se acercan a su última hora y pronto rendirán cuentas. ¡Arriba hermanos! ¡Arriba hermanas! Decid: "Debemos trabajar, porque llega la noche en que nadie puede trabajar". La vida no puede alargarse si así lo queremos, la predestinación no alargará el hilo cuando haya llegado la hora de cortarlo. La vida será corta en el mejor de los casos, y ¡oh, qué corta con los que mueren jóvenes!

Si ustedes y yo omitiéramos alguna parte de nuestra tarea en la vida, nunca podríamos compensar esa omisión. Hablo con solemne reverencia de nuestro divino Maestro, pero, si no hubiera sanado a ese ciego en el día en que vivió en la tierra, habría omitido una parte de la tarea a la que el Padre le envió. No quiero decir que como Dios, desde el cielo, no hubiera podido dar la vista al pobre mendigo, sino que eso hace que el caso sea más fuerte en su relación con nosotros, puesto que no tenemos ese futuro que esperar, si no servimos a los hombres ahora, estará fuera de nuestro poder bendecirlos desde los cielos. Esta narración nunca podría haber aparecido en la vida del Hijo del Hombre si se hubiera olvidado de ser bondadoso con el ciego. Si hubiera regresado del cielo para sanar al hombre, lo habría hecho en un segundo advenimiento, y no en el primero. Y si incluso Él omite algo de Su primera encomienda abajo, no puede ser puesto de nuevo. Cuando usted y yo escribimos una carta, añadimos una posdata. Cuando hemos hecho un libro podemos escribir un apéndice o insertar algo que hemos omitido. Pero en esta vida tuya y mía no puede haber posdata. Debemos hacer nuestro trabajo ahora o nunca, y si no lo hacemos ahora, incluso ahora, mientras nuestra oportunidad nos sirve, realizar nuestro servicio a nuestro Dios, nunca podremos hacerlo. Si omitiste algo ayer, no puedes alterar el hecho del servicio imperfecto de ese día. Si ahora eres más celoso, será la obra de hoy, pero el día de ayer seguirá tan incompleto como lo dejaste. Por lo tanto, debemos estar alerta para hacer la obra de Aquel que nos envió mientras se llame hoy.

A esta conclusión llego, y aquí concluyo: si nuestro Señor Jesucristo fue tan diligente para bendecir a los hombres cuando estuvo aquí, tengo la certeza de que no es menos diligente para oírlos y sanarlos ahora en ese sentido espiritual en el que todavía obra sobre los hombres.

Oh, que yo supiera cómo guiarlos a buscar a mi Señor y Maestro, pues si lo buscan, Él será hallado por ustedes tan ciertamente como ustedes lo busquen. Cristo no ha perdido el corazón de Su compasión; no es frío de corazón ni flojo de mano. Acude a Él de inmediato. Acabo de hablarles a algunos de los principales pecadores, y les digo de nuevo: ¡Vayan a Jesús! Permítanme hablarles a algunos de ustedes que no son los principales pecadores, ustedes que han sido oyentes del evangelio y sólo han fracasado porque no creen en Jesús. Vayan a Él de inmediato. Ustedes están atrasados, pero El no. El todavía tiene que trabajar, y todavía tiene que trabajar mientras dure el día del evangelio, porque ese día del evangelio pronto terminará. Él está esperando y velando por ti. Oh, ven a Él, ven ahora mismo. "No sé lo que es venir", dice uno. Bien, venir a Cristo es simplemente confiar en Él. Eres culpable, confía en que Él te perdonará. "Si hago eso", dice uno, "¿puedo entonces vivir como antes?". No, eso no puedes hacerlo, pues si un barco necesitara ser llevado a puerto, y llevaran un piloto a bordo, él le diría al capitán: "Capitán, si confía en mí, lo llevaré a puerto sin problemas. Ahí, que arrien esa vela". Y no la arriaron. "Vamos", les dice, "tomen el timón y gobiernen como les ordeno". Pero se niegan. "Bien", dice el piloto, "dijisteis que confiabais en mí". "Sí", dice el capitán, "y usted dijo que si confiábamos en usted, nos llevaría a puerto, pero no hemos llegado a puerto en absoluto". "No", dice el piloto, "no confiáis en mí, porque si confiarais en mí haríais lo que os digo". Una verdadera confianza es obediente a los mandatos del Señor y éstos prohíben el pecado. Si confías en Jesús, debes dejar tus pecados, tomar tu cruz y seguirle. Tal confianza seguramente tendrá su recompensa; serás salvo ahora y salvo para siempre.

Dios os bendiga, queridos amigos, por Cristo.

Sermón #756—Trabajo

PRONUNCIADO LA NOCHE DEL JUEVES 21 DE MARZO DE 1867

POR C. H. SPURGEON

EN LA CAPILLA DE SURREY, BLACKFRIARS ROAD

"Es necesario que yo trabaje las obras del que me envió, mientras es de día; llega la noche, cuando nadie puede trabajar".

Juan 9:4

Observen que se le había planteado a nuestro Señor una pregunta muy especulativa, y Su respuesta a esa pregunta tan especulativa es: "Tengo que trabajar". Sus discípulos deseaban saber algo acerca del misterioso hecho de que algunas personas nacen en una condición infeliz -ciegos, sordos o mudos-, y por qué razón fueron enviados al mundo en circunstancias tan desventajosas.

¿No os gustaría a vosotros mismos saberlo? ¿No desearían que el Salvador hubiera expuesto todo ese misterio? Hay tantos puntos de controversia relacionados con esa cuestión, que difícilmente podría haber tenido un tema más sugestivo. Seguramente podría habernos iluminado mucho más que Sócrates o Platón. ¿Por qué no se zambulló de inmediato, con tan noble oportunidad, en el laberinto de la metafísica, o comenzó a exponer la predestinación, y abrió los puntos en ella que concuerdan o discrepan con el libre albedrío?

He aquí una noble oportunidad para interpretar todas las maravillas de la soberanía divina y del sufrimiento natural. ¿Por qué no abrió de inmediato todo esto al pueblo? No, sino que con una respuesta muy breve se dirige a ellos y les dice: "Yo debo trabajar; vosotros podéis pensar; podéis hablar; podéis discutir, pero yo debo trabajar. Vosotros podéis entregaros, si no sabéis hacerlo mejor, a la ocupación inferior de trajinar con palabras, pero yo debo trabajar. Llamadas más nobles tengo que obedecer que las que llegan a vuestros oídos carnales".

Deducimos, pues, que el Salvador tiene más respeto por el trabajo que por la especulación. Que cuando venga al mundo, se dirigirá a todos los poderosos pensadores y a los caballeros que están constantemente produciendo nuevas ideas y maravillosos puntos de sutileza, y los pondrá en la balanza como basura.

Pero que cuando encuentre a un solo obrero, a una pobre viuda que haya dado sus dos ácaros, a un pobre santo que haya hablado por Cristo, y haya sido el medio de la conversión de un alma, Él tomará estas obras que fueron hechas para Él como granos preciosos de oro costoso. Podemos decir del campo de la empresa y del trabajo por Cristo, como de la tierra de Havila: "El oro de esa tierra es bueno", y Cristo lo considera así. Él estima que la obra de fe y la labor de amor hechas para Él son de gran precio.

I. Pediré su atención al texto, tomando y manteniéndome cerca de las propias palabras del mismo. Y lo que observamos primero, es UNA NECESIDAD DE TRABAJAR: "Me es necesario trabajar".

Con Cristo no era, "puedo si quiero," no, "puedo si quiero," no la mera posibilidad y la mera potencialidad del trabajo, sino una imperiosa necesidad: "debo." No podía evitarlo. Si se me permite usar tales palabras en relación con alguien que no es menos divino que humano, Él estaba restringido. Estaba atado. Estaba obligado.

Sin embargo, las cuerdas que le ataban eran las cuerdas de su deidad. Eran las cuerdas del amor que le ataban a Él, que es amor. "Debo trabajar". Porque amaba tanto a los hijos de los hombres que no podía quedarse quieto y verlos perecer. No podía descender del cielo y permanecer aquí vestido con nuestra carne mortal, y ser un espectador impasible, descuidado y holgazán de tanto mal, de tanta miseria.

Su corazón latía de deseo. Tenía sed de hacer el bien, y Su acto más grande y grandioso, Su sacrificio de Sí mismo, era un bautismo con el que tenía que ser bautizado, y estaba apurado hasta que se cumpliera. Su gran alma se sentía como si no pudiera ser fácil. Era como el mar agitado que no puede descansar. Cada uno de sus pensamientos era como una ola poderosa que no podía estar quieta.

Toda su alma era como un volcán cuando comienza a hincharse con lava, y quiere desahogarse. Debía dejar que su alma se desbordara en ardiente consagración y devoción a la causa de aquellos a quienes había venido a salvar. "Debo", dice. "Debo trabajar".

No sólo fue el amor interior lo que lo impulsó, sino también el dolor exterior lo que lo obligó. Aquel ciego había tocado la cuerda secreta que puso a trabajar el alma del Salvador. Si aquel ciego no hubiera estado allí, o mejor dicho, si el Salvador hubiera podido olvidar los casos de miseria que existían a su alrededor, tal vez habría estado tranquilo.

Pero porque siempre ante Su alma vio a las multitudes que perecían como ovejas sin pastor, porque, mucho más vívidamente de lo que tú y yo lo hemos hecho jamás, Él se había dado cuenta del valor de un alma y del horror de que un alma se perdiera, sintió como si no pudiera estar quieto. "Debo trabajar", dijo.

Imaginaos, hermanos míos, que estáis en la playa cuando un barco se hunde en las rocas. Si hubiera algo que pudierais hacer para rescatar a los marineros, ¿no sentiríais en vuestro interior: "Tengo que trabajar"?

Se dice que a veces, cuando la muchedumbre ve un barco que se va a pique y oye los gritos de los hombres que se ahogan, parece como si todos estuvieran presos de la locura, porque, al no poder dar rienda suelta a su bondad y sentimiento fraternal hacia los que perecen mediante ninguna actividad práctica, no saben qué hacer, y están dispuestos a sacrificar sus propias vidas si pudieran hacer algo para salvar a los demás. Los hombres sienten que deben trabajar en presencia de una necesidad tan espantosa.

Y Cristo vio este mundo nuestro temblando sobre la fosa. Lo vio flotando, por así decirlo, en una atmósfera de fuego, y deseaba apagar esas llamas y hacer que el mundo se regocijara, y por lo tanto debía trabajar con ese fin. No podía, no podía descansar y estar tranquilo. No sabía cómo descansar ni siquiera de noche.

"Las frías montañas y el aire de medianoche fueron testigos del fervor de su oración".

Y cuando estaba fatigado y cansado, y necesitaba comer, no comía porque el celo de la casa de Dios lo había consumido, y era su comida y su bebida hacer la voluntad de Aquel que lo había enviado. El amor interior y la necesidad exterior actuaban hacia un fin común, y formaban una intensa necesidad, de modo que el Salvador debía trabajar.

Además, debes recordar que Él había venido a este mundo con un objetivo que no podía alcanzarse sin trabajo, sino que era una pasión para Él, y por lo tanto debía trabajar porque deseaba alcanzar Su fin. La salvación de los muchos que el Padre le había dado, la reunión de los que estaban dispersos, el hallazgo de las ovejas perdidas, la restauración de los caídos: Él debía alcanzar estos objetivos.

Los propósitos eternos deben cumplirse. Sus propios compromisos de garantía deben ser honrados. Él había amado a los Suyos que estaban en el mundo, y los amaba de tal manera que no podía dejar el mundo hasta que toda Su obra estuviera completamente terminada, y pudiera decir: "Consumado es." Así, esperando con esperanza la recompensa, anticipando la gloria de sacar a los hombres de la esclavitud de sus pecados y conducirlos a la torre de la salvación, anhelaba y jadeaba para trabajar.

El soldado que desea ascender desprecia la paz y anhela la guerra para tener la oportunidad de ascender en el escalafón. El joven que quiere labrarse una posición no se conforma con vegetar en una aldea rural. Quiere trabajar, lo quiere porque sabe que el trabajo es la forma de ascender en el mundo.

Es bastante justo, si un hombre tiene una ambición justa, que busque los medios por los cuales esa ambición pueda ser alcanzada. La ambición de nuestro Salvador era ser coronado con las gemas de las almas que había salvado, ser el gran amigo del hombre, el gran Redentor de la humanidad, y en consecuencia debía trabajar. Debe ser el Salvador de los hombres. No puede ser su Salvador sin trabajar, y por lo tanto, la pasión interior, la necesidad exterior, y el grandioso y absorbente objetivo que lo atrajo hacia adelante, le proporcionaron tres cuerdas que lo ataron, como un sacrificio, a los cuernos del altar. "Debo trabajar".

Ahora, hermanos, sin extendernos en un tema tan tentador, preguntémonos si ustedes y yo sentimos la misma compulsión. Porque si somos como Cristo fue en el mundo, si somos dignos de ser llamados Sus seguidores en absoluto, debemos ser compelidos con Su compulsión, debemos ser pesados con Su carga. ¿Sentimos que DEBEMOS trabajar?

¡Oh, hay tantos profesores que sienten que deben alimentarse! No, deben ser alimentados. Ni siquiera llegan tan lejos en su actividad como para desear alimentarse, sino que deben ser alimentados como con una cuchara, y desean que ciertas preciosas verdades del Evangelio sean desmenuzadas y disueltas en papilla para ellos, y puestas en sus bocas, mientras yacen en cama, casi demasiado ociosos para digerir el alimento después de haberlo recibido.

Hay otros cristianos que sienten como si siempre tuvieran que encontrar defectos en el trabajo de los demás, como si les apasionara criticar y juzgar. Además, hay muchos que deben ser excusados de trabajar. Se escabullen como sea para librarse de cualquier tarea. Consideran que no es poca cosa si pueden escapar de dar a cualquier objeto caritativo o cristiano, o si pueden evitar exponer sus propios preciosos seres a cualquier tipo de pena o trabajo en el servicio del Señor Jesús.

Confío en que no tengamos un espíritu tan cobarde como éste. Si lo somos, entonces dejemos de llevar el nombre del Evangelio. Como dijo alguien: "O eres estoico, o renuncia a que te llamen estoico". Así que, o soy cristiano, o renuncio a que me llamen cristiano. No se trata de ser cristiano, sino de rehuir el trabajo por Cristo. Confío, sin embargo, en que hayamos sentido esta compulsión: "Debo trabajar".

¿Por qué debo trabajar? ¿Para salvarme? ¡Oh, no! Dios no lo quiera. Si soy cristiano, soy salvo, no por mis propias obras, sino por las obras de Cristo. He escuchado el

Evangelio que me dice que hay vida por una mirada al Crucificado. He mirado a Cristo y soy salvo.

Entonces, ¿por qué debo trabajar? Porque soy salvo. Si Él me compró con Su sangre, debo gastarme por Él que me compró. Si me buscó por Su Espíritu, debo entregarme a Aquel que me buscó. Si Él me ha enseñado por Su gracia, debo decir a otros lo que he aprendido de Él. El motivo que constriñe a la actividad cristiana no es tan vil y egoísta como el de obtener con ello el cielo.

Incluso un romanista (un romanista magistral, sin embargo -¡extraña anomalía que una canción tan dulce provenga de una jaula tan sucia de pájaros inmundos!

"Dios mío, Te amo; no porque con ello espere el cielo, Ni aún porque quien no Te ama Debe arder eternamente.

"Tú, oh mi Salvador, me abrazaste en la cruz;

Por mí soportaste los clavos y la lanza, Y múltiples desgracias".

Nuestro amor es causado por Cristo. Su amor hacia nosotros nos hace sentir que debemos trabajar para Él. Cuando éramos niños pequeños, un buen amigo nos hizo muy felices un día, y una segunda y una tercera vez ese mismo amigo hizo que nuestros pequeños corazones saltaran de alegría. Y cuando nos íbamos a la cama decíamos, antes de dormirnos: "Ojalá pudiéramos hacer algo por la señora Fulana de Tal. Ojalá pudiera darle algo a la señora Fulana".

Tal vez no teníamos dinero. Pero a la mañana siguiente sacamos unas flores del jardín, y salimos tan contentos a llevar nuestro pequeño ramo a nuestro amable amigo, y le dijimos: "Por favor, acepta este pequeño regalo, ya que has sido tan amable conmigo".

Sentíamos que no podíamos evitarlo, y sólo temíamos que nuestro pequeño regalo no fuera recibido. Y pensábamos que si hubiéramos podido hacer diez, veinte o cincuenta veces más, nos habría parecido demasiado poco. Pero nuestra felicidad era hacer lo que hicimos y desear hacer más.

El mismo espíritu nos impulsa a desear hacer algo por el Señor Jesús. ¿Aceptará Él algo de mí? ¿Me permitirá que trate de aumentar Su gloria? ¿Me permitirá apacentar Sus corderos, o ser un pastor para Sus ovejas, o cuidar a tres o cuatro niñas en una escuela dominical, o cuidar a un niño como para Él, o dar un tratado, o suscribir de mi sustancia a cualquiera de Sus intereses?

Oh, entonces, ¡qué bueno es que Él me lo permita! ¡Cómo desearía poder hacer más! ¡Oh, que tuviera mil manos para trabajar por Él, mil corazones y mil lenguas, para poder gastarlo todo por Él! Espero que sientan, hermanos, que el amor de Cristo que está en ustedes les hace decir: "Debo trabajar".

Entonces, si vives en este barrio, y la mayoría de nosotros, supongo, vivimos a este lado del agua, ¿puedes ir por los juzgados y las calles, puedes ir a las partes más oscuras del barrio, las que están cerca de aquí y que conoces, sin sentir "tengo que trabajar"?

A veces desearía que algunos de ustedes, algunos de ustedes que se han desenvuelto tolerablemente bien en el mundo, y que viven un poco más lejos en el campo, donde el aire es un poco más puro, desearía que pudieran oler a veces el aire en el que siempre vive la pobreza en esta ciudad nuestra, y creo que entonces sentirían como si tuvieran que trabajar.

Creo que nuestros misioneros de las ciudades deben sentirse a veces maravillosamente entusiasmados por las imágenes que ven y los sonidos que oyen. Deben sentir como si tuvieran que trabajar, porque los hombres están muriendo, el infierno se está llenando, el Evangelio no es llevado a la gente, y la gente no viene al Evangelio, y la multitud sigue su camino como si no hubiera Cristo, ni cielo, y quisiera Dios haber dicho, ningún infierno después de que mueren. Pero allí está su porción, y viven aquí como si se estuvieran preparando para heredarla.

Que lleguemos, pues, a comprender, por la gracia de Dios, la primera parte del texto: "Tengo que trabajar."

II. Ahora, en segundo lugar, notemos que aquí hay UNA ESPECIALIDAD DE OBRA: "Me es necesario hacer las obras del que me envió".

Hay mucha gente que dice: "Debo trabajar", pero hay muy pocos que dicen: "Debo trabajar las obras del que me envió". Oh! el trabajo, el trabajo cerebral y el trabajo mental que se hace en Londres para hacerse rico! Es muy apropiado, por supuesto. Si un hombre quiere progresar en el mundo, debe trabajar. Está muy bien. Yo no le diría a ningún joven: "Sé ocioso". Si quieres prosperar en algo, pon toda tu alma en ello, y trabaja tan duro como puedas.

Muchísimas personas sienten la compulsión de trabajar para salir adelante o de trabajar para mantener a una familia. Muy apropiado, por cierto, pero no necesito exhortarlos a hacerlo, pues me atrevo a decir que, como hombres honestos y morales, sentirán esa compulsión sin ninguna exhortación de mi parte. Algunos trabajan para conseguir fama. Bueno, eso no es tan malo a su manera. Pero no necesito hablar de ello, pues quienes elijan ese camino caerán en él sin mi consejo.

Pero aquí está el punto: "Yo debo hacer las obras del que me envió". Cristo no vino a este mundo para ser Rey entre los reyes, ni para ser famoso entre los famosos, sino para ser Siervo de los siervos, y para cumplir la voluntad de Dios. "He aquí que vengo; en el volumen del libro está escrito de mí: Me complazco en hacer tu voluntad, Dios mío". Vino para hacerla, y habiendo venido, la hizo.

Observen el carácter de la obra que Cristo realizó. No fue una obra de su propia invención. No era una obra que Él se había impuesto por su propia voluntad, sino que era una obra que había sido ordenada de antemano y establecida por Su Padre. "No he venido a hacer mi voluntad, sino la voluntad del que me envió".

Obsérvese también que Cristo no escogió ni seleccionó esta obra. Dice: "Me es necesario hacer las obras", no algunas de ellas, sino todas, ya sean obras penosas u obras de honor, soportar el oprobio por la verdad o dar testimonio de la verdad; obras de sufrimiento para sí mismo u obras de alivio para los que sufrían; obras de silencioso gemido secreto u obras de ministerio en las que se regocijaba en espíritu; obras de oración en la ladera del monte u obras de predicación en la cima del monte.

Cristo se había entregado sin reservas a hacer por Dios todo lo que el Padre le mandara. Todas estas obras eran obras de misericordia, obras de salvación de almas, obras desinteresadas, obras no egoístas ni egoístas. Él salvaba a los demás, a sí mismo no podía salvarse. No eran obras con las que aumentaba su propio tesoro, sino que lo distribuía entre los necesitados. No fueron obras por las que se elevó a sí mismo, sino que condescendió con los hombres de condición humilde. No eran obras por las que se ganaba el honor entre los hombres, sino que daba la espalda a los que le azotaban, y los reproches de los que le vituperaban caían sobre Él. Sus obras fueron obras de pura filantropía hacia los hombres, y de entera consagración a Dios.

Me pregunto si ustedes y yo, como cristianos, alguna vez nos hemos dado cuenta plena y completamente de la compulsión de hacer obras como éstas. "Es necesario que yo haga las obras del que me envió". Oh, hermanos míos, es tan fácil obrar nuestras propias obras, incluso en las cosas espirituales, pero es tan difícil ser llevados a esto: "es necesario que yo haga las obras del que me envió."

Compréndanme, hay diez mil acciones buenas en sí mismas, que no sería correcto que yo eligiera como mi avocación en la vida. Conozco a muchas personas que piensan que su oficio es predicar, pero que sería mucho mejor que se dedicaran a escuchar un poco más. Conocemos a algunos que piensan que es su asunto tomar la dirección de una clase, pero que podrían ser asombrosamente útiles regalando algunos folletos, o tomando asiento ellos mismos en una clase por un rato.

El hecho es que no debemos escoger el camino del servicio cristiano por el que debemos andar, sino que debemos hacer la obra de Aquel que nos envió. Y nuestro objetivo debería ser, ya que hay tanto trabajo por hacer, averiguar qué parte de la obra quiere el Maestro que hagamos. Nuestra oración debe ser: "Muéstrame lo que quieres que haga", que haga en particular, no lo que es generalmente correcto, sino lo que es particularmente correcto que yo haga.

Tal vez mi sirvienta piense que es muy apropiado que me arregle los papeles en mi estudio, pero yo no sentiría más que muy poca gratitud hacia ella. Sin embargo, si me preparara una taza de café por la mañana temprano, cuando tengo que ir a predicar a un pueblo lejano, apreciaría mucho más sus servicios.

Así, algunos amigos piensan: "Cómo me iría si estuviera en tal o cual posición, si me hicieran diácono, si me elevaran a tal puesto". Sigue tu camino, y trabaja como tu Maestro quiere que lo hagas. Lo harás mejor donde Él te ponga que donde te pongas tú mismo. No eres un siervo, en verdad, en absoluto, cuando escoges y eliges tu servicio, pues el espíritu mismo, la esencia misma del servicio, consiste en decir: "No se haga mi voluntad, sino la tuya. Espero órdenes del trono; enséñame lo que quieres que haga".

Sobre este punto, sin embargo, quizá haya menos necesidad de insistir que sobre el otro. Debemos sentirnos impulsados a una u otra forma de esfuerzo espiritual, que sea desinteresado, por el bien de los demás, y yo les pregunto a ustedes, hombres y mujeres cristianos: ¿Sienten todos esto?

Cuántas maravillas hicieron doscientas o trescientas personas después de que nuestro Señor subió al cielo. Fueron suficientes para la evangelización de un mundo. Aquí está nuestra gran ciudad de Londres, con sus tres millones y más de habitantes; no sé cuántas almas cristianas puede haber en ella, pero debe haber muchos miles, y sin embargo, hasta este día, hemos sido insuficientes para la evangelización de esta ciudad.

Porque, en lugar de satisfacer sus demandas, es una simple cuestión de estadística que hace diez años Londres estaba mejor provista de lo que, con todos nuestros esfuerzos, está ahora. ¿Y hay que soportar esto? Si hubiera una necesidad para ello, podríamos inclinarnos con llanto ante la sombría necesidad. Pero como no la hay, como la culpa es nuestra, como sigue siendo nuestra, preguntémonos: ¿Cuál es la causa del mal?

Es esto: que todos los cristianos no han aprendido todavía la verdad de que cada cristiano debe hacer personalmente la obra de Aquel que lo envió. No debemos sustituir a nuestros ministros para que lo hagan, ni pensar que podemos desempeñar el servicio de Dios por poder, sino que cada hombre y cada mujer deben entregarse personalmente al servicio de Cristo, sintiendo, cada uno, que puede leer este texto por sí mismo: "Yo, yo, yo debo hacer las obras de Aquel que me envió. Debo hacerlo si nadie más lo hace. Debo, siento una compulsión. Debo, de una forma u otra, entregarme a esas obras que son peculiarmente las obras de Dios, quien envía a Su pueblo a este mundo perverso con el propósito de que las hagan."

Permítanme decir aquí, a modo de ilustración, para demostrarles que el progreso no es imposible si estuviéramos dispuestos a hacer el esfuerzo, que probablemente no hay movimiento religioso en Inglaterra que sea tan formidable, que haya avanzado tan rápidamente, como ese movimiento del Ritualismo, que a veces llamamos Puseyismo. Está avanzando maravillosamente, y está avanzando en dos sectores, dos sectores que deberían avergonzarnos para siempre, porque son los dos sectores más inaccesibles.

Es decir, encontraréis al Puseyismo desenfrenado apoderándose de las clases altas, entrando en los salones, en los que pensábamos que no se podía entrar, asaltando lo que pensábamos que eran ciudadelas inexpugnables de rango y alta respetabilidad, y encontrando allí a sus víctimas y a sus votantes, y encontrándolos en tal estilo, y haciéndolos caer en sus garras tan total y completamente, que la sustancia de los ricos se entrega mucho más completamente a su falsa fe de lo que nuestra sustancia entre nosotros se entrega a nuestra verdadera fe.

Luego, el mayor avance de este sistema se ha hecho entre los más pobres de los pobres, esas personas que, se dice, no vendrán a oír el Evangelio. Oh, pero eso es mentira, porque ellos vendrán a escuchar el Evangelio si el Evangelio es predicado de manera que ellos puedan entenderlo. Pero es un escándalo para muchas iglesias cristianas que esta pobre gente no acuda a ellas, y, sin embargo, estas mismas personas se ven afectadas por este Puseyismo, ¡ay, y se convierten a él también, y se arrodillan como fervientes adoradores, y son completos creyentes en todo el asunto!

¿Cómo se hace esto? Bien, se lo diré. Es de esta manera: los sacerdotes que creen en esto, creen honestamente en ello. Ellos creen que es la verdad, y la sostienen con un agarre que no se relaja, y no se avergüenzan de sufrir reproche por ello, sino que salen audazmente con sus propios colores, no escondiéndose, y jugando, y arrastrando los pies, como algunos otros han hecho, avergonzados de confesar lo que han hecho, sino que han salido audazmente.

Y permítanme decirles, ¡todo el honor para ellos por el honorable coraje que han demostrado en su deshonroso trabajo! Me gusta dar al diablo su merecido, y si ves coraje incluso en un enemigo, puedes dejar que se llame coraje. Me gusta, debo decir que reverencio, la valentía de aquellos que defienden a Roma en medio de un protestantismo predominante, así como la valentía del protestante que se levanta contra Roma en medio de un romanismo predominante.

Ahora bien, si han hecho todo esto, y lo han hecho en gran medida gracias a la verdadera seriedad de los sacerdotes, ¿no tenemos nosotros el mismo coraje y seriedad entre nuestros ministros? Espero que si los ministros han fallado aquí, cada uno comience a corregirse a sí mismo, y que lleguemos a ser tan serios y valientes en nuestra causa como ellos puedan serlo en la suya.

Pero lo siguiente es esto: convierten a todos sus miembros y a todos sus admiradores en fervientes misioneros. Los encontrarán repartiendo sus pequeños folletos, dejando caer sus libros, diciendo una palabra a esos jóvenes en la tienda, hablando un poco con esa joven en el salón. Los encontrarán por todas partes enviando a sus hermanas de la misericordia.

Un ministro que conozco fue a la casa de uno de sus miembros y le dijo: "Hay una Hermana de la Misericordia que anda por aquí cerca, ¿pasa por esta casa?". "Oh, sí", fue la respuesta, "ciertamente. Va a todas las habitaciones de la casa". "Bien", dijo él, "pero yo no sabía que se atreviera a entrar en todas las habitaciones. ¿De verdad la Hermana de la Misericordia entra en todas las habitaciones de la casa?" "¡Oh! sí, señor, y en todas las habitaciones de la calle". "Bueno, ¿cómo es eso?" "¡Oh! No lo sé, señor, pero ella entra de una manera u otra".

¿Y por qué no vamos a entrar nosotros de una forma u otra? Lo que ellos pueden hacer, ¿por qué no podemos hacerlo nosotros? ¿Harán ellos a su manera lo que nosotros no nos atrevemos ni podemos hacer? ¡Oh! es una buena cosa que los soldados del Papa sean más valientes que los soldados de la cruz. ¿Será así? Dios no lo quiera.

Que el viejo espíritu, y el viejo valor, y el viejo entusiasmo vuelvan a la iglesia cristiana, y aún hay suficiente para salvar a Londres, aún hay suficiente para que hagamos retroceder la marea del papismo. Todavía hay suficiente para vindicar el Evangelio, y para mostrar que todavía es una cosa de poder, poderoso a través de Dios para derribar fortalezas.

Sólo debemos llegar a esto, que nuestro trabajo, nuestra actividad, debe conducirse al cauce especial de hacer la obra de Aquel que nos ha enviado, y hacerla de una vez.

III. En tercer lugar, así como hay una necesidad de trabajo, y una especialidad de esfuerzo, también hay UNA LIMITACIÓN DE TIEMPO, "Es necesario que mientras es de día, yo haga la obra del que me envió".

Esta limitación del tiempo suena muy pesada a mis oídos, viniendo como viene de los labios de Cristo. Jesucristo, el inmortal, el eterno viviente, sin embargo dice: "Yo, yo debo trabajar mientras es de día". Hermanos míos, si alguien pudo posponer el trabajo, fue nuestro Señor eterno. Véanlo. Él está en el cielo, pero todavía está trabajando. Hay mil maneras en las que Él puede servir a Su iglesia.

No creemos en la intercesión de los santos. Ellos no pueden trabajar para nosotros en esa tierra de descanso después de dejar este mundo de trabajo. Pero sí creemos en la intercesión del Maestro de los santos. Él todavía puede orar por nosotros. La Cabeza de la iglesia está siempre activa, y sin embargo Él dijo: "Debo trabajar mientras es de día". Entonces, vean con qué fuerza nos llega a ustedes y a mí, pues no podemos hacer nada más con nuestras manos cuando una vez que el césped ha cubierto nuestra cabeza. Todo lo que se refiere al trabajo ha terminado entonces, así que tómalo como un presagio.

Esa palabra llena de significado que oyes: "mientras es de día". ¿Cuánto tiempo será "de día" para nosotros? Algunos días son muy cortos. Estos días invernales terminan pronto. Mi joven hermana, mi joven hermano, su día puede ser muy breve. Trabajad mientras lo tengáis. ¿Hay alguna señal de consumo? Trabaja, entonces. No hagas de eso una excusa para la ociosidad, sino un argumento para el trabajo. Trabaja mientras sea de día.

O si no hay tal señal, recuerda que aún tu sol puede ocultarse antes de llegar a su mediodía. Oh joven, no esperes hasta que tus poderes estén maduros y tus oportunidades sean grandes, sino di: "Debo trabajar las obras de Aquel que me envió mientras es de día." Tal vez nunca llegues a cumplir los veintiún años. Oh, sé una ganadora de almas antes de ser un hombre. Querida hermana, procura ser una madre en Israel, una matrona para Jesucristo, mientras no eres más que una niña. Busquen ganar almas para Jesús mientras ustedes mismas no son más que corderos en el redil de Jesús. "Mientras es de día".

Algunos de vosotros estáis encaneciendo y vuestro día no puede alargarse mucho más. El anochecer ha llegado y las sombras se alargan. Ahora, no deben hacer de los achaques de la vejez una excusa para estar completamente fuera de combate. El Maestro no pide de ustedes lo que no pueden dar, sino que la fuerza que todavía tienen, dénsela a Él "mientras es de día," sintiendo que deben trabajar las obras de Aquel que los envió.

"Mientras es de día, mientras es de día". Si yo tuviera ojo de profeta, y pudiera escoger a las personas aquí presentes por quienes doblarán las campanas durante el próximo mes, ¡cómo podría convenirles este texto! "¡Mientras es de día!" Querida madre, si sólo tuvieras otros treinta días, un mes más de vida, y lo supieras, ¡cómo orarías por tus hijos durante ese mes! ¡Cómo les hablarías a esos queridos muchachos acerca de sus almas, aunque nunca los hayas tomado aparte ni les hayas hablado todavía!

Queridos maestros de la escuela dominical, si supieran que sólo deben ir a la escuela uno, o dos, o tres, o cuatro domingos más, ¡con cuánta solemnidad comenzarían ahora a hablar con los niños de su clase! Y, sin embargo, recuerden, esta es la manera en que debemos vivir y trabajar siempre. Conocen las palabras de Baxter...

"Predico como si nunca volviera a predicar, y como un moribundo a moribundos".

Hagamos nosotros lo mismo. Entonces, suponiendo que vivas diez, veinte o treinta años más, ¡qué breves son esos años! Y cuando se han ido, ¡parecen como si hubieran sido ayer! Permítanme incluso tocar la campana. Permíteme hacer sonar el texto como una campanada en tu oído: "¡Mientras es de día! ¡Mientras es de día! Mientras es de día!"

Y habiéndoles recordado así su propia mortalidad, permítanme darle al texto otro sonido, mientras les pido que recuerden que el "día" puede pasar pronto, no para ustedes, sino para los objetos de su cuidado. Permítanme recordarles, si se demoran, que aquí hay dos vidas que asegurar: otra vida además de la suya.

"Mientras es de día". No puedes hablar, no tendrás oportunidad de hablar, a algunas personas en Londres mañana, pues morirán esta noche. Es imposible que usted tenga una oportunidad de hablar a dos mil de ellos la próxima semana, porque ellos morirán esta semana. las cuentas de la mortalidad exigirán el hambre insaciable de la Muerte los llamará. Deben partir. Oh, trabaja, entonces, "Mientras es de día" con ellos.

Y para algunos es "día" sólo por muy poco tiempo, aunque vivan mucho. Para algunos hombres, su "día" es sólo la única ocasión en que van a un lugar de culto. La única ocasión en que hay enfermedad en la casa y entra el misionero. La única ocasión en que un cristiano se cruza en su camino y tiene la oportunidad de hablarles de Cristo.

Muchos de nuestros amigos aquí en Londres no tienen un día de misericordia, en cierto sentido. No oyen el Evangelio. No les llega. Un obispo dijo una vez que habría sido bueno para algunas personas de Londres que hubieran nacido en Calcuta, porque si hubieran nacido en Calcuta, la seriedad cristiana podría haberlos descubierto. Pero viviendo como viven, en algunos de los barrios bajos de Londres, nadie se preocupa por sus almas en absoluto. Ah! entonces, puesto que su día puede ser tan breve, y el tuyo también lo es, que cada uno ciña sus lomos esta noche, y diga: "Debo trabajar las obras del que me envió mientras sea de día."

Has pasado esta noche por el puente de Blackfriars; puede que caigas muerto en él al regresar. Has venido de tu casa esta noche, y has dejado en casa a un querido amigo a quien deseas hablar de su alma. Hazlo esta noche, pues puede morir durante la noche.

Creo haber leído en la vida del doctor Chalmers que, en una ocasión, pasó una velada con varios amigos, y que estaba presente un cacique de las Highlands, un personaje muy interesante. Pasaron la velada contando anécdotas de sus vidas y repitiendo extractos de diversas obras entretenidas sobre viajes; pasaron la velada, en nuestra opinión, muy bien, y después de haber disfrutado mucho, se fueron a la cama.

A medianoche, toda la familia se sobresaltó de su sueño, pues el jefe de las Highlands sufría los dolores y agonías de la muerte. Subió a su habitación en buen estado de salud, pero murió durante la noche. La impresión en la mente de Chalmers fue la siguiente: "Si hubiera sabido que iba a morir así, ¿no habría pasado la noche de otra manera? Entonces, ¿no deberían haberla pasado de manera muy diferente hombres que podrían haber muerto?"

Sintió como si la sangre del alma de aquel hombre cayera en cierta medida sobre él; el suceso en sí fue una bendición duradera para él. Que así sea para nosotros al escuchar la historia, y que de ahora en adelante trabajemos con todas nuestras fuerzas "mientras es de día."

IV. Concluimos esta noche con las últimas palabras del texto: "Llega la noche en que nadie puede trabajar". He aquí el RECORDATORIO DE NUESTRA MORTALIDAD.

"Llega la noche". No puedes posponerla. Tan cierto como que la noche llega a su debido tiempo a la tierra, así la muerte llega a ti. No hay artes ni maniobras por las que la noche pueda ser aplazada o evitada, ni por las que la muerte pueda ser pospuesta o aplazada del todo. "La noche viene", por mucho que la temamos o por mucho que la deseemos.

Viene con paso sigiloso, seguramente, y en su tiempo señalado. "Llega la noche". La noche llega para el pastor, que ha trabajado por su rebaño. Para el evangelista, que ha predicado con fervor. Para la maestra de la escuela sabática, que ha amado a sus alumnos. Para el misionero, que ha trabajado por las almas. "Llega la noche".

La noche llega para los que se sientan en los bancos. Para el padre, la madre, la hija, el marido, la mujer. "Llega la noche". Querido oyente, ¿necesitarás que te recuerden que la noche viene para ti? ¿Te lo llevarás a casa, o, amamantando el desventurado engaño del hombre, "pensarás que todos los hombres son mortales menos tú mismo"? La noche llega cuando los ojos se cierran, cuando los miembros se enfrían y se ponen rígidos, cuando el pulso se debilita, y al final deja de latir. "Llega la noche".

Salomón pensó esto para toda la humanidad: "Nadie tiene poder sobre el espíritu para retener el espíritu, ni tiene poder en el día de la muerte; y no hay descarga en esa guerra." Para el obrero cristiano es a veces un pensamiento lúgubre. Tengo planes en acción para la causa de Dios, en algunos de los cuales acabo de entrar, y a veces pienso que me gustaría vivir para verlos en mayor madurez.

Tal vez pueda, pero cada día siento como si no debiera. Constantemente me atormenta: puedo comenzar estas cosas, pero si no hago todo lo que puedo hacer hoy, tal vez nunca tenga un mañana. Y por lo tanto, repito lo que he dicho mil veces en mi propia alma, que haré todo lo que pueda ahora. En cuanto a los años que están por venir, deben cambiar por sí mismos.

No sirve de nada, cuando se inician los planes, mirar hacia adelante para ver lo que pueden llegar a ser en los años venideros, y luego escribir como nuestro trabajo lo que puede surgir de nuestro trabajo. No, debemos hacer inmediatamente y de una vez todo lo que hay que hacer. Dios puede permitirse esperar con Su obra, pero nosotros no podemos permitirnos retrasar la nuestra.

Debemos trabajar ahora, "mientras es de día, porque vendrá la noche cuando nadie podrá trabajar". La llegada de la noche, aunque siempre confortable para el cristiano, cuando recuerda que verá a su Maestro, es sin embargo a veces un pensamiento muy pesado para nosotros que estamos comprometidos en muchas obras por Cristo, y que quisiéramos vivir para ver prosperar algunas de esas obras.

¡Qué lúgubre es la conclusión! "Cuando ningún hombre pueda trabajar". Madre, no puedes inclinarte sobre tus hijos y enseñarles el camino de la vida cuando tú has partido. Si quisieras que fueran enseñados en las cosas de Dios, tu voz al menos nunca les enseñará entonces del amor de Jesús.

Misionero, si ese distrito tuyo queda desatendido, y se pierden almas, tú al menos nunca podrás compensar el daño que has hecho, el mal que has causado. Su memoria y su amor han pasado. Te has ido. El lugar que te conoció ya no te conoce. Entre los hechos de los vivos no puedes participar. Si levantaste, con tu ejemplo, las compuertas del pecado, no puedes volver para bajarlas de nuevo o para detener la corriente.

Si perdiste oportunidades de servir a Jesús aquí, no puedes volver otra vez para recuperarlas. Si uno fuera un guerrero, y hubiera perdido una batalla, podría jadear para que otro día amaneciera para otro conflicto aún para recuperar la campaña. Pero si pierdes la batalla de la vida, nunca la tendrás para volver a luchar. El comerciante puede haber quebrado una vez, pero confía en que, con un trato más cuidadoso, aún puede alcanzar el éxito.

Pero la bancarrota en nuestro servicio espiritual es la bancarrota para siempre, y no tenemos ninguna posibilidad de recuperar nuestra pérdida. Es una noche en la que ningún hombre puede trabajar. Las miríadas ante el trono no pueden hacer ningún servicio aquí. No pueden aliviar la pobreza de Londres. No pueden eliminar su vergüenza y su pecado. Pueden alabar a Dios, pero no pueden ayudar al hombre. Pueden cantar a Aquel que los amó y los lavó, pero no pueden predicar de Él, ni proclamar a aquellos que necesitan ser lavados en la fuente que está llena con Su sangre. Casi sería de desear que pudieran hacerlo, pues seguramente harían la obra mucho mejor de lo que nosotros podemos hacerla.

Pero el Maestro ha decretado otra cosa. No deben luchar más; deben quedarse mirando la batalla. Ya no deben cavar el campo; comerán el fruto, pero no pueden labrar la tierra. El trabajo se deja a los que aún están aquí. No nos lamentemos porque ellos no puedan participar, sino demos gracias a Dios porque nos reserva todo el honor y todo el trabajo.

Pongámonos ahora manos a la obra. Como a los soldados británicos en la batalla, cuando eran pocos, su rey les dijo que esperaba que no hubiera un solo hombre allí que deseara ser más, porque, dijo, "Cuantos menos hombres, mayor será la parte de honor de cada uno", así nosotros apenas deseemos tener ayudantes de los cielos.

Con el poder de Dios sobre nosotros, con la Palabra abierta todavía llena de preciosas promesas, con el propiciatorio todavía rico en bendiciones, con el Espíritu Santo, la irresistible Deidad, todavía morando en nosotros, con el precioso nombre de Jesús, que hace temblar al infierno, todavía para animarnos, salgamos sintiendo que "debemos trabajar mientras es de día; porque viene la noche cuando nadie puede trabajar". Que trabajaremos mientras dure el día, y oyendo las ruedas del carro de la eternidad detrás de nosotros, nos apresuraremos con toda nuestra fuerza y empeño.

Pero todo lo que he estado diciendo se aplica muy poco a algunos de ustedes, porque nunca se han entregado a Dios. Seguís siendo siervos de Satanás y no podéis servir a Dios. Oh, pobres almas, ¿saben por qué queremos que los cristianos sean serios? Pues, es para que ustedes se salven. No tendríamos mucha necesidad de toda esta agitación de cristianos, si no fuera por ustedes.

Estás sin Dios. Están sin Cristo. Algunos de ustedes van camino a la ruina eterna. Y algunos de ustedes, también, que han oído el Evangelio durante muchos años, y saben tanto acerca de él como yo, aunque no saben nada acerca de su poder dentro de sus propias almas. ¿No es extraño que mientras nosotros estamos tan serios acerca de ustedes, ustedes no estén serios acerca de sí mismos?

Si hubiera un niño de mujer en la calle y una docena de mujeres trataran de cogerlo antes de que lo atropellara un taxi, te parecería algo muy singular que la madre permaneciera tranquila y fría, sin emocionarse o, por así decirlo, sin interesarse por ello.

Y, sin embargo, aquí está tu alma, y hay otras tantas personas en esta venerable capilla esta noche que se sienten angustiadas por ti, y desearían poder salvarte, y, sin embargo, tú no te preocupas por tu propia alma. Bien, ahora, si te perdieras para siempre, no sería de extrañar, ¿verdad? No te valoras en nada. Te desechas a ti mismo.

¿Quién será culpado por esto? Oh, queridos oyentes, ¿será esta una de las espinas en su almohada para siempre: "No pensé en mi alma. No le di ningún valor, sino que la deseché descuidadamente"? ¿Será este agudo remordimiento la llama inextinguible que torturará para siempre vuestra conciencia? "No quise pensar en cosas eternas. Me hice el tonto, y bailé mi camino al infierno. Tonteé donde Dios hablaba en serio. Fui descuidado donde los ministros lloraban. Fui frívolo donde Cristo sangraba"...

Oh, les suplico que consideren sus caminos, y recuerden que todo aquel que crea en el Señor Jesucristo será salvo. Cree en Él. Confiad en Él. Ese es el camino de la salvación. Descansen en Él, y que el Señor les conceda que cuando lo hayan hecho, siendo salvos, sientan el impulso de mi texto y digan: "yo también debo unirme al grupo de obreros. Salvado por Cristo, yo también debo decir como Cristo dijo: 'Debo trabajar las obras del que me envió, mientras es de día; porque viene la noche, cuando nadie puede trabajar'."

Sermón #943—La Espuela

PRONUNCIADO EN LA MAÑANA DEL DÍA DEL SEÑOR, 31 DE JULIO DE 1870,
POR C. H. SPURGEON,
EN EL TABERNÁCULO METROPOLITANO, NEWINGTON.

"Es necesario que yo trabaje las obras del que me envió mientras es de día: llega la noche, cuando nadie puede trabajar".

Juan 9:4.

Si este noveno capítulo de Juan pretende ser una continuación de la historia contenida en el octavo, como creemos que es, nos presenta un hecho muy extraordinario. Observaréis en el capítulo octavo que nuestro Señor estaba a punto de ser apedreado por los judíos, por lo que se retiró del círculo de sus enfurecidos enemigos y pasó entre la multitud, no creo que de una manera apresurada, sino de una manera tranquila y digna, como alguien en absoluto desconcertado, sino totalmente dueño de sí mismo. Sus discípulos, que habían visto el peligro, se reunieron a su alrededor mientras Él se retiraba tranquilamente. El grupo avanzó con paso firme hasta llegar al exterior del templo. En la puerta estaba sentado un hombre bien conocido por ser ciego de nacimiento; nuestro Salvador se sintió tan poco intimidado por el peligro que le amenazaba, que se detuvo y fijó los ojos en el pobre mendigo, observándole atentamente. Detuvo su marcha para obrar el milagro de la curación de aquel hombre.

Si es cierto que los dos capítulos constituyen una sola narración, y creo que lo es, aunque no estamos absolutamente seguros, entonces tenemos ante nosotros un ejemplo memorable de la maravillosa calma de nuestro Salvador mientras estaba en peligro.

Cuando los judíos tomaron piedras para apedrearlo, Él no expuso innecesariamente Su vida, sino que después de haberse retirado un muy pequeño espacio del peligro inmediato, fue detenido por la vista de la miseria humana, y se detuvo un momento con toda calma de corazón para hacer una obra de misericordia. ¡Oh, la divina majestad de la benevolencia! ¡Cuán valiente hace al hombre! Cómo lo lleva a olvidarse de sí mismo y a despreciar el peligro, y a calmarse tanto que puede realizar con frialdad la obra que se le ha encomendado. Me parece ver a nuestro Salvador así de considerado para con los demás, y despreocupado de sí mismo.

Permítanme añadir que aquí tenemos una lección no sólo para imitar, sino también para consolarnos. Si Él, mientras huye de Sus enemigos, se detiene para bendecir a los ciegos, ¡cuánto más nos bendecirá a nosotros que buscamos Su rostro ahora que ha sido exaltado a lo alto, y está revestido del poder y la gloria divina a la diestra del Padre! No hay nada que lo apure ahora, no está expuesto a ningún peligro ahora, envía tu oración, exhala tus deseos, y Él responderá: "Conforme a tu fe, así te sea."

Al leer esta curación del ciego, uno se sorprende de nuevo con la diferencia entre los discípulos y el Maestro. Los discípulos veían a este hombre, ciego de nacimiento, como un gran enigma, un fenómeno extraño, y empezaron, como filósofos, a sugerir teorías sobre cómo era coherente con la justicia divina que un hombre naciera ciego. Veían que debía haber una conexión entre el pecado y el sufrimiento, pero no podían trazar la conexión aquí, así que todos especulaban sobre el maravilloso problema que tenían ante sí, y que no sabían cómo resolver. Sugestivamente nos recuerda a los teóricos sobre otra dificultad que nunca ha sido explicada todavía, a saber, el origen del mal. Querían navegar por las profundidades sin límites, y estaban ansiosos de que su Maestro los pilotara, Él tenía otro y mejor trabajo que hacer.

Nuestro Señor les dio una respuesta, pero fue breve y cortante. Él mismo no estaba mirando al ciego desde su punto de vista, no estaba considerando cómo el hombre llegó a ser ciego, sino cómo sus ojos podrían ser abiertos. No estaba meditando tanto sobre las diversas dificultades metafísicas y morales que podrían surgir del caso, sino sobre cuál sería el mejor método para quitarle al hombre su sufrimiento, y librarlo de su penosa situación, una lección para nosotros, que en lugar de preguntar cómo vino el pecado al mundo, deberíamos preguntar cómo podemos sacarlo del mundo, y en lugar de preocupar nuestras mentes sobre cómo esta providencia es consistente con la justicia, y cómo ese evento puede coincidir con la benevolencia, deberíamos ver cómo ambos pueden convertirse en una cuenta práctica.

El Juez de toda la tierra puede cuidar de sí mismo, no está en dificultades tales que necesite nuestro consejo, sólo la presuntuosa incredulidad se atreve a suponer que el Señor está perplejo. Será mucho mejor para nosotros hacer la obra de Aquel que nos envió, que estar juzgando la providencia divina, o a nuestros semejantes. No nos corresponde especular, sino realizar actos de misericordia y amor, según el tenor del Evangelio. Seamos, pues, menos inquisitivos y más prácticos, menos para romper nueces doctrinales y más para llevar el pan de vida a las multitudes hambrientas.

Una vez más, como comentario preliminar, nuestro Señor nos dice cuál es la manera correcta de ver el dolor y el pecado. Era algo espantoso ver a un hombre privado de la luz del sol desde su mismo nacimiento, pero nuestro Salvador tuvo una visión muy alentadora de ello, Su visión de ello no era nada desalentadora, nada que pudiera sugerir queja, era muy alentadora y estimulante. Explicó así la ceguera del hombre: "Ni éste pecó, ni sus padres, sino para que las obras de Dios se manifiesten en él". La calamidad del hombre era la oportunidad de Dios. Su angustia fue una ocasión para mostrar la bondad, la sabiduría y el poder divinos.

Veo el pecado en todas partes: en mí mismo, en los demás, en esta gran ciudad, en las naciones de la tierra, y de manera muy conspicua el pecado y el sufrimiento en esta guerra tres veces maldita, pero ¿qué diré de ello? ¿Sentarme y retorcerme las manos con total desesperación? Si es así, seré incapaz de servir. No, si quiero hacer el bien, como lo hizo Jesús, debo adoptar su visión valientemente esperanzada de las cosas, y así mantener mi corazón entero y mis lomos ceñidos listos para el trabajo. El punto de vista del Maestro es que todo este mal proporciona, a través de la infinita benevolencia de Dios, una plataforma para el despliegue del amor divino.

Recuerdo que en la vida del Dr. Lyman Beecher, él nos habla de una joven convertida que, después de encontrar la paz con Dios, él le oyó decir: "Me alegro de haber sido una pecadora perdida". Extraño asunto para alegrarse, dirán ustedes, pues de todas las cosas es la que más debe deplorarse, pero aquí estaba su razón: "Porque la infinita gracia, y misericordia, y sabiduría, y todos los atributos de Dios, son glorificados en mí como nunca podrían haberlo sido si yo no hubiera sido un pecador y no hubiera estado perdido". ¿No es esa la mejor luz para ver las cosas más tristes? El pecado, de una manera u otra, desesperadamente malo como es, será anulado para mostrar la bondad de Dios. Así como el orfebre pone una lámina alrededor de un brillante resplandeciente, así también el Señor ha permitido que el mal moral y físico venga a este mundo para hacer que Su infinita sabiduría, gracia, poder, y todos Sus otros atributos, sean mejor vistos por todo el universo inteligente. Mirémoslo bajo esta luz, y la próxima vez que veamos sufrimiento diremos: "He aquí nuestra oportunidad de mostrar lo que el amor de Dios puede hacer por estos sufrientes." La próxima vez que seamos testigos del pecado abundante diremos: "He aquí una oportunidad para un gran logro de misericordia."

Supongo que los grandes ingenieros se alegraron mucho de que el Niágara pudiera cruzarse, se alegraron mucho de que el Mont Cenis pudiera perforarse, se alegraron mucho de que el istmo de Suez pudiera atravesarse con un canal, se alegraron de que hubiera dificultades para que hubiera lugar para la habilidad de la ingeniería. Si no hubiera pecado, no habría Salvador; si no hubiera muerte, no habría resurrección; si no hubiera caída, no habría nuevo pacto; si no hubiera raza rebelde, no habría encarnación, ni calvario, ni ascensión, ni segundo advenimiento. Es una manera grandiosa de ver el mal, y maravillosamente estimulante. Aunque no sabemos, y tal vez nunca sepamos, la razón más profunda por la que un Dios infinitamente misericordioso permitió que el pecado y el sufrimiento entraran en el universo, podemos al menos alentar este pensamiento práctico: Dios será glorificado en la superación del mal y sus consecuencias, y por lo tanto, ciñamos nuestros lomos en el nombre de Dios para nuestra parte del conflicto.

Esto a modo de prefacio. Ahora los invitaré, esta mañana, y que Dios los asista mientras los invito, a considerar, en primer lugar, al Maestro Trabajador, y, en segundo lugar, a nosotros mismos como trabajadores bajo Él.

I. El texto es un retrato del GRAN MAESTRO OBRERO. Lo leeremos de nuevo: "Me es necesario hacer las obras del que me envió, mientras es de día; viene la noche, cuando nadie puede trabajar."

Yo, Jesús, el Hijo del Hombre, durante dos o tres años trabajando aquí en la tierra en el ministerio público, yo, yo debo trabajar. Hay un sentido en el que todo el trabajo del Evangelio es de Cristo. Como sacrificio expiatorio, Él pisa el lagar solo; como la gran Cabeza de la iglesia, todo lo que se hace debe atribuírsele a Él; pero en el sentido en que Él usó estas palabras, hablando de Su naturaleza humana, hablando de Sí mismo como tabernáculo entre los hijos de los hombres, había una porción de la obra de aliviar la aflicción de este mundo, y esparcir la verdad del Evangelio entre los hombres, que Él debía hacer, y nadie más podía hacer. "Debo trabajar". "Debo predicar, orar y sanar, yo, el Cristo de Dios".

En la salvación, Jesús está solo, en el dar vida no tiene colaboradores humanos, pero en el dar luz, al que se refiere en el versículo quinto: "Mientras esté en el mundo, yo soy la luz del mundo", en el dar luz tiene muchos compañeros. Aunque ungido con el óleo de la alegría por encima de Sus compañeros a este respecto, es cierto que todos Sus santos son la luz del mundo, así como Jesucristo, mientras estuvo en el mundo, fue la luz del mundo. Había algunos que debían ser curados por Él, que no podían ser curados por Pedro, Santiago o Juan; algunos que debían recibir las buenas nuevas, que no podían recibirlas de otro labio que no fuera el suyo. Nuestro Señor, cuando se convirtió en el siervo de los siervos, tomó Su parte en las labores comunes de la hermandad elegida. ¡Cómo debe alentarnos esto!

Al general le basta con estar en el lugar de observación y dirigir la batalla; no solemos esperar que el comandante participe personalmente en la obra del conflicto, pero con

Jesús no es así, Él luchó en las filas como un soldado común. Aunque como Dios-Hombre, Mediador, rige y gobierna toda la economía de la gracia, como partícipe de nuestra carne y sangre soportó una vez la carga y el calor del día. Como gran Arquitecto y Maestro Constructor lo supervisa todo, pero hay una parte de su templo espiritual que condescendió a construir con sus propias manos. Jesucristo ha visto el servicio real, y realmente resistió hasta la sangre, en medio del polvo y la agitación de la lucha. Se dice que esto hizo que los soldados de Alejandro fueran valientes, porque si estaban cansados por las largas marchas, Alejandro no cabalgaba, sino que marchaba junto a ellos, y si había que cruzar un río en medio de la oposición, el que iba en cabeza en medio de todo el riesgo era el propio Alejandro.

Que esto sea nuestro estímulo: Jesucristo ha tomado una parte personal en la evangelización del mundo, ha tomado no sólo Su propia parte como Cabeza, y Profeta, y Sumo Sacerdote, y Apóstol, en la que Él está solo, sino que ha tomado Su parte entre los constructores comunes en la erección de la Nueva Jerusalén. "Yo debo hacer la obra del que me envió".

Observen, a continuación, que nuestro Señor puso gran énfasis en la obra de gracia que le fue encomendada. "Es necesario que yo haga la obra del que me envió; todo lo demás que no se haya hecho, debo hacerlo. La obra que Dios me ha asignado, debo hacerla fielmente como Su siervo. Los judíos pueden estar pisándome los talones, sus piedras pueden estar listas para caer sobre Mí, pero Yo debo cumplir la obra de Mi vida, debo abrir los ojos ciegos, y esparcir la luz a Mi alrededor. Puedo olvidarme de comer pan, puedo olvidarme de encontrar para Mí un refugio contra los rocíos que caen tan pesadamente por la noche, pero esta obra debo hacerla." Más allá de todas las cosas, el Redentor sentía un apremio sobre Él para hacer la Voluntad de Su Padre. "¿No sabéis que debo ocuparme de los asuntos de mi Padre?". "El celo de tu casa me ha consumido". Todo en la vida cedió en el caso del Salvador a Su pasión maestra.

Hubo algunas obras que nuestro Salvador no quiso hacer. Cuando uno le pidió que hablara con su hermano para dividir la herencia, aunque eso podría haber sido algo útil, Cristo no se sintió llamado a ello, y dijo: "¿Quién me ha puesto por juez y partidor sobre vosotros?" Pero cuando se trataba de la obra de dar luz, eso era lo que Él debía hacer. Esta fue la especialidad de Su vida, a ella dedicó todas Sus fuerzas. Era como una flecha lanzada desde un arco, que no se dirigía velozmente hacia dos blancos, sino que con fuerza indivisa se apresuraba hacia un solo fin. La unidad de Su propósito no se rompió ni por un momento, ningún segundo objetivo eclipsó al primero. Ciertas obras de gracia, obras de benevolencia, obras de iluminación, obras de curación, obras de salvación, Él debe hacerlas, Él debe hacerlas, Él debe realizar su parte de ellas.

Describe acertadamente esta obra como la "obra de Dios". Observen eso. Si alguna vez vivió un hombre que, como hombre, podría haberse atribuido una parte del honor de la obra, ese fue el Señor Jesús, y sin embargo, una y otra vez dice: "El Padre que mora en mí, él hace las obras". Como hombre es particularmente cuidadoso de darnos el ejemplo de reconocer constantemente que si alguna obra es hecha por nosotros, es la obra de Dios a través de nosotros, y así, aunque dice: "Yo debo trabajar", observen las siguientes palabras: "las obras del que me envió". Siguen siendo las obras de mi Padre cuando más son las mías. Aunque yo deba obrarlas, aún así le serán atribuidas a Él, y Él obtendrá honor de ellas.

Hermanos míos, si no digo mucho acerca de esto con respecto a Cristo, es porque parece mucho más fácil aplicar esto a nosotros que a Él, y si se aplica tan fácilmente, que sea recordado humilde y prácticamente por nosotros hoy. Hermano mío, si has de ganar un alma por tu trabajo, es el trabajo de Dios; si has de instruir al ignorante, tú lo haces, pero es Dios quien lo hace por ti si se hace correctamente. Aprende a reconocer la mano de Dios, pero no retires la tuya. Aprende a extender tu propia mano, y sin embargo a sentir que es impotente a menos que Dios desnude su brazo. Combina en tus pensamientos la necesidad del Dios que todo lo obra y el deber de tu propio esfuerzo. No hagas de la obra de Dios una excusa para tu ociosidad, ni permitas que tu ferviente actividad te tiente jamás a olvidar que el poder le pertenece a Él.

El Salvador es un modelo para nosotros al poner esto en la forma correcta. Es obra de Dios abrir el ojo ciego, si el ojo ha sido sellado en las tinieblas desde su nacimiento ningún hombre puede abrirlo, Dios debe hacerlo, pero aun así debe usarse el barro y la saliva, y debe recurrirse al estanque de Siloé, o la luz nunca entrará en el ojo sin vista.

Así, en la gracia, es a Dios a quien corresponde iluminar el entendimiento por medio de su Espíritu, es a Él a quien corresponde mover los afectos, a Él a quien corresponde influir en la voluntad, a Él a quien corresponde convertir la naturaleza entera, a Él a quien corresponde santificar y a Él a quien corresponde salvar; sin embargo, tú, oh creyente, eres quien debe obrar el milagro, la verdad que difundirás iluminará el intelecto, los argumentos que usarás influirán en los afectos, las razones que darás moverán la voluntad, el precioso Evangelio que enseñarás purificará el corazón, pero es Dios quien lo hace, Dios habitando en el Evangelio. Observa esto, porque sólo cuando veas estas dos verdades, harás bien tu trabajo. Debo trabajar personalmente, y esta santa obra debe ser mi asunto especial, pero debo hacerlo en un espíritu recto, sintiendo humildemente todo el tiempo que es la obra de Dios en mí y a través de mí.

Nuestro Señor, en este retrato de sí mismo, como el Maestro-trabajador, se ve claramente como dueño de su verdadera posición. Dice: "Es necesario que yo haga la obra del que me envió". No había salido del Padre por cuenta propia. No estaba aquí como principal, sino como subordinado, como embajador enviado por su Rey. Su propio testimonio fue: "No puedo hacer nada por mí mismo; según oigo, así juzgo; y mi juicio es justo, porque no busco mi voluntad, sino la voluntad del Padre que me envió". A menudo recordaba a Sus oyentes en Su predicación que hablaba en nombre de Su Padre, y no en Su propio nombre, como por ejemplo, cuando dijo: "Las palabras que yo os hablo, no las hablo de mí mismo". Tomó la forma de siervo. "El Espíritu del Señor está sobre mí, porque me ha ungido".

Dios le dio una comisión, y le dio la gracia para llevar a cabo esa comisión, y Él no se avergonzó de confesar Su condición de servicio al Padre. Aunque en Su naturaleza divina es Dios sobre todas las cosas, bendito por los siglos, cuyas alabanzas diez mil veces diez mil arpistas se regocijan al sonar sobre ese mar cristalino, sin embargo, como Mediador se rebajó a ser enviado, un agente comisionado por Dios, un siervo para cumplir las órdenes de Jehová. Porque era tal, le correspondía, como siervo, ser fiel a Aquel que le envió, y Jesús sintió esto como parte de la coacción divina, que le impulsó a decir: "Tengo que trabajar," "Soy un enviado, tengo que dar cuenta al que me envió."

Oh hermanos y hermanas, ojalá todos sintiéramos esto, porque así como el Padre envió a Cristo, también Cristo nos ha enviado a nosotros, y estamos actuando bajo la autoridad divina como representantes divinos, y debemos, si queremos rendir cuentas con alegría, ser fieles a la comunión con la que Dios nos ha honrado al confiarnos el Evangelio de Cristo. Ningún hombre servirá a Dios correctamente si piensa que se encuentra en una posición independiente. Reconocer tu verdadera posición es lo que te ayudará a seguir adelante con incesante diligencia en la causa de tu Dios.

Pero, deteniéndome muy brevemente en cada uno de estos puntos, debo recordarles que nuestro Señor no se consideraba a sí mismo meramente como un funcionario, sino que ponía un sincero fervor en la obra que emprendía. Veo un celo indomable brillando como una llama apagada en el centro mismo del carbón vivo del texto. "Es necesario que yo haga la obra del que me envió". No "quiero", "tengo la intención", "debo", sino "debo". Aunque enviado, la comisión era tan congenial a Su naturaleza que trabajó con toda la presteza de un voluntario. Fue comisionado, pero Su propia voluntad fue Su principal compulsión. No por obligación, sino voluntariamente, el Señor Jesús se convirtió en Salvador. No podía evitarlo; era una necesidad sagrada de su propia naturaleza hacer el bien. ¿No era Dios, y no es Dios la fuente de la benevolencia? ¿No envía la Deidad, perpetuamente como el sol, rayos para alegrar a sus criaturas? Jesucristo, el Dios encarnado, por instinto irresistible debe ser encontrado haciendo el bien.

Además, Él era tan tierno, tan compasivo, que necesariamente debía estar bendiciendo a los que se afligían. Sintió compasión por aquel ciego. Si el ciego lamentaba su oscuridad, no más que el Salvador la lamentaba por el pobre sufriente. Los ojos que Cristo clavó en aquel hombre rebosaban lágrimas de compasión. Sentía las miserias de la humanidad. No tenía un corazón frágil, sino tierno y lleno de compasión hacia todos los hijos de los hombres que sufrían. Nuestro Salvador, por lo tanto, estaba autoimpelido a sus labores de gracia. Su amor le obligaba, debía hacer la obra para la que había sido enviado.

Es bueno que los negocios y las inclinaciones de un hombre vayan de la mano. Si pones a tu hijo de aprendiz en un oficio que no es congenial a sus gustos, nunca hará mucho con él; pero cuando su deber y sus propios deseos corren por el mismo canal, entonces ciertamente es probable que prospere. Así sucede con Jesús, enviado de Dios, pero no un embajador renuente, que viene tan alegre y gozoso como si no hubiera habido ninguna restricción, sino Su propio deseo voluntario, y clama con gracioso entusiasmo: "Debo, debo."

Ningún hombre hace una obra realmente buena y grande hasta que siente que debe hacerlo. Nadie predica bien sino el que debe predicar. El hombre enviado por Dios debe someterse a una presión irresistible, incluso como el apóstol de antaño, que dijo: "Aunque predique el Evangelio, no tengo de qué gloriarme; porque la necesidad me apremia, sí, ay de mí si no predicara el Evangelio." O como el elocuente Elifaz en el libro de Job, que hablaba el último pero el mejor, y sólo hablaba porque se sentía como un vaso falto de desahogo. Nuestro Salvador llegó a ser un obrero tan grandioso porque dentro de Su Espíritu el deseo se encendió, ardió y flameó, hasta que Su naturaleza estuvo toda encendida; era como un volcán en plena acción que debe derramar su ardiente diluvio, aunque en Su caso la lava no era la que destruye, sino la que bendice y enriquece.

Una vez más, otro punto en el Salvador como trabajador, Él vio claramente que había un tiempo adecuado para trabajar, y que este tiempo tendría su fin. En cierto sentido, Cristo siempre trabaja. Por amor de Sión no descansa, y por amor de Jerusalén no calla en sus intercesiones ante el trono eterno. Pero, hermanos míos, como hombre, predicando, sanando y aliviando a los enfermos en la tierra, Jesús tuvo su día, como cualquier otro hombre, y ese día terminó a la hora establecida. Él usó un proverbio oriental común, que dice que los hombres sólo pueden trabajar de día, y cuando el día se acaba es demasiado tarde para trabajar, y Él quiso decir que Él mismo tenía una vida terrenal en la cual trabajar, y cuando se acabara ya no realizaría la clase de trabajo que estaba haciendo entonces. Llamó a Su vida un día, para mostrarnos que estaba impresionado por la brevedad de la misma.

Con demasiada frecuencia consideramos la vida como una cuestión de años, e incluso pensamos en los años como si tuvieran una duración extrema, aunque cada año parece girar más rápidamente que antes, y los hombres que están encaneciendo te dirán que la vida les parece que viaja a un ritmo mucho más rápido que en sus días de juventud. Para un niño, un año parece un período prolongado; para un hombre, incluso diez años no son más que un corto espacio de tiempo; para Dios Eterno, mil años no son más que un día. Nuestro Señor nos da aquí un ejemplo de cómo estimar nuestro tiempo en un alto grado, a causa de su brevedad. No es más que un día el que tenéis como máximo. Ese día, ¡qué corto!

Joven, ¿es tu mañana? ¿Acabas de convertirte? ¿Tiembla aún sobre la verde hoja el rocío de la penitencia? ¿Acabas de ver el primer resplandor que brota de los párpados de la mañana? ¿Has oído el alegre canto de los pájaros? ¡Levántate, hombre, y sirve a tu Dios con el amor de tus desposorios! Sírvele con todo tu corazón. ¿O hace ya tanto tiempo que conoces a tu Señor, que es mediodía para ti, y la carga y el calor del día están sobre ti? Pon toda tu diligencia, apresúrate, pues tu sol pronto declinará. ¿Y hace mucho que eres cristiano? Entonces las sombras se alargan, y tu sol casi se pone. Rápido contigo, hombre, usa tus dos manos. Esfuérzate en cada nervio, pon cada tendón a prueba. Haz todo lo que tu ingenio pueda concebir, o lo que tu celo pueda sugerirte, en todo momento y en todo lugar, porque llega la noche en que nadie puede trabajar.

Me encanta pensar en el Maestro con estos judíos furiosos detrás de Él, pero deteniéndose porque debía hacer la obra de sanar, porque Su día aún no había terminado. Él siente que no puede morir hasta que Su día termine, que Su tiempo no ha llegado todavía, y si así fuera, cerraría Su vida haciendo un acto más de misericordia, y así se detiene para bendecir a los desdichados, y después sigue Su camino. Sé rápido para hacer el bien en todo momento. "Estad firmes, inconmovibles, abundando siempre en la obra del Señor". Sabiendo que el tiempo es corto, redime el tiempo, porque los días son malos, aprieta mucho en poco por la diligencia continua. Glorifica grandemente a tu Dios mientras arde la corta vela de tu vida y Dios te acepte como aceptó a Su Hijo.

Tanto sobre Cristo, el Maestro Obrero.

II. Ahora necesitaré su seriedad mientras trato de hablar de NOSOTROS MISMOS COMO TRABAJADORES BAJO ÉL.

En este punto debo volver sobre lo mismo, pues primero debo recordarles que sobre nosotros recae una obligación personal. Singular, distinta, obligación personal. "Debo trabajar". "I." "Debo obrar las obras del que me envió". Hoy en día corremos el peligro de perdernos en sociedades y asociaciones. Necesitamos trabajar para mantener la personalidad de nuestra consagración a Cristo Jesús. Las historias antiguas son muy ricas en registros de hechos de audacia personal, no podemos esperar que la guerra moderna exhiba mucho de lo mismo, porque la lucha se hace tanto por masas y tanto por maquinaria, incluso así, hoy en día, me temo que nuestro modo de hacer el trabajo cristiano está llegando a ser tan mecánico, tanto en masa, que apenas hay espacio en casos ordinarios para hechos personales de audacia y actos singulares de valor.

Sin embargo, fíjense, el éxito de la iglesia radicará en esto último, radicará en el sentimiento de cada hombre: "tengo algo que hacer por Cristo, que un ángel no podría hacer por mí, que la fuerza de una iglesia debe radicar en Dios. Dios me ha encomendado cierta obra que, si no es hecha por mí, nunca será hecha. Un cierto número de almas entrará en el cielo por mi intermedio; nunca entrarán allí de ninguna otra manera. Dios ha dado a Su Hijo poder sobre toda carne para dar vida eterna a cuantos Él le ha dado, y Cristo me ha dado poder sobre alguna parte de la carne, y por mi instrumentalidad obtendrán la vida eterna, y por ninguna otra agencia. Tengo una obra que hacer, y debo hacerla".

Queridos hermanos y hermanas, nuestra iglesia estará grandemente equipada para el servicio cuando todos ustedes tengan esta impresión, cuando no se eche el trabajo sobre el ministro, ni sobre los hermanos más dotados, ni se deje todo a cargo de hermanas distinguidas, sino cuando cada uno sienta: "Tengo mi trabajo, y a mi trabajo dedicaré todas mis fuerzas, para hacerlo en nombre de mi Maestro".

Ahora observen, en segundo lugar, que la obligación personal en el texto nos obliga precisamente a una obra como la que hizo Cristo. Ya les expliqué lo que era. No somos llamados meritoriamente a salvar almas, pues Él es el único Salvador, sino que somos llamados a iluminar a los hijos de los hombres. Es decir, el pecado no es conocido como pecado por muchos. Nuestra enseñanza y nuestro ejemplo deben hacer que el pecado les parezca pecado. El camino de la salvación por el sacrificio sustitutorio de Cristo es bastante desconocido para una gran parte de la humanidad, es nuestra tarea simple e incesantemente contar esa historia que salva almas. Este trabajo debe hacerse sea lo que sea que dejemos sin hacer. Algunos hombres emplean su tiempo en ganar dinero, que es el principal objetivo de sus vidas; probablemente estarían tan útilmente empleados si dedicaran toda su vida a coleccionar alfileres o huesos de cereza.

Ya sea que un hombre viva para acumular monedas de oro o clavos de bronce, su vida será igualmente rastrera y terminará en la misma desilusión. Ganar dinero, hacerse famoso y obtener poder son meros juegos, meros deportes y juegos de niños; la obra de Aquel que nos envió es algo mucho más noble. Es una ganancia permanente si gano un alma, es un tesoro duradero si gano la aprobación del Señor, soy eternamente más rico si le doy a un hombre un mejor pensamiento de Dios, si traigo a un alma oscurecida la luz del cielo, o conduzco un corazón errado a la paz. Si un espíritu que se precipita hacia el infierno es dirigido por mis medios a un cielo dichoso, he hecho una obra que vale la pena. Y tal obra, hermanos, debemos hacer, sea lo que sea lo que dejemos sin hacer.

Hagamos que todo lo demás en este mundo esté subordinado a esto, que es el trabajo de nuestra vida. Tenemos nuestros llamamientos, debemos tenerlos, el hombre que no quiera trabajar que no coma, pero nuestro llamamiento terrenal no es la obra de nuestra vida. Tenemos un alto llamamiento de Dios en Cristo Jesús, y esto debe tener la preeminencia, pobre o rico, sano o enfermo, honrado o deshonrado, debemos glorificar a Dios. Esta es la necesidad, todo lo demás puede ser, esto debe ser. Resolvemos, resolvemos severamente, y determinamos desesperadamente que no desperdiciaremos nuestras vidas en objetos insignificantes, sino que por nosotros la obra de Dios debe y será hecha, cada hombre hará su parte, Dios ayudándole. Que el siempre bendito Espíritu Santo nos dé el poder y la gracia de convertir nuestras resoluciones en actos.

No olvidemos la verdad que les declaré antes, a saber, que es la obra de Dios la que estamos llamados a hacer. Volvamos al texto. "Es necesario que yo haga la obra del que me envió". No puedo descubrir mayor motivo de seriedad en todo el mundo que este: que la obra que tengo que hacer es la obra de Dios.

Ahí está Sansón; la fuerza que reside en Sansón no es suya, es la fuerza de Dios. ¿Es esa, pues, una causa para que Sansón se quede quieto y ocioso? No, sino que es el poderoso sonido de una trompeta que despierta la sangre del héroe para luchar por el pueblo de Dios. Si la fuerza de Sansón no es la mera fuerza de los tendones y los músculos, sino la fuerza que le da el Todopoderoso, ¡levántate tú, Sansón, y hiere a los filisteos! ¡Mata de nuevo a sus miles! ¿Qué? ¿Te atreves a dormir con el Espíritu de Dios sobre ti? ¡Arriba, hombre! Dormir si no fueras más que un israelita común sería traición a tu país, pero cuando Dios está en ti y contigo, ¿cómo puedes estar ocioso? No, despliega tus fuerzas y derrota a tus enemigos.

Cuando Pablo estaba en Corinto, y Dios hacía milagros especiales por sus manos, de modo que los pañuelos que se tomaban de su cuerpo curaban a los enfermos, ¿era esa una razón para que Pablo se retirara a algún retiro tranquilo y no hiciera nada? En mi opinión, no hay argumento más poderoso para que Pablo vaya de casa en casa, imponga las manos y cure a los enfermos. Tú también tienes el poder de hacer milagros, hermano mío. La proclamación del Evangelio, acompañada por el Espíritu de Dios, obra milagros morales y espirituales. Porque tú puedes obrar estos milagros, ¿deberías decir: "Dios hará su propia obra"? No, hombre, sino que a diestra y siniestra, en todo tiempo y en todo lugar, ve y cuenta la historia que salva almas, y que Dios te ayude. Porque Dios trabaja por ti, por lo tanto trabaja tú.

Un buque pequeño, inactivo en el muelle, sin carga, es una pérdida para su propietario, pero un gran buque de vapor, de muchos cientos de caballos de fuerza, no puede permanecer desempleado. Cuanto mayor es el poder de que disponemos, tanto más urgentemente estamos obligados a utilizarlo. El poder interno de Dios se manifiesta en respuesta a la fe y a la oración, ¿no debemos esforzarnos por obtenerlo? El hecho de que la obra de la Iglesia sea obra de Dios y no de ella, no es motivo para que se entregue a la pereza. Si sólo tuviera su propia fuerza, podría desperdiciarla con menos crímenes, pero teniendo la fuerza de Dios a su alrededor, no se atreve a holgazanear. El mensaje de Dios para ella esta mañana es: "Despierta, despierta; vístete de tu fuerza, oh Sión; vístete de tus hermosas vestiduras, oh Jerusalén, ciudad santa". Quiera Dios que este mensaje llegue a todos los corazones, para que todos nos levantemos. Porque Dios está en medio de nosotros.

Hermanos, observen en el texto nuestra obligación resultante de nuestra posición. Todos somos enviados como lo fue Jesús, si somos creyentes en Cristo. Sintamos que nuestra obligación nos apremia. ¿Qué pensaríais de un ángel que fuera enviado desde el trono de Dios para llevar un mensaje, y que se quedara en el camino o se negara a ir? Era medianoche, y el mensaje llegó a Gabriel y a sus compañeros cantores: "Id a cantar por las llanuras de Belén, donde los pastores guardan sus rebaños. He aquí vuestro soneto: Gloria a Dios en las alturas, en la tierra paz, buena voluntad para con los hombres". ¿Podrías concebir que se detuvieran, que quisieran declinar la tarea?

Imposible con semejante música y con semejante encargo de tal Señor. Siguieron alegremente su camino. Tu misión no es menos honorable que la de los ángeles. Sois enviados a hablar de cosas buenas, que traen paz y buena voluntad a los hombres, y gloria a Dios. ¿Vas a holgazanear? ¿Podéis permanecer mudos por más tiempo? No, ya que el Señor Jesús os envía, salid, os lo ruego, salid en seguida, y contad con alegría la historia de su amor.

Puedo concebir a un ángel casi tentado de detenerse, si es enviado a ejecutar venganza y a inundar los campos con sangre por la iniquidad de las naciones. No me atrevo a pensar que vacilaría ni siquiera en ese caso, porque estos santos espíritus cumplen las órdenes del Señor muy incuestionablemente, pero si la misión es de misericordia, el espíritu amoroso de un ángel saltaría de alegría, y se animaría por la dulzura de la misión, así como por la comisión de su Señor. También nosotros, enviados de Dios, si somos enviados a un servicio difícil, estamos obligados a partir; pero si somos enviados a un servicio tan dulce como el anuncio del Evangelio, ¿cómo podemos demorarnos? ¿Qué, decirle al pobre criminal encerrado en el calabozo de la desesperación que hay libertad, decirle al condenado que hay perdón, decirle al moribundo que hay vida en una mirada al Crucificado? ¿Llamas a esto trabajo? ¿No debería ser el rasgo más dulce de tu vida que tengas que hacer una obra tan bendita como ésta?

Si esta noche, al terminar el día, cuando estás solo en tu aposento, contemplaras de repente una visión de ángeles que te hablaran con acentos celestiales y te designaran para el santo servicio en la iglesia, seguramente te sentirías impresionado por tal visita. Pero Jesucristo mismo ha venido a ti, te ha comprado con Su sangre y te ha apartado por Su redención. Tú has confesado Su venida a ti, pues has sido bautizado en Su muerte, y te has declarado Suyo, y ¿estás menos impresionado por la venida de Cristo de lo que habrías estado por la visita de un ángel? Levántate, hermano mío, la mano del Crucificado te ha tocado, y Él ha dicho: "Ve con esta tu fuerza".

Los ojos que lloraron sobre Jerusalén han mirado a tus ojos, y han dicho con toda su antigua ternura: "Siervo mío, ve y arrebata a los pecadores moribundos como tizones de la hoguera, publicando Mi Evangelio." ¿Serás desobediente a la visión celestial, y despreciarás a Aquel que te habla desde Su cruz en la tierra y desde Su trono en el cielo? Lavado con sangre como estás, comprado con sangre como estás, entrégate más plenamente que nunca al delicioso servicio que te asigna tu Redentor. Ármate de valor y di: "Yo, yo mismo, debo hacer la obra de Aquel que me envió, mientras es de día".

Ustedes poco saben el bien que pueden hacer, hermanos míos, si siempre sienten la carga del Señor como deben sentirla. Me hizo pensar en ese hecho una carta que tengo aquí, que hizo bien a mi corazón cuando la leí. Me atrevo a decir que el querido amigo que la escribió está presente; no le importará que lea un extracto. Había caído en un pecado muy grande, y aunque asistía a menudo a este Tabernáculo, y su corazón era frecuentemente conmovido, su conversión no se produjo sino hasta que un día viajó en tren a cierta ciudad. Dice: "Entré en un compartimento en el que había tres estudiantes del Tabernacle College. Aunque al principio no los conocía, yo mismo introduje el tema de la temperancia. Descubrí que dos de ellos eran abstemios totales, y uno no lo era. Tuvimos una agradable charla amistosa, y uno de los abstemios me preguntó si disfrutaba del perdón de mis pecados y de la paz con Dios. Le dije que asistía regularmente al Tabernáculo, pero que no podía renunciar a todos mis pecados. Entonces me contó que, en su caso, había encontrado muy conveniente estar mucho en oración y comunión con Dios, y que así se había guardado de muchos pecados que le asediaban. Terminé mis negocios en la ciudad y regresaba a casa.

Estaba bastante aburrido, ya que no llevaba dinero para pagar el viaje a casa y, en consecuencia, tuve que caminar todo el trayecto. Oí unos cantos en una pequeña capilla, entré y me invitaron a tomar asiento; era la capilla baptista H____. Resultó que los tres estudiantes con los que había venido en el tren unas horas antes estaban allí, y fue motivo de profunda preocupación para muchos, ya que uno de los estudiantes, que era su pastor, se despedía de su rebaño aquella tarde, y muchos lloraban, él también. Le pedí a uno de los estudiantes que rezara por mí, y él lo hizo, y yo traté de elevar todo mi corazón a Dios, y, por así decirlo, dejar todos mis pecados fuera, pero me parecían un peso agobiante. Por fin creí en Jesús, y ejercí una fe sencilla como nunca antes había conocido. Quedé muy contrito y humillado, encontré al Señor allí, Él es dulce a mi alma, Dios me ha perdonado por Cristo todos mis pecados. Ahora soy feliz. Rezaré siempre por los estudiantes de la Escuela de Pastores, y espero que nunca les negaré mi granito de arena para su sostenimiento. Alabado sea Dios por los estudiantes".

Ved así que una palabra casual sobre Cristo y el alma tendrá su recompensa. Oí una vez de un clérigo que solía ir de caza, y cuando fue reprendido por su obispo, respondió que nunca iba de caza cuando estaba de servicio. Pero le preguntaron: "¿Cuándo está un clérigo fuera de servicio?". Y lo mismo ocurre con el cristiano, ¿cuándo está fuera de servicio? Debería estar siempre en los asuntos de su Padre, listo para cualquier cosa que pueda glorificar a Dios. Siente que no es enviado sólo los domingos, sino que es enviado siempre, no llamado de vez en cuando a hacer el bien, sino enviado durante toda su vida a trabajar por Cristo.

Pero debo terminar. Me parece que las mayores obligaciones recaen sobre cada uno de nosotros para servir a Cristo, debido al caso desesperado de nuestros vecinos impíos. Muchos de ellos están muriendo sin Cristo, y sabemos cuál debe ser su fin, un fin que no tiene fin, una miseria que no tiene límites. ¡Oh, el infortunio que el pecado causa en la tierra! Pero ¡qué es eso comparado con la interminable miseria del mundo venidero!

Nuestro tiempo para servir al Señor en la tierra es muy corto. Si queremos glorificar a Dios como moradores de la tierra, debemos hacerlo ahora. Pronto seremos enviados a la tumba, o aquellos a quienes quisiéramos bendecir irán allí antes que nosotros. Esforcémonos entonces. Ayer sentí mucho peso en mi mente, por la consideración de que nosotros, como nación, estamos disfrutando de la paz, una bendición indecible, cuyo valor ninguno de nosotros puede estimar correctamente. Ahora bien, si no hacemos, como iglesia cristiana, los más serios esfuerzos por difundir el Evangelio en estos tiempos de paz, dentro de poco esta nación también puede verse sumida en la guerra. La guerra es la más absoluta de las maldiciones, y entre sus otros males, aparta la mente de la gente de todo pensamiento religioso.

Ahora bien, mientras tengamos paz, y Dios ahorre a esta tierra los horrores de la guerra, ¿no debería la iglesia de Dios estar intensamente ansiosa por aprovechar sus oportunidades? Llega la noche, no sé cuán oscura puede ser esa noche. La atmósfera política parece muy cargada de elementos malignos. El resultado del presente conflicto entre Francia y Prusia puede no ser lo que algunos esperarían, pues puede aplastar de nuevo a Europa bajo el talón de un déspota. Ahora bien, mientras tengamos libertad - una libertad que nuestros padres compraron en la hoguera y sellaron con su sangre-, usémosla, mientras sea de día, trabajemos las obras de Aquel que nos envió, y que cada hombre tome por lema el versículo que sigue a mi texto: "Mientras esté en el mundo, yo soy la luz del mundo". Cuidaos de que vuestra luz no sea tinieblas. Cuídate de no ocultarla. Si es luz, cuídate de no despreciarla, pues aunque no sea más que una pequeña luz, es la que Dios te ha dado, y de la que podrás dar cuenta a Dios con alegría. Si tenéis alguna luz, aunque no sea más que una chispa, es para el mundo que la tenéis, para los hijos de los hombres os es prestada. Úsala, úsala ahora, y que Dios te ayude.

¡Oh, que nuestra luz como iglesia brille sobre esta congregación! ¡Cómo deseo ver a toda mi congregación salva! Que los creyentes estén más en oración, más en servicio, más en santidad, y Dios nos enviará su abundante bendición, por amor de Jesús. Amén.

Sermón #197—El Mendigo Ciego del templo.

PRONUNCIADO EN LA MAÑANA DEL DÍA DEL SEÑOR, 14 DE AGOSTO DE 1887,

POR C. H. SPURGEON,

EN EL TABERNÁCULO METROPOLITANO, NEWINGTON.

"Mientras yo esté en el mundo, seré la luz del mundo. Habiendo dicho esto, escupió en tierra, e hizo barro de la saliva, y ungió con el barro los ojos del ciego, y le dijo: Ve, lávate en el estanque de Siloé (que por interpretación es Enviado). Se fue, pues, y se lavó, y volvió a ver".

Juan 9:5-7.

Nuestro Salvador había estado tratando con los judíos y los fariseos, que se habían opuesto amargamente, e incluso habían tomado piedras para arrojárselas. Se sentía mucho más a gusto cuando podía fijar sus ojos en los pobres seres necesitados y bendecirlos con la curación y la salvación. Es la suerte de algunos de nosotros estar a menudo en controversia con los profesantes carnales de la actualidad, y es un gran alivio para nosotros alejarnos de ellos y de sus piedras, y encontrar pecadores individuales, y predicarles en el nombre de Dios el evangelio, que espiritualmente abre los ojos de los ciegos.

A la puerta del Templo se sentaba un mendigo ciego, que debía de ser un personaje notable, pues estaba dotado de una astucia y un ingenio maternos notables. Por haber estado allí mucho tiempo, debía de ser bien conocido de todos los que frecuentaban regularmente el templo, y del círculo más amplio de los que venían de lejos a las grandes reuniones anuales. Este hombre no podía ver a Jesús, pero, lo que era mejor, Jesús podía verlo a él; y leemos al principio del capítulo: "Al pasar Jesús, vio a un ciego de nacimiento". Muchos otros ciegos había en Israel, pero Jesús vio a este hombre con un ojo especial. Me parece ver al Salvador inmóvil, y mirándolo, haciendo un balance de él, escuchando sus pintorescos discursos, notando qué clase de hombre es, y mostrando especial interés en él. Esta mañana hay uno en el Tabernáculo que no puede ver a Jesús, porque no tiene ojos espirituales, pero estoy convencido de que mi Maestro lo está mirando ahora, escudriñándolo de pies a cabeza y leyéndolo con ojo perspicaz. Está considerando lo que hará de él dentro de poco, pues tiene la grandiosa y bondadosa intención de tomar a este pecador, que es espiritualmente como el mendigo ciego, e iluminarlo, y darle a contemplar Su gloria. Supongo que el mendigo ciego del templo apenas valoraba la vista, pues había sido ciego desde su nacimiento. Aquellos que han visto deben echar mucho de menos la luz del día, pero aquellos que nunca han poseído la vista en absoluto apenas pueden tener una idea de lo que debe ser ese sentido, y por lo tanto no puede ser una privación tan grande para ellos. La persona que estoy buscando en este momento no tiene idea de la alegría de la verdadera religión, porque no tiene sentido de la vida espiritual y de la luz; nunca ha visto todavía, y por lo tanto no conoce su propia miseria al ser ciego. Ha sido ciego de nacimiento, y con toda probabilidad se conforma con serlo, porque no conoce el deleite que aguarda al ojo iluminado por el cielo. Las cosas espirituales son para él una región desconocida, de la que no tiene noción. Pero Jesús conoce el valor de la vista, conoce las glorias que la luz celestial traería a la mente, y no se verá limitado en Su acción por la ignorancia humana, sino que dispensará Su generosidad de acuerdo con Su propia mente, que es grande como el mar sin límites.

Este mendigo no pidió la vista, al menos no consta que lo hiciera. Era mendigo, su oficio era mendigar, pero entre todas sus peticiones no pidió la vista. Sin embargo, Jesús le concedió la vista. ¿No conocéis esa gloriosa declaración de la gracia gratuita: "Fui hallado por aquellos que no me buscaron"? ¿No es maravilloso que Jesús venga a menudo a los que no le buscaban? Él viene de repente a ellos en la soberanía de Su infinita compasión, y antes de que hayan comenzado a orar por la bendición, Él se la ha concedido. Su amor gratuito precede a sus deseos de recibirla. Cuando despiertan a la conciencia del valor de la salvación, se encuentran en posesión de ella, y así sus primeras oraciones se mezclan con alabanzas. Estoy persuadido de que hay algunos ante mí ahora que son como el ciego de nacimiento; no saben lo que quieren, todavía no son conscientes del valor de la bendición, y en consecuencia no la han buscado, pero hoy van a recibirla.

En favor del mendigo ciego se daba la circunstancia de que se encontraba en el camino por el que probablemente pasaría Jesús, pues estaba a la puerta del templo. Amigo mío, tú también estás en terreno esperanzador en este momento, pues te encuentras en el lugar donde mi Señor ha estado a menudo, y donde es muy probable que venga de nuevo. Hemos orado por Él en esta casa cientos de veces, y lo hemos hecho esta mañana. Él ha sido glorificado en este Tabernáculo, y Sus amigos le han dado tal bienvenida, que aquí se deleita en venir. Oh, que al pasar Jesús, se detenga y los mire con ojos de infinita misericordia.

¿Qué hacía nuestro Señor? A decir verdad, estaba bajo una compulsión divina; dijo: "Me es necesario hacer las obras del que me envió". Buscaba material para trabajar, material en el que se manifestaran las obras de Dios. Aquí estaba el hombre mismo, preparado para Cristo como se prepara la arcilla para el modelador. Que recibiera la vista, y toda Jerusalén vería la obra del Señor, y hasta los habitantes de tierras lejanas oirían hablar de ella. Este mendigo ciego era precisamente la persona que buscaba el Salvador. Mi Maestro camina arriba y abajo por estos pasillos, y encuentra a muchos que pueden ver, o que creen que pueden. A éstos los pasa de largo, pues "los sanos no necesitan médico". Pero a medida que avanza, llega por fin a una pobre criatura oscura, ciega de nacimiento sin remedio ni remedio, y se detiene y dice: "Este es el hombre; aquí hay lugar para un milagro". Así es, Señor. En esas cuencas vacías, o en esos globos oculares marchitos, hay espacio para que se manifieste el poder curativo; en ese corazón duro y esa voluntad obstinada hay lugar para la gracia renovadora. Las necesidades del pecador son las oportunidades del Salvador, y tú, pobre pecador culpable, perdido y arruinado, tú eres la materia prima para que la gracia de Cristo trabaje en ti; tú eres el hombre que Su amor perdonador está buscando.

Tú que no puedes ver las cosas espirituales, tú que apenas sabes lo que puede significar la vista celestial, y apenas tienes el deseo de saberlo, tú eres la misma persona en la que hay espacio para la gracia omnipotente, espacio y alcance para la incomparable habilidad del amor de nuestro Salvador. Mi Señor se detiene y te mira. "Este es el tipo de hombre que quiero; aquí puedo llevar a cabo mi misión y el propósito de mi vida. Yo soy la luz del mundo, y con estas tinieblas trataré, eliminándolas de una vez." Oh Señor Jesús, Tú estás ahora en lo más alto del cielo, y sin embargo escuchas las oraciones de Tus siervos desde esta pobre tierra. Ven a este tabernáculo y repite las maravillas de Tu amor. No te pedimos que abras los ojos naturales de los ciegos, sino que des vista espiritual a los ciegos internos, entendimiento a los descarriados y salvación a los perdidos. Demuestra que eres el Hijo del Altísimo diciendo: "Hágase la luz". Estos pobres ciegos no te rezan, pero te pedimos gracia para ellos, y seguramente Tu propio corazón te impulsa a respondernos. Ven en esta hora y bendícelos, para alabanza de la gloria de Tu gracia.

Este caso del mendigo ciego es eminentemente instructivo; y por lo tanto, abordémoslo de inmediato, con la esperanza de que mientras consideramos el caso modelo, podamos verlo repetido en forma espiritual en nuestro medio. Espíritu Santo, bendice nuestro discurso con ese fin.

I. Primero, en la curación de este hombre, y en la salvación de cada alma elegida, veremos CONSPICUOSAMENTE AL GRAN SANADOR. Si alguno de nosotros es salvado alguna vez, el Salvador será engrandecido por ello. Si somos perdonados, no seremos honrados por el perdón, sino que la mano real que firmó y selló el perdón será grandemente ensalzada. Si se nos abren los ojos, no se nos hará famosos por la vista, sino que Aquel que nos abrió los ojos se hará ilustre por la curación. Así fue en este caso, y con razón.

Para empezar, en la mente de este hombre, en cuanto recibió la vista, "un hombre que se llamaba Jesús" pasó a primer plano. Jesús era para él la persona más importante que existía. Todo lo que sabía de Él al principio era que era un hombre que se llamaba Jesús, y bajo ese carácter Jesús llenaba todo el horizonte de su visión. Era para él más que aquellos doctos fariseos, o que todos sus vecinos juntos. Jesús era sumamente grande, porque le había abierto los ojos. Poco a poco, fijando su mente en aquella figura, vio más en ella, y declaró: "Es profeta". Dijo esto con valentía, cuando corría grandes riesgos al hacerlo. A los fariseos les dijo en la cara: "Es un profeta". Un poco más adelante llegó a esto, que él creía que Él era el Hijo de Dios, y lo adoraba. Ahora, mi querido amigo, si eres salvado por Jesús, tu estrella debe ponerse, pero la estrella de Jesús debe levantarse y aumentar su brillo hasta que ya no sea una estrella, sino un sol, haciendo tu día, e inundando toda tu alma con luz. Si somos salvos, Cristo Jesús debe tener y tendrá la gloria de ello. Nadie en la tierra ni en el cielo puede rivalizar con Jesús en la estima de las almas llevadas de las tinieblas a la luz; Él es todo el mundo para ellas. ¿Te disgusta esto? ¿Quieres una parte del botín, un fragmento de la gloria? Sigue tu camino y sé ciego, pues tu condición nunca podrá ser alterada mientras rehúses honrar al Salvador. Aquel que abre los ojos de un hombre merece alabanzas agradecidas por siempre.

Después de que este hombre recibió la vista, su testimonio fue todo de Jesús. Fue Jesús que escupió, fue Jesús que hizo la arcilla, fue Jesús que ungió sus ojos. Así será en tu mente con el evangelio de tu salvación; será "sólo Jesús". Es Jesús quien se convirtió en la garantía del pacto, Jesús quien se convirtió en el sacrificio expiatorio. Jesús es el Sacerdote, el Interpositor, el Mediador y el Redentor. Conocemos a Jesús como Alfa y Jesús como Omega. Él es el primero y Él es el último. En tu salvación no habrá equívocos, ni mezcla en ella; no tendrás nada que decir del hombre, ni del mérito del hombre, ni de la voluntad del hombre, sino que sobre la cabeza que una vez fue herida con las espinas, pondrás todas tus coronas. Jesús lo hizo, lo hizo todo, y Él debe ser alabado.

Es de notar que la autoridad de Jesús emitió la orden salvadora. "Ve, lávate". No fueron las palabras de Pedro, ni de Santiago, ni de Juan, sino las palabras de Jesús, y por eso el hombre las obedeció. El mensaje del Evangelio: "Cree y vivirás", no se obedece hasta que se percibe que es proclamado por la suprema autoridad del Rey Jesús, el Salvador. Oh señores, Aquel que les ordena creer es el mismo Señor que puede y les dará sanidad a través de su obediencia a Su mandato. Confíen porque Él se los ordena. La garantía del evangelio es la autoridad de Cristo. Obedece Su mandato, y habrás obtenido Su salvación. El éxito del mandamiento del evangelio es producido por Aquel que lo habló. Es eficaz porque sale de Su boca. "Donde hay palabra de rey, allí hay poder", y el evangelio es la palabra del gran Rey, y por lo tanto los que lo escuchan encuentran que es el poder de Dios para salvación.

Este hombre, cuando hubo recibido la vista, la atribuyó muy clara e indivisiblemente a Jesús. Dijo expresamente: "Me ha abierto los ojos". Cada vez que daba su testimonio, ya fuera a sus vecinos o a los fariseos, no había ninguna duda al respecto; había sido iluminado por Jesús, y sólo por Jesús, y a Él le daba toda la gloria, y tenía razón al hacerlo.

Venid, pues, prestadme vuestros oídos. Oh, tú que quieres encontrar luz esta mañana, ¡dame tus pensamientos en este momento! Esfuércense por comprender que Jesucristo es una persona viva y actuante. No está muerto; resucitó hace mucho tiempo. Estando vivo, y exaltado a los cielos más altos, está revestido de infinito poder y majestad, y es poderoso para salvar. De una manera espiritual, Él todavía está entre nosotros, obrando de acuerdo con su naturaleza de gracia. Para nosotros no es un Cristo ausente, ni un Cristo dormido, sino que sigue haciendo lo que hacía cuando estaba en la tierra, sólo que ahora trabaja en el mundo espiritual como antes trabajaba en el mundo físico. Ahora está presente para salvar, presente para abrir los ojos de los espiritualmente ciegos, presente para bendecirte a ti a quien hablo.

Comprende que Él te está mirando en este momento. De pie frente a ti, Su sombra está ahora cayendo sobre ti. Él está considerando tu caso. ¿Estás rezando? Él está escuchando. ¿Ha llegado apenas tan lejos como una oración? ¿Es sólo un deseo? Él está leyendo ese deseo; mientras pasa como una sombra por la cámara de tu alma, Él está pensando en ti. En este momento Él es capaz de decir la palabra que quitará la película de tus ojos, y dejará entrar la luz eterna de la gracia. ¿Lo crees? Si es así, clama a Él: "Señor, concédeme recibir la vista". Él te escuchará. Tal vez, mientras hablo, Él enviará la luz. Para tu intenso deleite te encontrarás en un mundo nuevo. Escapando de la oscuridad, entrarás en Su maravillosa luz.

Date cuenta, además, de que el gran cambio que necesitas para la salvación está más allá de todo poder mortal. No puedes realizarlo tú mismo, ni toda "la ayuda de los hombres y de los ángeles unidos" puede realizarlo por ti. Está incluso más allá de tu propia concepción. Como hombre carnal, no sabes lo que son las cosas espirituales, y no puedes formarte una idea de ellas. Un hombre muerto no puede saber lo que es la vida. En verdad, si pudiera vivir de nuevo, tendría algún conocimiento de la vida derivado de su vida anterior; pero en cuanto a ti, todo sería nuevo y extraño, pues nunca has vivido para Dios. No puedes concebir lo que es la vista celestial, pues naciste ciego. Que el Señor haga algo nuevo en ti en este momento, y te lleve a un cielo nuevo y a una tierra nueva, en los que mora la justicia.

Recuerda que este milagro debe obrarse en ti. Si el ciego hubiera seguido ciego, habría sido un mendigo bastante feliz. Parece haber tenido muy considerables refuentes mentales, y podría haberse abierto camino en el mundo tan bien como otros de la cofradía de mendigos. Pero no puedes ser feliz ni estar seguro a menos que el Señor Jesús te abra los ojos. No te queda más que la negrura de las tinieblas para siempre, a menos que la luz del cielo te visite. Debes tener a Cristo, o morir. Aquí está la bendición de que en este momento Él está todavía en medio de nosotros, capaz de salvar hasta lo sumo, y dispuesto ahora a repetir los milagros de Su misericordia a aquellos que confíen en Él para hacerlo. Creo que casi puedo oír la oración que se debate en tu pecho. Silenciosa y sin palabras, está en tus labios. Déjala hablar. Di: "Señor, abre mis ojos hoy". Él lo hará. Bendito sea su nombre. Él ha venido a propósito para abrir los ojos de los ciegos.

II. Habiendo hablado del gran Sanador, tal como se destaca en el milagro, quisiera ahora dirigir sus pensamientos, en segundo lugar, a LOS MEDIOS ESPECIALES OBSERVABLES en el milagro. Je- sus pudo haber sanado a este hombre sin medios, o pudo haberlo sanado por otros medios, pero eligió obrar la curación de una manera que para todas las épocas seguirá siendo un gran sermón, una parábola instructiva de la gracia. Escupió en el suelo, hizo barro con la saliva y ungió los ojos del ciego con el barro. Esta es una imagen del Evangelio.

Se enfrenta a muchas críticas modernas. En primer lugar, el modo de curación parece muy excéntrico. ¡Escupir y hacer arcilla con la saliva y el polvo! ¡Muy singular! Muy extraño. Así de extraño y singular es el Evangelio a juicio de los mundanos. "Vaya", dice uno, "parece una cosa tan extraña que seamos salvos por creer". A los hombres les parece tan extraño que de inmediato se inventan otros cincuenta métodos. Aunque los nuevos métodos no son uno de ellos digno de ser descrito, sin embargo, todo el mundo parece pensar que la anticuada manera de "Cree en el Señor Jesucristo" podría haber sido mejorada grandemente. El camino de la justificación por la fe está peculiarmente abierto a la crítica, y es casi el último que este sabio mundo habría seleccionado. Sin embargo, por excéntrico que pueda parecer que Cristo sanara con saliva y polvo, era la manera mejor y más sabia para Su propósito. Supongan que en lugar de eso hubiera metido Sus manos en Su bolsillo y hubiera sacado una caja de oro o de marfil, y de esta caja hubiera sacado una botellita de cristal. Supongan que hubiera sacado el tapón, y luego hubiera derramado una gota sobre cada uno de esos ojos ciegos, y se hubieran abierto, ¿cuál habría sido el resultado? Todo el mundo habría dicho: "¡Qué medicina tan maravillosa! Me pregunto qué era. ¿Cómo se preparó? ¿Quién escribió la receta? Tal vez encontró el encanto en los escritos de Salomón, y así aprendió a destilar las gotas inigualables". Como ven, la atención se habría fijado en los medios empleados, y la curación se habría atribuido a la medicina más que a Dios. Nuestro Salvador no usó tales aceites raros o espíritus selectos, sino que simplemente escupió e hizo barro de la saliva, pues sabía que nadie diría: "La saliva lo hizo", o "Fue el barro el que lo hizo". No, si nuestro Señor parece ser excéntrico en la elección de los medios, sin embargo es eminentemente prudente. El evangelio de nuestro Señor Jesús-y no hay más que uno-es la sabiduría de Dios, por muy singular que pueda parecer a juicio de los sabios del mundo. Puede parecer extraña, pero es la suma de toda sabiduría, y quienes la prueban descubren que es así. Sería imposible mejorarla. Su adaptación al caso del hombre es maravillosa; su adecuación a su designio es incomparable. Bendice al hombre, mientras que da toda la gloria a Dios. Nadie hace del evangelio un rival de Cristo, sino que en todos los casos por el evangelio el poder que bendice a los hombres se manifiesta como el poder de Dios.

En segundo lugar, los medios pueden parecer ofensivos al gusto de algunos. ¡Oh, creo que veo a algunos de la alta burguesía! Cómo levantan la nariz cuando leen: "Escupió". "Escupió en el suelo, e hizo barro de la saliva". Les revuelve el estómago a esos delicados. Lo mismo ocurre con el Evangelio. A los ágrafos que van con delicadeza no les gusta. ¡Cómo se mofan los hombres de "cultura" del evangelio por el que murieron nuestros padres! Escuchen cómo desprecian la siempre bendita palabra de nuestra salvación. Dicen que sólo es apta para ancianas e idiotas, y para fósiles de épocas pasadas como el predicador que ahora se dirige a ustedes. Todos somos tontos excepto estos hombres de progreso, y nuestro evangelio es repugnante para ellos. Sí, pero deténganse un minuto, y la repugnancia puede cesar. En el milagro que tenemos ante nosotros, el medio utilizado fue la saliva; pero ¿de la boca de quién? De la boca de Jesús, que es la más dulce. Ningún perfume fragante, hecho de las más raras especias, puede igualar jamás la saliva de esa divina boca suya. Arcilla. ¿Y si es arcilla? La arcilla hecha por la saliva de la boca del Hijo de Dios es más preciosa que "el terrible cristal" o que los polvos más raros del mercader. Así sucede con el evangelio de mi Maestro; es ofensivo para aquellos que se enorgullecen de sí mismos; es ofensivo para la razón carnal, para la autocomplacencia idiota de aquellos que, considerándose sabios, se han vuelto de otra manera, pero para ustedes que creen, Él es precioso; cuán precioso ninguna lengua puede decir...

"¿Y si recorremos el mundo y buscamos desde Gran Bretaña hasta Japón?

Tan justo para Dios, tan seguro para el hombre".

El evangelio sigue siendo para los judíos una piedra de tropiezo, y para los griegos necedad, pero para nosotros que somos salvos es "Cristo, poder de Dios y sabiduría de Dios."

Se objeta además que el Señor sanó a este hombre de una manera tan vulgar. Escupir y hacer barro con la saliva, ¡cualquiera podría hacerlo! ¿Por qué no utilizar un ceremonial imponente? ¿Por qué no practicar un método ecléctico? Si hubiera sido uno de los médicos de la época, habría hecho una gran actuación. Su prescripción habría sido una delicia para los hombres cultos. ¿Ha leído alguna vez la "Herbal" de Culpepper? Espero que nunca hayas tomado ninguna de las medicinas que prescribe ese erudito herbolario. En un lío encontrarás una docena de artículos, cada uno de ellos monstruoso, y en muchas recetas encontrarás una veintena o más de hierbas compuestas de la forma más curiosa. Tales eran las recetas de épocas anteriores. Si no servían para nada, al menos desconcertaban al paciente. Y ahora, ¿cuál es el nuevo evangelio que se nos propone? Es el evangelio de la "cultura". ¡Cultura! Esto, por supuesto, es el monopolio de nuestros superiores. Sólo puede ser disfrutado por personas muy refinadas, que han ido a la universidad, y que llevan a su lado toda una universidad, con biblioteca y todo. Por eso se desprecia el Evangelio, que se ha hecho lo bastante claro para los caminantes. Que Jesucristo vino al mundo para salvar a los pecadores es una enseñanza demasiado común. Que Él llevó nuestros pecados en Su propio cuerpo sobre el madero es rechazado como un dogma escandaloso, inadecuado para esta era inteligente. Oh, sí, conocemos a los hombres y sus miradas despectivas. Sin embargo, por muy común que fuera la medicina de nuestro Señor, era única. Todos los filósofos de Grecia, y todos los sabios y ricos de Roma, no podrían haber compuesto otra dosis de esta aplicación curativa. Sólo Cristo poseía esa saliva incomparable; sólo sus dedos podían hacer esa arcilla especial. Aun así, si el Evangelio pareciera un lugar común, debe recordarse que no hay otro igual. Díganme, ustedes que son sabios, ¿pueden encontrar algo que pueda compararse con él? Cristo en lugar del pecador, hecho pecado por nosotros para que fuésemos hechos justicia de Dios en Él; ¿pueden igualar esto? Jesús redimiendo a Su pueblo de la esclavitud del pecado; pueden llamarlo una expiación mercantil, si les place, y ennegrecerse en su rostro en su ira por el sacrificio sustitutivo, pero no pueden igualarlo. Cuanto más abunden vuestras burlas del Evangelio, tanto más nos aferraremos a él, y tanto más lo amaremos, porque la misma saliva de la boca de Cristo nos es más querida que los pensamientos más profundos de vuestros filósofos más profundos.

Creo haber oído a otro objetor decir que el remedio era bastante inadecuado. La arcilla hecha de saliva sería positivamente inerte, y no podría ejercer ningún poder curativo sobre un ojo ciego. Así pues, estamos preparados para oír todo esto. El barro por sí solo no tiene eficacia, pero cuando Jesús lo use, responderá a Su propósito. El hombre, después de lavar el barro en el estanque, volvió a ver. El evangelio puede parecer como si no pudiera renovar el corazón y salvar del mal. Creer en el Señor Jesucristo parece un medio improbable de producir santidad. Los hombres preguntan: "¿Qué puede hacer la predicación evangélica para acabar con el pecado?". Señalamos a los que una vez estuvieron muertos en el pecado, que son vivificados por la fe, y así probamos la eficacia del evangelio con hechos. "Oh", dicen, "¿puede la fe transformar el carácter? ¿Puede la fe dominar la voluntad? ¿Puede la confianza conducir la mente a una vida alta y elevada?". Así es, y aunque en teoría parece inadecuada, de hecho ha convertido a los hombres en nuevas criaturas y a los pecadores en santos.

Otro sabio caballero opina que la arcilla sobre los ojos sería incluso perjudicial. "Pegar arcilla sobre los ojos de un hombre no le haría ver, añadiría otro impedimento a la luz". Incluso he oído decir que predicar la salvación por la fe es contrario a las buenas costumbres, e incluso puede alentar a los hombres al mal. Ciegos como son, ¿no pueden ver que el caso es exactamente lo contrario? ¡Cuántas veces el Evangelio hace castas a las rameras, honradas a los ladrones y sobrios a los borrachos! Por este mismo evangelio de fe que dicen que está en contra de las buenas costumbres, se producen las mejores costumbres. En el siguiente aliento denuncian a los creyentes como puritanos, demasiado precisos y religiosos a medias. Nada crea tantas buenas obras como ese evangelio que nos dice que la salvación no es por obras, sino por la gracia de Dios.

Otro objetor declara que la manera de curar de nuestro Señor se oponía a la ley. Aquí está este "hombre llamado Jesús" haciendo arcilla o tierra de ladrillo en sábado. ¿No era esto una escandalosa infracción de la ley? Se insinúa que nuestro evangelio de fe en Jesús hace que los hombres piensen a la ligera de la ley. Predicamos contra la idea del mérito, y decimos que las buenas obras no pueden salvar a los hombres, y por lo tanto se nos acusa de rebajar la dignidad de la ley. Esto no es cierto, porque nuestro Evangelio establece la ley y fomenta la verdadera obediencia. Cuando el Salvador dijo: "Ve y lávate", y el ciego fue y se lavó, el Señor Jesús le había enseñado obediencia, incluso la mejor clase de obediencia, es decir, la obediencia de la fe. Aun así, aunque aparentemente estamos en conflicto con la ley cuando declaramos que por las obras de la ley ningún ser viviente será justificado, sin embargo establecemos la ley, porque la fe trae consigo el principio y el resorte principal de la obediencia. Confiar en Dios es la esencia misma de la obediencia. El que cree en Jesús ha dado el primer paso en la gran lección de obedecer a Dios en todas las cosas. Ver cómo Jesús sufrió el castigo de la ley, y cómo honró la ley por nosotros, es ver lo que hace a la ley más gloriosa en nuestra estima.

Por lo tanto, yo diría al dejar este punto: no discutan el evangelio. A veces decimos a los siervos que nunca es prudente discutir con su pan y mantequilla. Yo le diría seriamente a todo espíritu ansioso: No discutas con el evangelio de la salvación. Si estás en un estado mental correcto en cuanto a tu condición, estoy seguro de que no lo harás. Cuando encontré al Señor, estaba tan acorralado, que cualquiera que hubiera sido la salvación, la hubiera obtenido en los términos de Dios sin ninguna duda. Si tú eres el hombre que estoy buscando, si quieres recibir la vista espiritual, no pondrás condiciones a Jesús, no pedirás un ungüento perfumado para tus ojos, pero aceptarás con gusto una unción con arcilla de las manos de tu Salvador. Todo lo que el Señor prescriba como camino de salvación lo aceptarás con alegría. En esa alegre aceptación radica una gran parte de la salvación misma, pues tu voluntad es ahora una con Dios.

Roguemos al Espíritu Santo que revele a nuestros corazones el Evangelio, y nos haga amarlo, recibirlo y probar su poder.

III. Ahora quisiera llevarlos un paso más allá. EL MANDATO LLANO ES MUY DIGNO DE MENCIÓN. Nuestro Señor dijo a Su paciente: "Ve, lávate en el estanque de Siloé". El hombre no podía ver, pero podía oír. La salvación nos llega, no por la vista de las ceremonias, sino por oír la palabra de Dios. Los oídos son los mejores amigos que le quedan al pecador. Es por la Puerta de los Oídos por donde el Príncipe Emanuel entra cabalgando triunfante en Mansoul. "Oye, y vivirá tu alma".

El mandato fue sumamente específico: "Ve y lávate en el estanque de Siloé". Así también el evangelio es sumamente específico: "Cree en el Señor Jesucristo, y serás salvo". No es: Haz esta o aquella obra, ¡pero cree! No es: Cree en un sacerdote, o en cualquier ser humano, sino en Jesús. Si este hombre hubiera dicho: "Me lavaré en el Jordán, porque fue allí donde Naamán perdió su lepra", su lavado habría sido inútil. Era un asunto pequeño, insignificante, aquel estanque de Siloé, cuyas aguas fluían suavemente; ¿por qué tenía que ir allí? No preguntó por qué, sino que obedeció de inmediato, y al obedecer encontró la bendición. Escucha, tienes que creer en el Señor Jesucristo, y serás salvo. No hay veinte cosas que hacer, sino sólo ésta. La forma más larga del evangelio dice así: "El que creyere y fuere bautizado, será salvo"; la fe debe ser confesada abiertamente por la obediencia al bautismo prescrito por el Señor, pero el primer asunto es la fe. "El que cree en Él tiene vida eterna". Esto es muy específico. No puedes equivocarte en el asunto.

También era intensamente simple. "Ve, lávate en la piscina". Ve a la piscina, y lava la arcilla en ella. Cualquier niño puede lavarse los ojos. La tarea era simple en sí misma. Así de sencillo es el Evangelio. No tienes que hacer veinte genuflexiones o posturas, cada una peculiar, ni tienes que ir a la escuela para aprender una docena de idiomas, cada uno más difícil que el otro. No, la acción salvadora es una y sencilla. "Cree y vive". Confía, confía en Cristo; confía en Él, descansa en Él. Acepta Su obra en la cruz como la expiación de tus pecados, Su justicia como tu aceptación ante Dios, Su persona como la luz de tu alma.

Pero la orden era también claramente personal. "Ve, lávate". No podía enviar a un vecino o a un amigo. Sus padres no podían ir por él. Hubiera sido ocioso que dijera: "Rezaré al respecto". No, debe ir y lavarse él mismo en el estanque. Así también el pecador debe creer en Jesús. Escúchame, querido amigo; sólo tu propia fe responderá al propósito, tus propios ojos necesitan ser abiertos, y por lo tanto tú mismo debes ir y lavarte en el estanque en obediencia a Jesús. Debes creer personalmente para vida eterna. Algunos de ustedes tienen la idea de que pueden quedarse sentados y esperar que Dios los salve. No tengo autoridad para alentarlos a tal inactividad rebelde. Jesús les ordena que vayan y se laven, y ¿cómo se atreven a quedarse quietos? Cuando el padre viene a recibir a su hijo pródigo, lo encuentra en el camino. Todavía estaba muy lejos cuando su padre lo vio, pero su rostro estaba vuelto en la dirección correcta, y estaba haciendo lo mejor posible su camino a la casa del padre. A ti te dice: "Despierta, tú que duermes, y levántate de entre los muertos, y te alumbrará Cristo". ¡Arriba, hombre! ¡Arriba! El estanque de Siloé no vendrá a ti, tú debes ir a él. Las aguas no saltarán de su lecho y lavarán tus ojos, sino que debes inclinarte hacia ellas, y lavarte en el estanque hasta que el barro desaparezca y veas. Es una dirección muy personal; procura tratarla así.

Era una dirección que implicaba obediencia a Cristo. ¿Por qué debo ir allí y lavarme allí? Porque Él te lo dice. Si quieres que Jesús te salve, debes hacer lo que Él te ordena. Debes tomar a Jesús como tu Señor si lo tomas como tu Salvador. Querido corazón, ríndete a Jesucristo esta mañana. Nunca un siervo tuvo tal Maestro. Bien pueden inclinarse y besar esos queridos pies que fueron clavados en la cruz por ustedes. Sométanse de inmediato al gobierno de Jesús. El acto de fe es más aceptable porque es la obediencia del corazón a Jesús. Someteos a Él por la fe, os lo suplico.

La orden era para el tiempo presente. Jesús no dijo: "Ve, lávate en el estanque mañana, o dentro de un mes". Si el mendigo hubiera sido ciego tanto interior como exteriormente, podría haber dicho: "Mi ceguera me da dinero. Ganaré un poco más como mendigo ciego, y entonces me abrirán los ojos". Valoraba demasiado la vista como para demorarse. Si lo hubiera retrasado, habría permanecido ciego hasta el día del Juicio Final. Si alguno de ustedes piensa que sería inconveniente convertirse de inmediato, no tengo ninguna esperanza en ustedes. No puedo predicarles otra salvación que la presente. Aquel que no se salve hoy, no es probable que se salve del todo. Ve, mendigo ciego, ve y sé ciego para siempre, a menos que tengas vista hoy. Puede ser "ahora o nunca" para ti. Hoy es el día de la salvación; mañana no es más que la red del diablo. Usted se perderá irremediablemente si continúa demorándose.

El mandamiento en el caso del ciego fue muy digno de mención: "Ve, lávate," y así es el mandamiento espiritual que es su paralelo: "Cree en el Señor Jesús." Oh, almas, escuchen la palabra que les ordena confiar en el Salvador. Él clama: "Mirad a mí, y sed salvos, todos los términos de la tierra". ¡Oh, que Dios les ayude a hacerlo en este mismo instante! ¿No lo harán? Bendito Espíritu, condúcelos a hacerlo, por amor de Jesús.

IV. Vengo, en el cierre del discurso, a invitarles a ver EL DELICIOSO RESULTADO CERTIFICADO. Me parece ver a este hombre, atendido por sus vecinos, dirigiéndose a Siloé. Habían visto a Jesús colocar el barro sobre los ojos del hombre, y le habían oído decir: "Ve a Siloé". Se ofrecen voluntarios para ir, y hacen de guías del ciego. La curiosidad les inspira. Llega a la piscina. Baja los escalones. Se acerca al agua. Agacha la cabeza. Se lava los ojos. ¿Qué sucederá? El barro ha desaparecido, pero ¿qué más ha sucedido? De repente, el hombre levanta la cara y grita: "¡Ya veo! Veo!" Todos gritan. "¡Qué maravilla! ¡Qué maravilla! ¡Hosanna! Bendito sea Dios!" El hombre grita: "¡Es verdad, me he lavado y puedo ver!".

Este hombre pudo ver de inmediato. Se lavó, y su ceguera desapareció. La vida eterna se recibe en un momento. No se necesita el tictac de un reloj para justificar a un pecador. Oh alma, en el momento en que crees, has pasado de la muerte a la vida.

Rápido como un relámpago el cambio eficaz es obrado, la vida eterna entra y echa fuera la muerte. ¡Oh, que el Señor obrara la salvación ahora! Este hombre pudo ver de inmediato. Leemos de otro ciego que primero vio a los hombres como árboles caminando, y sólo después de un tiempo vio a cada hombre claramente, pero este hombre vio claramente al instante. ¡Oh, que ustedes que me escuchan hoy crean y vivan de inmediato!

Este hombre sabía que podía ver. No tenía ninguna duda al respecto, pues dijo: "Una cosa sé: que, siendo ciego, ahora veo". Posiblemente algunos de ustedes han sido personas decentes toda su vida, y sin embargo no saben si son salvos o no. Esta es una religión pobre. ¡Frío consuelo! ¡Salvados, y no saberlo! Seguramente debe ser una salvación tan magra como el desayuno de aquel hombre cuando no sabía si se lo había comido o no. La salvación que viene de la fe en el Señor Jesucristo es una salvación consciente. Tus ojos serán abiertos de tal manera que ya no te preguntarás si puedes ver. Él podía ver, y sabía que podía ver. ¡Oh, que creyeras en Jesús, y supieras que has creído y que eres salvo! Oh, que pudieras entrar en un nuevo mundo y en un nuevo estado de cosas. Que lo que antes te era totalmente desconocido, te sea dado a conocer en esta hora por la gracia todopoderosa.

Y otras personas percibieron que podía ver. No podían distinguirlo. Algunos decían: "Éste es", pero otros sólo decían: "Es como él". Un hombre con los ojos abiertos es muy diferente del mismo hombre cuando está ciego. Si tomáramos a cualquier amigo que conozcamos que no tenga ojos, y de repente se le pusieran ojos en el semblante, probablemente encontraríamos su expresión tan alterada que difícilmente pensaríamos que es la misma persona, y por eso los vecinos precavidos sólo decían: "Es como él." Sin embargo, todos estaban seguros de que podía ver. Ninguno de los fariseos le dijo: "¿Estás seguro de que puedes ver?". Sus ojos centelleantes, tan llenos de diversión, ingenio y sarcasmo, eran la prueba más evidente de que podía ver. Tus amigos en casa sabrán que te has convertido, si es que es así; no necesitarán que se lo digas, lo descubrirán. La misma manera en que cenas lo demostrará. Así será. La comes con gratitud, y buscas una bendición sobre ella. La forma en que te acuestes lo demostrará. Recuerdo a un pobre hombre que se había convertido, pero le tenía un miedo terrible a su esposa—no es el único hombre en el mundo que tiene ese miedo—y, por tanto, temía que ella lo ridiculizara si se arrodillaba para orar. Se arrastró escaleras arriba en calcetines para que no le oyeran y poder rezar unos minutos antes de que ella supiera que estaba allí. Su plan fracasó. Su mujer no tardó en descubrirlo. La conversión genuina no se puede ocultar más que una vela en un cuarto oscuro. No se puede esconder una tos. Si un hombre tiene tos, debe toser, y si un hombre tiene gracia en su corazón, mostrará gracia en su vida. ¿Por qué querríamos esconderla? Oh, que el Señor te abra los ojos hoy de tal manera que tus amigos y parientes sepan que tus ojos han sido abiertos.

Observe que el restaurado no volvió a perder la vista. Este hombre no volvió a quedar ciego. Las curaciones de Cristo no son temporales. Últimamente he oído de muchos casos de personas que se han sentido sumamente felices porque pensaban que habían sido perfectamente restauradas. La curación duró una semana, y luego volvieron a estar tan mal como siempre. La fantasía puede hacer grandes cosas por una temporada, pero las curaciones de Cristo duran para siempre. Nunca un ojo que Cristo abrió se volvió ciego otra vez. Creemos en nacer de nuevo, pero no en dejar de nacer. Sé que todo lo que hace el Señor será para siempre. Oh, amigos míos, no tengo nada que predicar sino la salvación eterna. Vengan a Cristo, y Él obrará en ustedes una curación eficaz. Confíen plenamente en Él, pues en Él hay vida eterna.

Este hombre, cuando recibió la vista, estaba dispuesto a perderlo todo en consecuencia. Los judíos lo echaron de la sinagoga, pero cuando Jesús lo encontró, el hombre no se preocupó por los judíos. Creo que puedo ver su rostro cuando Jesús lo encontró, ¡qué feliz estaba mientras adoraba a su benefactor! "¡Pobre alma, pobre alma, te han expulsado de la sinagoga!". "Oh", dice, "no te compadezcas de mí. Pueden echarme de cincuenta sinagogas ahora que Cristo me ha encontrado. ¿Qué me importan las sinagogas ahora que he encontrado al Mesías? Cuando estaba en la sinagoga era un ciego, y ahora estoy fuera de la sinagoga, pero tengo la vista". Cuando te conviertes en cristiano el mundo te odiará y te injuriará, pero ¿y qué? Algunos ya no tendrán nada que ver contigo. Esta puede ser la mejor vuelta que te pueden hacer. Una vez tuvimos una dama de título en nuestra membresía, y era una hermana muy gentil. Al principio tuve un poco de temor de que los grandes la alejaran de la verdad. Poco después de su bautismo, comentó que cierta familia noble le había dado la espalda, y otros que eran muy íntimos habían dejado de llamarla. Ella lo tomó como algo natural, y sólo comentó que eso facilitaba aún más su propio camino, ya que ahora no tenía el dolor de escuchar sus conversaciones impías, ni siquiera la responsabilidad de romper la conexión. El mundo ha hecho lo mejor por el hijo de Dios cuando lo ha expulsado. Sus excomuniones son mejores que sus comunicaciones. El exterior de la casa del mundo es el lado más seguro para nosotros. Que amemos a los hermanos, y que el mundo nos odie, son dos buenas evidencias de gracia por las que un hombre puede estar agradecido. "Salgamos a Cristo fuera del campamento, llevando su vituperio".

¡Qué cosa tan maravillosa había hecho el Señor Jesús por este hombre, y qué cosa tan maravillosa está dispuesto a hacer por todos los que confían en Él! Había sido una obra de creación. Los ojos del hombre no eran ojos, Jesús creó la vista en ellos. Sanar un miembro es una cosa, pero hacer un ojo, o permitir que lo que era sólo la mera forma de un ojo se convierta en un órgano de percepción, es algo mucho mayor. Salvar un alma es una obra de creación. Somos creados de nuevo en Cristo Jesús. También fue una obra de resurrección. Esos ojos habían estado muertos, y ahora el Señor Jesús los levantó de entre los muertos. El Señor Dios Todopoderoso puede obrar la creación en este momento, puede producir la resurrección en este día, ¿y por qué no habría de hacerlo? Este día conmemoramos ambas obras divinas. Este primer día de la semana fue el comienzo de la creación de Dios. Es también el día en que nuestro Señor resucitó de entre los muertos, como primicias de los que durmieron. Este día del Señor conmemora el comienzo de la creación y de la resurrección. Roguemos al Señor Todopoderoso que manifieste entre nosotros las obras de Dios en este día. Oh Señor, regenera, ilumina, perdona y salva a los aquí presentes, y glorifica así a tu Hijo. Amén y Amén.

Sermón #1393—Habla por ti Mismo—Un Desafío

PRONUNCIADO LA NOCHE DEL DÍA DEL SEÑOR, 9 DE DICIEMBRE DE 1877,
PRONUNCIADA POR C. H. SPURGEON,
EN EL TABERNÁCULO METROPOLITANO, NEWINGTON.

"Es mayor de edad; preguntadle a él: él hablará por sí mismo". Juan 9:21

Aquellos de ustedes, queridos amigos, que estuvieron presentes esta mañana, recordarán que nuestro tema fue "Jesucristo mismo". [Nos detuvimos en su bendita persona. Nuestra fe está fija en Él, nuestros afectos son atraídos hacia Él, todas nuestras esperanzas se inclinan hacia Él. Aunque todas las cosas que dijo o hizo son preciosas, Jesús mismo ocupa el primer lugar en nuestra estimación. Conocerlo, creerlo y amarlo es la esencia misma de nuestro cristianismo. Esta noche cambiamos de tema. Hay un "sí mismo" en nuestro texto de esta noche; un "sí mismo", es cierto, de un orden mucho más humilde. ¿Cómo nos defendemos cada uno a nosotros mismos? No debemos perder de vista nuestra individualidad y las responsabilidades personales que recaen sobre nosotros en referencia a Cristo. Si, por ejemplo, se ha obrado un milagro espiritual en nosotros, y estamos obligados a confesar -no, si estamos encantados de confesar- que Él ha abierto nuestros ojos, entonces estamos obligados, especialmente aquellos de nosotros que tenemos un entendimiento maduro, que puede decirse que somos mayores de edad, estamos obligados a dar nuestro propio testimonio personal en favor de Él. La alegación y la apelación pueden aplicarse por igual a cada uno de nosotros: "Es mayor de edad; pregúntale; él hablará por sí mismo". Jesucristo mismo llevó nuestros pecados, como oímos esta mañana. Se entregó por nosotros. Nos sirvió, no por poder, sino por consagración personal, no por limosnas repartidas lastimosamente, sino por Su vida entregada como sacrificio a Dios alegremente. Si Él nos ha encomendado así Su amor, ¿qué menos podemos hacer a cambio que dar nuestro propio testimonio valiente, audaz y personal por Él?

Qué paralelismo hay entre el caso de este hombre y el nuestro. Sufría de un mal grave y personal. Nació ciego. Nosotros también nacimos en pecado. El pecado ha arrojado su ceguera sobre nuestras facultades desde nuestro mismo nacimiento. Nunca olvidaremos la medianoche de nuestra naturaleza. No podíamos ver ni siquiera las bellezas de Cristo mismo, aunque resplandeciente como el sol al mediodía, estábamos tan ciegos. Este hombre fue liberado personalmente de su dolencia, y confío en que nosotros también lo hayamos sido. Conozco a muchos aquí que pueden decir que mientras estaban ciegos, ahora ven. Habéis recibido, como el ciego, una bendición personal, al ser dotados de vista. La mancha que empañaba tu vida ha sido sanada. No es que alguien vea por ti y te diga lo que ve, sino que tú ves por ti mismo. No se te imputa simplemente que ves porque te han dicho lo que otro vio. Ahora usted no tiene ningún poder en el asunto, ningún patrocinador en el negocio. Tú mismo eres consciente de que se ha obrado una obra de gracia en ti, mientras que eras ciego ahora ves, y lo sabes. El ciego fue curado por obediencia personal al mandato de Cristo. Oyó una llamada especial dirigida a él: "Ve, lávate en el estanque". Fue y volvió viendo. Y muchos de los aquí presentes han oído la voz que dice: "Cree y vivirás", y les ha llegado, no como una exhortación general, sino como una dirección especial. Habéis creído y vivís. Os habéis lavado y habéis vuelto viendo. Pues bien, todo esto es personal, por lo tanto tu Señor y Maestro tiene derecho a esperar de ti un testimonio personal de Su poder para salvar. Eres mayor de edad. Cuando alguien te pregunte, confío en que hablarás por ti mismo. Habla y habla por tu Maestro sin vacilación ni miedo.

I. HAY OCASIONES EN QUE LOS HOMBRES SALVOS SE VEN POSITIVAMENTE OBLIGADOS A HABLAR POR SÍ MISMOS. Necesariamente deben dar su testimonio personal.

¿Qué otra cosa pueden hacer cuando los amigos los abandonan? El padre y la madre estaban dispuestos a reconocer a este joven, que era su hijo, dispuestos a dar testimonio de que había nacido ciego. Pero no quisieron ir más lejos. Podrían haber ido más lejos si hubieran querido, pero temían la sentencia de excomunión que los judíos ya habían acordado: que si alguien confesaba que Jesús era el Cristo, debía ser expulsado de la sinagoga. Así que, sintiéndose muy poco castigados al declinar ellos mismos toda responsabilidad, pues tenían una gran y probablemente bien fundada confianza en la capacidad de su hijo para valerse por sí mismo, lo abandonaron por así decirlo. Le impusieron la tensión y la carga de dar una respuesta clara que le habría acarreado tal desgracia. Se echaron atrás. No deseaban convertirse en objeto de persecución porque su hijo ciego había sido bendecido con la vista. El joven ciego debía, pues, luchar él mismo por el buen Dios que le había concedido tan gran beneficio. "Preguntadle", dijeron sus padres, "él hablará por sí mismo".

Hay ocasiones en que los padres de muchos jóvenes, si no desaprueban su religión, al menos les dan la espalda y no muestran simpatía por su fe o sus sentimientos. Algunos de nosotros nos alegramos cuando nuestros hijos se convierten. No nos avergonzamos de estar a su lado, defenderlos y protegerlos, sea como sea. Pero hay padres y madres a quienes no les gustan las cosas de Dios y por eso sus hijos, si se convierten, lo pasan mal. He conocido incluso a algunos que profesan ser discípulos de Cristo que se retiran con mucho recelo y dejan que otros defiendan la causa del Maestro cuando se trata de un duro empujón. En una conversación esperabas oír a aquel anciano gentil hablar valientemente en favor de la verdad del Evangelio, pero no lo hizo. Sabías que era miembro de una iglesia cristiana, pero se calló con mucha cautela durante mucho tiempo y luego dijo en voz baja que no había que echar perlas a los cerdos. Probablemente no tenía perlas, o posiblemente él mismo era un cerdo. ¿De qué otra manera podría explicarse una cobardía tan espantosa? Pero algunos han sabido en su ardor juvenil lo que es verse obligados a salir tan desafiantemente como para arriesgarse a ser acusados de presunción porque todos los demás parecían estar desertando de la doctrina que es su deber defender. Es lamentable cuántos parecen tener miedo de verse comprometidos. "Pregúntenle; pregúntenle; él hablará por sí mismo", es su insignificante pretexto, mientras se retiran prudentemente detrás de los arbustos, fuera del alcance de los rifles, sin acercarse nunca a menos que, tal vez, ustedes obtengan la victoria, cuando lo más probable es que suban a compartir el botín. Siempre que un hombre se encuentre en tal condición que se vea abandonado en la batalla por Cristo, por aquellos que deberían estar a sus espaldas, entonces que desdeñe la retirada y diga gallardamente: "Soy mayor de edad, hablaré por mí mismo. En el nombre de Dios daré mi testimonio".

Los hombres cristianos, por reservada y retraída que sea su disposición natural, se ven obligados a hablar cuando se les presiona mucho. Estos fariseos tomaron a este hombre y lo interrogaron muy de cerca. Le hicieron preguntas a manera de interrogatorio y contrainterrogatorio. "¿Qué te hizo? ¿Cómo te abrió los ojos? Y así sucesivamente. No parece que las preguntas le molestaran ni le desconcertaran. Se comportó magníficamente. Seguro de sí mismo, tranquilo, astuto, inamovible, su mente estaba decidida y con un dominio absoluto de la situación estaba preparado para ellas. No vaciló. Pues bien, confío en que si alguna vez ustedes y yo somos llevados a juicio y se nos hacen preguntas, aunque sea con la intención de enredarnos, nunca "nos avergonzaremos de reconocer a nuestro Señor o de defender Su causa". Seguramente esperaríamos ser dejados mudos si alguna vez nos avergonzáramos de hablar de Cristo cuando se nos ordena hacerlo. Si se trata de un desafío: "¿De qué lado estoy?", ¿vacilaré alguna vez en decir: "Estoy con Emanuel, el Salvador crucificado"? Si alguna vez nos acorralan y nos dicen: "Tú también estuviste con Jesús de Nazaret", oh, que Dios nos dé la gracia de ser prontos y no pensarlo dos veces: "Por supuesto que estuve, y por supuesto que sigo estando. Él es mi Amigo, mi Salvador, mi todo en todo, y nunca me avergonzaré de reconocer Su nombre". Los cristianos deben salir y dar, cada uno por sí mismo, un testimonio claro y distinto.

Cuando otros injurian y calumnian a nuestro Señor Jesucristo, se nos hace imperativo encomiarlo y ensalzarlo. A este hombre le dijeron: "Alaba a Dios. Sabemos que este hombre es pecador". Entonces él habló agradecidamente con un corazón rebosante de gratitud. "Me ha abierto los ojos. Una cosa sé: que, mientras estaba ciego, ahora veo". Pero cuando llegaron al extremo de decir: "En cuanto a este hombre, no sabemos de dónde es", habló aún más heroicamente. Se volvió contra sus agresores y los avergonzó con su maravillosa ignorancia, "que no sabéis de dónde es". Y luchó por su Maestro tan cortantemente que ellos se alegraron de tirar las armas del debate y tomar piedras de abuso con las que apedrearlo. Oh, si hablan mal de Cristo, ¿nos quedaremos callados? ¿Nos hiela la sangre el juramento y nunca tendremos una palabra de reproche para el blasfemo? ¿Oiremos la causa de Cristo denunciada en sociedad y por temor al hombre débil refrenaremos nuestra lengua o suavizaremos el asunto? No, arrojemos el guante por Cristo y digamos de inmediato: "No puedo y no quiero contenerme". Ahora las mismas piedras podrían hablar. Cuando mi querido amigo -mi mejor amigo- es abusado así, debo proclamar y proclamaré los honores de Su nombre". Creo que los cristianos de este país no se toman ni la mitad de la libertad que podrían. Si decimos una palabra de religión o abrimos nuestras Biblias en un vagón de tren o algo por el estilo, dicen: "¡Hipócritas!". Pueden jugar a las cartas, supongo, en un transporte público con impunidad. Pueden hacer horrible la noche con sus aullidos. Pueden proferir toda clase de blasfemias y cantar canciones lascivas a su dulce antojo, pero nosotros somos hipócritas si tomamos nuestro turno. En nombre de todo lo que es libre tendremos nuestro turno. Y de vez en cuando me gustaría que cantarais, para molestia de ellos, uno de los cantos de Sión, pues ellos cantan los cantos de Babilonia lo bastante alto como para molestarnos. Digámosles que mientras vivamos en una tierra de libertad y nos regocijemos porque Cristo nos ha hecho libres, no nos avergonzaremos más de Sus testimonios de lo que ellos se avergüenzan de sus iniquidades. Cuando comiencen a pecar en privado, y se avergüencen de pronunciar una palabra lasciva, entonces tal vez sea el momento -no, ni siquiera entonces- de que guardemos nuestra religión para nosotros mismos.

Como ves, hay momentos en que los hombres, los hombres callados y reservados, deben hablar. Serán traidores si no lo hacen. No creo que este ciego fuera en absoluto hablador. La brevedad de sus respuestas parece indicar que era un orador cauteloso, pero le empujaron a ello. Era como el ciervo al acecho. Tenía que luchar, por muy suavemente que estuviera dispuesto. Y creo que apenas hay un hombre o una mujer cristianos que hayan sido capaces de llegar hasta el cielo y, sin embargo, esconderse tranquilamente y correr de arbusto en arbusto, arrastrándose hacia la gloria. ¡Cristianismo y cobardía! Qué contradicción. Creo que debe haber habido momentos en los que te has sentido inclinado a decirte a ti mismo: "Bueno, ahora, cueste lo que cueste. Puedo ser marginado en la sociedad, puedo ser ridiculizado por los rudos y puedo perder el respeto entre los educados, pero por Jesucristo y por Su verdad debo dar testimonio". Entonces se te ha hecho verdad: "Es mayor de edad; pregúntale; él hablará por sí mismo".

II. Pasamos a otra observación. SIEMPRE ES BUENO ESTAR PREPARADO PARA HABLAR POR UNO MISMO. Este hombre estaba evidentemente preparado para hacerlo. Cuando sus padres dijeron: "Pregúntenle: él hablará por sí mismo", creo que había un pequeño brillo en los ojos del padre mientras hablaba, queriendo decir: "Atraparás a uno formidable. Puede hablar por sí mismo. Lo hemos conocido durante muchos años, mientras ha estado ciego, y siempre ha tenido una respuesta bastante aguda para cualquiera que lo considerara tonto. Si ahora se imaginan que van a sacar mucho de él en forma de alimento para su alegría o diversión, están muy equivocados. Es más probable que él te estropee a ti que tú a él". Y cuando lo entregaron a los inquisidores, aunque no fueron amables, supongo que no pensaron que fuera un tierno pollo que necesitara mucho de sus cuidados. Parecían decir: "Es mayor de edad, ha llegado a la madurez; pregúntale. Pregúntale. Hablará por sí mismo, se lo garantizamos". Y así lo hizo. Ahora quiero tener aquí un grupo de cristianos de esa clase, que, cuando se les pregunte algo acerca de su santa fe, puedan responder de tal manera que no se conviertan a menudo en el blanco del ridículo y del escarnio, porque demostrarán ser más que un rival para sus adversarios. Pero, preguntaréis, ¿cómo vamos a estar preparados para hablar por nosotros mismos?

Al principio es bueno cultivar un hábito general de franqueza y audacia. No tenemos por qué entrometernos y meternos en el camino de la gente, convirtiéndonos así en una molestia y un fastidio para ellos. Lejos de ello, caminemos por el mundo como quienes no tienen nada que ocultar, conscientes de la integridad de nuestros propios motivos y de la rectitud de nuestro corazón ante Dios, sin necesidad de llevar armadura y dormir en ella como los caballeros de antaño, sabiendo más bien que la verdad desarmada es la mejor vestimenta. Mostremos que no tenemos nada que ocultar o cubrir, nada que disfrazar o esconder; que el Evangelio ha obrado en nosotros tal honestidad y franqueza de espíritu que nada puede hacernos sonrojar, ningún enemigo puede causarnos temor. Digamos lo que creemos como verdadero porque podemos dar fe de su veracidad. Ahoguemos a los que discuten estas cosas, no tanto por nuestro combate como por nuestro carácter. Demostrémosles que tenemos una razón sólida para nuestra simple protesta, que hemos recibido realmente la gracia en la que creemos fervientemente. Nuestras palabras tendrán peso cuando vean que el fruto de nuestra piedad concuerda con la flor de nuestra profesión. Hay un gran poder en esta manera de responder al adversario.

Ten cuidado, sin embargo, cuando hables, de estar seguro de lo que dices. Este hombre lo estaba. "Si es pecador o no", dijo, "no lo sé". Así que no ofreció ninguna opinión sobre un tema del que no podía estar seguro. Pero cuando tenía hechos contundentes de su lado, no había nada vago en su declaración: "Una cosa sé: que, siendo ciego, ahora veo". Este es un argumento que el más astuto de los argumentadores encontraría difícil de responder. Cuando el ciego los miró de frente, se quedaron perplejos. Y hay algunos de ustedes en quienes se ha operado tal cambio de carácter que podrían decir sinceramente: "Sé que no soy el hombre que solía ser. Mi manera de vivir desde mi juventud es bien conocida por muchos, si quisieran testificar. Pero ahora Dios, por el evangelio de su Hijo, ha abierto mis ojos, renovado mi corazón, limpiado mi lepra y puesto mis pies en el camino de la paz". Incluso aquellos que se burlan del Evangelio son, en el caso de muchos de nosotros, incapaces de negar el notable y beneficioso cambio que ha obrado. Hay aquí una rectitud moral sobre la que debemos ser muy rígidos. Pongan el pie en el acelerador y digan: "No, no pueden juzgar mal esto. Pueden filosofar, si quieren, pero el sencillo y anticuado evangelio de los niños me cambió y me hizo amar lo que antes odiaba, y odiar lo que antes amaba. Eso es algo que no puedes negar. Una cosa sé".

Y es bueno, como este hombre, tener los hechos listos para recitar. "Un hombre llamado Jesús hizo arcilla y ungió mis ojos y me envió a la piscina a lavarme. Y me lavé y volví a ver". Preséntales el plan de salvación, tal como lo percibiste por primera vez, de manera sucinta y clara. A menudo es la mejor respuesta que se puede dar a los que preguntan para quejarse y discutir con el fin de menospreciar. Deja que la reciban con el mismo entusiasmo con que tú la recibiste en su momento. Así como el Señor ha tratado tu alma, diles lo que Él ha hecho por ti. Debe ser un hombre de corazón duro el que puede despreciar la simple declaración de tu propia conversión. El cambio que ha obrado en ti será un hecho que no podrá discutir. Aunque piense que eres un iluso y te llame entusiasta, no hay nada tan difícil para él como tu franqueza y confianza. "Me abrió los ojos". Ahí está el punto. "Me abrió los ojos". Y si Él abrió mis ojos, entonces Él era de Dios. Dios debe haber estado en un asunto como ese, porque yo nací ciego". Con mansedumbre y temor, da razón de la esperanza que hay en ti a todos los que se te oponen.

Los cristianos también deben ser en todo momento como lo fue este hombre: muy dispuestos a soportar el abuso. "Has nacido en pecado". No creo que al ciego le importara un ápice lo que tuvieran que afirmar o insinuar al respecto. Su desprecio no podía privarle de la vista. Simplemente sacudió la cabeza y dijo: "Puedo ver. Puedo ver. Estaba ciego, pero ahora veo. Los fariseos pueden abusar de mí, pero puedo ver. Pueden decirme que soy esto, aquello y lo otro, pero puedo ver. Mis ojos están abiertos". Así que, hijo de Dios, puede que a menudo te digas a ti mismo: "Puede que me ridiculicen. Me pueden ridiculizar como presbiteriano, o metodista, o bautista, o cismático, o lo que quieran, no importa. Soy salvo. Soy un hombre cambiado. La gracia de Dios me ha renovado. Que me llamen como quieran ahora". Algunas personas son muy sensibles a la sátira. Se encogen y parecen molestas ante una broma, y lo que los hombres llaman "paja" les chirría. ¡Qué niño es el hombre que no puede aguantar la risa de un tonto! Mantente erguido, joven, y cuando vuelvas a ese establecimiento encapotado muestra un frente audaz. Ustedes que van a trabajar en algunas de las grandes fábricas, y que han sido interrogados y bromeados por causa de su religión, ármense de valor y digan: "aquí estoy, con mi metro setenta de estatura, o mi metro ochenta, o lo que sea, ¿y voy a avergonzarme de que se rían de mí por causa de Cristo?" ¡Pooh! No vales ni las botas con las que te paras erguido si te rebajan por su juego. No me cabe duda de que a muchos soldados en los cuarteles les cuesta mantener el ánimo cuando sus camaradas se burlan de ellos con mofa y desprecio. Pero después de todo, queridos amigos, ¿no debería la hombría común infundirnos fortaleza? Cuando nos hemos apoderado de algo que creemos correcto, deberíamos ser unos novatos para dejarlo ir por miedo a una broma vertiginosa o a una mueca miserable. Dejemos que se rían. Se cansarán de burlarse de nosotros cuando descubran que nuestro temperamento triunfa sobre sus trucos insensatos. Que se diviertan si pueden, pobres simplones. A veces me siento más inclinado a sonreír que a entristecerme por las bromas que se acuñan a mi costa. Sus ataques juguetones pueden aliviar algunas de las penas lastimosas que se encienden desprevenidas en sus horas solitarias. La melancolía es carnaval en este mundo de locos. Fantasmas y duendes rondan el cerebro más alegre. Y si por una vez, de vez en cuando, consiguen un objeto vivo para su diversión, y yo mismo me convierto en el blanco de sus bufonadas, no hay temor de que me haga daño, el único peligro es que les haga daño a ellos. Pensad así, queridos amigos, y no os preocupéis por ninguna de sus tonterías.

Este ciego de nacimiento, cuyos ojos fueron abiertos, estaba preparado para enfrentarse a los fariseos y hablar por sí mismo, porque sentía una intensa gratitud hacia Aquel que le había concedido el inestimable don de la vista. A lo largo de todo el relato se ve que, aunque no conocía mucho a Jesús, era consciente de que era su verdadero amigo y se aferró a Él en las buenas y en las malas. Puede que tú y yo no sepamos mucho de nuestro Señor, ni una décima parte de lo que esperamos saber, pero Él nos ha abierto los ojos. Ha perdonado nuestros pecados. Ha salvado nuestras almas. Y, por Su gracia, nos apegaremos a Él pase lo que pase. Si tu gratitud hacia Él está siempre en su máximo calor, no me temo que cuando seas burlado, cuando, en cualquier momento, seas puesto a prueba, serás fiel a tu amigo y serás capaz de decir con una sólida con- ciencia

"No me avergüenzo de poseer a mi Señor, O de defender Su causa

Mantener el honor de Su Palabra,

La gloria de su cruz".

III. TODO HOMBRE Y MUJER SALVOS DEBEN HABLAR VOLUNTARIAMENTE POR SÍ MISMOS ACERCA DE CRISTO. He dicho que seréis llevados a ello. También les he pedido que estén preparados para ello cuando se vean impulsados a hacerlo. Pero ahora tengo que instarles a que lo hagan de buena gana.

¿No somos todos deudores de Cristo si, en verdad, Él nos ha salvado? ¿Cómo podemos reconocer esa deuda si nos avergonzamos de Él? Su testimonio es: "El que creyere y fuere bautizado, será salvo". ¿Nos salva el bautismo? No, ciertamente, pero el que cree está obligado a bautizarse para poder confesar así a Su Señor. El bautismo es la respuesta de una buena conciencia hacia Dios. Es la respuesta agradecida del discípulo al llamado misericordioso de su Maestro. Ustedes saben cómo está expresado: "El que creyere de corazón, y confesare de él con la boca, será salvo". No puedo legalmente abstenerme de confesar si interiormente creo. ¿Por qué habría de hacerlo? Si le debo tanto a Él, ¿puedo pensar en no confesarlo? Estoy seguro de que si hubiera un mandamiento que nos ordenara no reconocer a nuestro Señor, que no se lo dijéramos a nadie, que ocultáramos el secreto a parientes, amigos y vecinos, para mí sería sumamente angustiante. Pero Él nos ordena que lo reconozcamos y que demos testimonio de Él. Aclamamos la orden. Lo consideramos de lo más conveniente y apropiado, y lo obedecemos alegremente. ¿No es así?

Cómo debemos cada uno de nosotros, de buena gana, hablar en favor de Cristo, porque nosotros, cada uno de nosotros, sabemos más acerca de lo que Él ha hecho por nosotros. Nadie aquí sabe todo lo que Él ha hecho por mí. Me parece oírles decir: "Es cierto, pero entonces ustedes no saben lo que Él hizo por nosotros". No, no; somos deudores de Él por encima de la cabeza y de las orejas. Oh, cuánta misericordia ha mostrado por algunos de nosotros. Si el mundo pudiera conocer nuestro estado antes de la conversión, casi se nos pondrían los pelos de punta al leer la historia de nuestras vidas. ¡Cómo nos ha cambiado la gracia de Dios! ¡Oh, qué cambio! ¡Qué cambio! Si los cuervos se convirtieran en palomas y los leones en corderos, vuestros pretenciosos eruditos podrían explicar o mistificar el fenómeno con una o dos palabras de terminología griega. Pero esta conversión se nos presenta todos los días. Y los hombres de ciencia guardan silencio, mientras que los burlones la encuentran sólo para burlarse de ella. El cambio es infinitamente mayor que cuando los huesos secos se levantan y se revisten de carne. Cuando las piedras comienzan a derretirse y correr en arroyos, no es nada en punto de maravilla a la regeneración que hemos experimentado. Debemos contarlo. Debemos hablar de ella. Sabemos más de ella que los demás y estamos obligados a ser los narradores honestos de la maravillosa narración.

Cuantos más testimonios individuales se den de Cristo, más peso tendrá la fuerza acumulada del gran conjunto. Si yo, en la masa, doy testimonio de Cristo en nombre de todos ustedes, diciendo: "El Señor ha hecho grandes cosas por nosotros, de las cuales nos alegramos", espero que haya algún honor para Cristo y alguna influencia que surta efecto. Pero si diez, veinte, treinta, cincuenta se levantaran uno tras otro y dijeran: "El Señor ha hecho grandes cosas por mí", y cada uno contara su propia historia, cuánta más convicción se produciría. He oído de un abogado en los Estados Unidos que asistió a una reunión testimonial entre sus vecinos. Era un escéptico, si no un completo incrédulo, cuando entró en el lugar, pero se sentó con su lápiz y papel y tomó notas de las declaraciones de sus vecinos. Cuando, más tarde, revisó las pruebas, se dijo a sí mismo: "Ahora, si tuviera a estas doce o trece personas en el estrado de mi lado, me sentiría bastante seguro de llevar mi caso. Vivo entre ellos. No son las personas más instruidas que he conocido, pero son personas muy honestas y dignas de confianza; hablan con franqueza, y aunque cada uno ha contado su historia, todos llegan al mismo punto y todos dan testimonio de un hecho: que existe algo llamado la gracia de Dios, y que cambia el corazón. Bueno", dijo, "estoy obligado a creer después de todo este testimonio". Y creyó, y se hizo cristiano. De esto estoy seguro: si los cristianos contaran más a menudo su testimonio del poder de Jesucristo en sus corazones, el testimonio acumulado convencería a muchas mentes irreflexivas, y multitudes llegarían a creer en Jesús. El Espíritu Santo se deleita en reconocer y bendecir tales historias verdaderas como las que usted puede contar.

¿Escucho a uno y otro de ustedes decir: "Pueden prescindir de mi relato"? No, amigo mío, yo respondería que no podemos prescindir de su testimonio, porque las diversidades de su experiencia son tan numerosas como los individuos convertidos, aunque hay unidad en la operación del Espíritu Santo. Nuestro Señor abrió los ojos de muchos ciegos. Destapó los oídos de muchos sordos. Desató las lenguas de muchos mudos y no podemos contar cuántos leprosos limpió. Pero cada paciente podría contarte sus propios síntomas y los detalles minuciosos de su propia curación. Tu historia, también, tiene su interés especial mientras contribuye a la narrativa general. Al menos lamentarías que no fuera así. "El Señor contará, cuando escriba el pueblo, que este hombre nació allí". Sé que te gustaría que tu nombre fuera mencionado entonces. Y creo que ahora valdría la pena que mencionaras las misericordias que has recibido tal como las recibiste. Para hablar por mí mismo, creo que Dios, al convertirme, manifestó un camino propio que se ajustaba exactamente a mi necesidad. Mi caso era tan parecido al de ustedes como para provocar simpatía, pero tan diferente como para provocar una gratitud especial, y así fue, sin duda, con cada uno de ustedes. Su carrera, su carácter, sus circunstancias diferían en cada caso. Como un gran maestro rara vez pinta el mismo cuadro dos veces, así el Maestro artista, Dios, rara vez, (creo que nunca), trabaja exactamente igual en dos corazones. Hay una diferencia y en esa diferencia hay una ilustración de la múltiple sabiduría de Dios. Por eso necesitamos su historia.

Además, tu testimonio puede tocar el corazón de alguien como tú. La pequeña María de allá dice: "Bueno, yo no soy nadie, sólo una nodriza. El Señor Jesucristo me ha limpiado y me ha hecho suya, es verdad, pero puedes prescindir de mi relato". No, María, no podemos. Tal vez tu testimonio se ajuste exactamente a otra muchachita como tú. Una criadita atendía a la mujer de Naamán. ¿Quién sino ella podría haberle dicho a su ama que había curación para Naamán o que podía acudir a un profeta en Israel y ser curado? Cuente su historia con suavidad y en voz baja y a su debido tiempo, pero que se sepa. "Oh", dice el anciano, "pero estoy tan débil ahora. Podrías prescindir de que dijera algo". No, padre William, no podemos. Usted es el hombre cuyas pocas palabras tienen todo el peso. Usted se encuentra, de vez en cuando, con grandes oportunidades de llevar almas al Salvador. "Soy demasiado viejo para pensar en estas cosas", dice uno. Pero usted podría contar cómo el Señor ha tratado con usted en su vejez, y tal vez le llegue al corazón. Ustedes, trabajadores, si todos hablaran en favor de

Cristo, como sé que muchos de ustedes lo hacen, qué efecto se produciría. Qué influencia tendrían en otros como ustedes. Por supuesto, cuando nos oyen predicar, dicen: "Oh, bueno, ya saben, es un pastor. Lo dice profesionalmente. Es su trabajo decirlo". Pero cuando cuentas lo que el Señor ha hecho por ti, se convierte en la charla. Se repite una y otra vez. Sé lo que Tom dice cuando llega a casa. Le dice a su esposa Mary, "¿Qué piensas de ese Jack con el que he estado trabajando? Me ha estado hablando de su alma y dice que sus pecados le han sido perdonados. Y parece un hombre tan feliz. Sabes que solía beber y jurar lo mismo que yo, pero ahora es un hombre maravillosamente diferente. Y yo diría, por lo que veo, que debe haber algo en él. Bueno, me invitó a casa la otra noche, y su casa es tan diferente a la nuestra". "Ya está, cállate la boca", responderá Mary bastante bruscamente. "Si me trajeras el sueldo a casa regularmente cada semana, te lo podría colocar mejor". "Ah", dice él, "y eso es lo que he estado pensando. Es sólo porque es un hombre religioso que trae su sueldo a casa, y creo que hay algo real en su conversión, ¿sabes? No bebe como yo. No se mezcla con todo tipo de alondras y locuras. No habría pensado tanto en ello si el párroco me hubiera hablado. Pero ahora creo que hay algo bueno y genuino en la gracia de la que habla. Será mejor que tú y yo vayamos el próximo domingo por la noche al Tabernáculo, o a algún otro lugar, y lo oigamos por nosotros mismos." Ah, hay muchas, muchas almas traídas a Cristo de esa manera. Entonces no podemos prescindir de tu testimonio, Jack, porque tu conversación es adecuada para tu propia clase. Y usted, su señoría, dice: "Amo al Señor, pero no creo que pudiera decir nada en mi círculo y andar de la vida". ¿No podría? Ah, pero estoy seguro de que superará fácilmente esta pequeña dificultad si logra crecer un poco más en la gracia. Teníamos entre nosotros a una persona cuyo rango le daba derecho a moverse en una esfera superior de la "sociedad", pero su elección le permitió preferir la humilde compañía de la iglesia. Algunos de ustedes recuerdan bien sus cabellos plateados. Ahora nos ha dejado. Se ha ido a casa, a la gloria. Su suerte estaba echada entre la aristocracia. Sin embargo, con gentil, tranquila y anodina sencillez introdujo el evangelio dondequiera que iba. Muchos y muchas han venido a estos bancos a escuchar a vuestro ministro, que nunca habría estado aquí de no ser por su vida tranquila, hermosa, discreta y santa, y por el valor con el que, en cualquier lugar y en cualquier momento, podía decir: "Sí, soy cristiana. Es más, soy no conformista. Y lo que usted pensará peor, soy bautista. Y lo que pensarán peor, soy miembro del Tabernáculo". Nunca se ruborizó al reconocer el nombre de nuestro bendito Redentor, ni al reconocer y hacerse amiga del más humilde de sus discípulos. Haríais bien en seguir su fe. En cualquier círculo en que nos movamos, esforcémonos por convertirnos en centros de influencia.

Así, he tratado de mostrarles, queridos amigos, que cada uno tiene un testimonio que dar, un privilegio que debe ser apreciado no menos que un deber que debe ser cumplido, porque un don que ha recibido lo califica para un servicio que se le pide que preste. Supongamos que el soldado, cuando marcha a la batalla, dijera: "No necesito cargar mi arma. No necesito disparar en el día de la batalla, viendo que a la derecha y a la izquierda hay buenos tiradores abatiendo al enemigo". Sí, pero cuando estás en pleno fuego de mosquete tu bala tiene su tocho y el tocho para tu bala no es el tocho para ninguna otra bala. Por lo tanto, déjalo ir, déjalo ir. Todos debemos disparar, hermanos. No algunos, sino todos debemos disparar y nuestra carga debe ser esta, "Una cosa sé, mientras estaba ciego, ahora veo. Por eso doy testimonio de mi Señor. Que quien quiera lo niegue, Él ha abierto mis ojos".

IV. Por último, COMO TODO CRISTIANO, POR SER MAYOR DE EDAD, TIENE QUE HABLAR POR SÍ MISMO, QUEREMOS HACERLO. QUEREMOS HACERLO. Por mi parte, me propongo hacerlo. Lo que creo que es verdad os lo he dicho desde mi juventud. A veces he ofendido a muchos. Ofenderé a muchos más, espero, porque no es un asunto que haya tenido en cuenta. ¿Es esto verdad? ¿Es una verdad necesaria? ¿Es esencial que se hable claro y se publique ampliamente? Se va como una granada de mano lanzada en medio de la multitud. Que cada ministro de Cristo -y confío en que cada vez se reconozca más lo correcto de la cuestión- tenga el valor de hablar en nombre de su Maestro. Que hable, nunca con la respiración entrecortada, sino en el nombre de Aquel que lo envió, en el nombre de Dios, con el valor que corresponde a su comisión. Un labio tembloroso y un semblante cobarde en un ministro demuestran que es indigno del oficio que pretende sostener. Debemos poner nuestros rostros como un pedernal y dar testimonio de la verdad, de toda la verdad, y nada más que la verdad hasta donde Dios nos la enseñe.

Y ustedes, mis correligionarios, y ustedes, cristianos de todo tipo, ¿no adoptarán también esta resolución: "Somos mayores de edad y queremos hablar por nosotros mismos"? No todos pueden predicar. Espero que no lo intenten. Qué mundo de tumulto y desorden tendríamos si cada hombre y mujer sintiera el llamado a predicar. Tendríamos una iglesia toda boca y entonces habría un vacío en alguna parte. No quedarían oyentes si todos se convirtieran en predicadores. No, no es para buscar precedencia en las asambleas públicas, sino para ejercer influencia en la sociedad privada para lo que has sido llamado. Con una buena conversación, con un discurso sazonado con sal, en casa entre amigos, parientes o compañeros, a la docena o a uno, den a conocer lo que el amor ha hecho, lo que la gracia ha hecho, lo que Cristo ha hecho.

Dadlo a conocer. Dadlo a conocer. Entre tus criados, entre tus hijos, entre la gente de tu oficio; dondequiera que vayas, hazlo saber, hazlo saber. Vistan sus regimientos dondequiera que vayan. No me gusta ver a un soldado cristiano avergonzado de mostrar la escarlata. Oh, no, póngaselo. Es un honor servir a Su Majestad. Si hay algo en el cristianismo de lo que te avergüences, sal de él. No finjan creer si temen traicionar su profesión, pero si reciben el evangelio y lo creen como la revelación de Dios, nunca se avergüencen de admitirlo, sino sean valientes para declararlo en todo tiempo y en todo lugar.

"Bueno", dice uno, "me estoy retirando". Sé que lo eres, hermano. Vamos, entonces, deja un poco de tu modestia y distíngute un poco más por tu hombría. ¿No te he contado algunas veces del soldado que se estaba retirando en el día de la batalla, pero lo fusilaron por cobarde? No conviene retirarse cuando el deber te apremia, o cuando el peligro te llama al frente. He oído hablar de un hombre con cara de león y corazón de ciervo. Cuidado con un carácter demasiado retraído. Las cosas de dudosa reputación a veces se disfrazan con palabras corteses, por lo que la desconfianza puede ser ruin y la cautela puede ser cobarde. Sé valiente por tu Señor y Maestro. No hagas el papel de traidor con tu silencio, como despreciarías hacerlo con tus palabras...

"¿Avergonzado de Jesús? ¡Ese querido amigo de quien dependen mis esperanzas del cielo! ¡No! Cuando me sonrojo, sea ésta mi vergüenza, Que ya no reverencio Su nombre".

Rompe el hielo, pues, y habla con alguien de este bendito mensaje antes de irte a descansar. ¿Te propones hacerlo? Ten cuidado de no postergarlo hasta que tu corazón se enfríe y las palabras que te propones se congelen en tus labios. No, pero hazlo y la cosa crecerá en ti. Pronto saludarás la oportunidad tanto como ahora rehuyes la necesidad. Bendecirá tu vida. Creo que es Horacio Bonar quien dice...

"¡Vive mucho quien vive bien!

Todo lo demás se desecha.

Es el que vive más tiempo

De cosas verdaderas hechas de verdad cada día. Sé lo que pareces. Vive tu credo. Alza a la tierra la antorcha divina. Sé lo que pides que te hagan.

Que los pasos del gran Maestro sean los tuyos.

Llena cada hora con lo que durará. Compra los momentos sobre la marcha.

La vida de arriba, cuando esto haya pasado,

Es el fruto maduro de la vida de abajo.

No malgastes tu ser. Dáselo a Aquel que libremente lo dio, libremente dáselo. Si no, ese ser no es más que un sueño, no es más que ser y no vivir".

Queridos amigos, algunos de vosotros que sois creyentes en Cristo aún no le habéis confesado nunca. Espero que resuelvan desde esta noche declararse Sus discípulos y convertirse en Sus fieles seguidores. Ustedes son mayores de edad. "Sí", dice uno, "soy más bien mayor de edad, pues tengo más de cincuenta años". Otros de ustedes son mayores que eso, y aunque son creyentes en Cristo, nunca lo han confesado. No lo harán, hermanos y hermanas. No servirá. No servirá con morir. No sirve pensar en ahora. Cuando Él venga, felices serán los que no se avergonzaron de Él. Pero cuando Él venga en Su gloria con todos Sus santos ángeles, el temblor se apoderará de aquellos que pensaban y decían amarlo, pero nunca se atrevieron a soportar el oprobio por causa de Su nombre o a sufrir vergüenza por el evangelio. Espero que estas reflexiones te inquieten mucho, y te obliguen a decir: "Por favor Dios, me uniré a una iglesia cristiana antes de que termine esta semana". Si eres un creyente en Cristo, te exhorto a que no juegues con la voz de la conciencia, sino que pagues tus votos al Altísimo.

¡Ay! ¡Ay! Hay algunos que no pueden hablar por Cristo de ninguna manera, porque no lo conocen. Él nunca les abrió los ojos. Nunca traten de hablar de asuntos que no entienden, ni pretendan dar testimonio de misericordias que no han experimentado. Recuerden que el Cristo que predicamos no es sólo el Cristo de la historia que fue crucificado, muerto y sepultado, sino que es un Cristo vivo en este momento, todavía entre nosotros por Su Espíritu: cambiando nuestras naturalezas, cambiando y guiando la corriente de nuestros pensamientos y vidas, purificando nuestros deseos y motivos, enseñándonos a amarnos unos a otros, amonestándonos a ser puros, suplicándonos que seamos amables, dándonos un corazón para aspirar a las cosas de arriba en lugar de arrastrarnos entre las cosas de abajo. Ahora bien, si nunca has conocido a este Cristo, no puedes dar testimonio de su poder. Pero se le puede encontrar. Confía en Él. Él es divino: el Hijo de Dios. Su sangre es la sangre del gran sacrificio del que habló Moisés y del que dieron testimonio todos los profetas. Él es el último gran sacrificio de Dios. Ven y confía en Él. Y cuando confíes en Él, esa confianza será como cuando la mujer tocó el borde de Su manto. Tan pronto como ella lo tocó, fue sanada, porque la virtud salió de Él. Esa virtud sigue saliendo de Su sagrada persona cada vez que el simple toque de la fe pone al pecador en contacto con el Salvador. El Señor te conduzca a creer en Jesús, y cuando hayas creído por gracia, acércate y confiesa Su nombre. Así serás contado con Sus santos ahora y en la gloria eterna.

Sermón #1065—La Curación de un Ciego de Nacimiento

PRONUNCIADO EN LA MAÑANA DEL DÍA DEL SEÑOR, 11 DE AGOSTO DE 1872, POR C. H. SPURGEON,

EN EL TABERNÁCULO METROPOLITANO, NEWINGTON.

"Desde el principio del mundo no se ha oído decir que alguno abriese los ojos a un ciego de nacimiento". Juan 9:32.

Eso era muy cierto: no había ningún caso registrado en las Escrituras o en la historia profana en la época en que este hombre habló, de ninguna persona que hubiera nacido ciega que hubiera obtenido la vista. Creo que fue en el año 1728 cuando el célebre Dr. Cheselden, del Hospital de Santo Tomás, logró por primera vez en la historia del mundo la maravilla de devolver la vista a un hombre que había sido ciego desde su juventud, y desde entonces la operación de acoplar los ojos se ha realizado varias veces con éxito en personas que habían nacido ciegas.

Sin embargo, este hombre estaba en lo cierto al afirmar que entonces, y en su época, no se había curado la ceguera de nacimiento ni por medio de una hábil cirugía, ni siquiera por milagro. No cabe duda de que este hombre era un gran estudioso de la cuestión de la ceguera, ya que tocaba tan de cerca su propia conciencia, puesto que él mismo vivía bajo su sombra perpetua. Era el único hombre de la ciudad que entendía el tema a fondo, pero, por desgracia, en todas sus investigaciones no encontró ningún motivo de esperanza. Después de conocer toda la historia de la ceguera y de su curación, este hombre había llegado a la segura convicción de que nunca se había curado a nadie que estuviera en su situación, una triste conclusión para él. Nuestro Señor Jesús hizo por él lo que nunca antes se había hecho por ningún hombre.

Este agradable hecho me parece lleno de consuelo para todas las personas aquí presentes que trabajan bajo la idea de que el suyo es un caso muy peculiar y sin esperanza. Probablemente no es un caso tan solitario y especial como usted piensa, pero incluso si aceptamos su suposición, no hay lugar para la desesperación, ya que Jesús se complace en abrir nuevos caminos de gracia.

Nuestro Señor es inventivo en el amor, Él concibe nuevos modos de misericordia. Es su alegría encontrar y aliviar a aquellos cuya miserable condición ha desconcertado toda otra ayuda. Su misericordia no se atiene a precedentes. Conserva la frescura y la originalidad del amor. Si no puedes encontrar ningún caso en el que una persona como tú haya sido salvada alguna vez, no debes, por lo tanto, concluir que necesariamente debes estar perdido, sino más bien, debes creer en Aquel que hace grandes maravillas, sí, y maravillas inescrutables en el camino de la gracia. Él hace lo que quiere, y su voluntad es amor. Ten esperanza de que en la medida en que Él ve en ti a un pecador singular, hará de ti un trofeo singular de Su poder para perdonar y bendecir.

Así sucedió con los ojos de este hombre: si nunca antes se hubieran abierto los ojos de un ciego de nacimiento, Jesucristo lo haría, y mayor sería la gloria traída a Su nombre por el milagro. Jesús no necesita que le muestren el camino, a Él le encanta trazar caminos para Sí mismo, y entre mayor sea el espacio para Su misericordia, mejor le gusta el camino.

Me propongo esta mañana recoger instrucción de la expresión particular, que el hombre sanado usó aquí. Que el Espíritu Santo haga que la meditación nos sea verdaderamente provechosa.

Y en primer lugar, les pediré que observen la peculiaridad de su caso: era un ciego de nacimiento; luego, en segundo lugar, las especialidades de su curación ocuparán un poco de nuestra atención; y en tercer lugar, haremos algunas observaciones sobre la singular condición del hombre sanado desde el momento en que sus ojos fueron abiertos.

I. Primero, entonces, LA PECULIARIDAD DE SU CASO.

No era un caso de falta de luz que hubiera podido remediarse rápida y fácilmente. Había luz suficiente a su alrededor, pero la pobre criatura no tenía ojos. Ahora bien, hay millones de personas en el mundo que tienen poca o ninguna luz, las tinieblas cubren la tierra y las grandes tinieblas a la gente.

A la Iglesia le incumbe difundir la luz por todas partes, y para esta labor está bien capacitada. No debemos permitir que nadie perezca por no conocer el Evangelio. No podemos dar ojos a los hombres, pero podemos darles luz. Dios ha puesto entre nosotros sus candeleros de oro y ha dicho expresamente: "Vosotros sois las luces del mundo".

Ahora, yo creo que hay algunas personas que tienen ojos que, sin embargo, ven muy poco por falta de luz, son hijos de Dios, pero caminan en tinieblas y no ven la luz, Dios les ha dado la facultad espiritual de la vista, pero todavía están abajo en las minas, en la región de la noche y de la sombra de la muerte. Están encarcelados en el Castillo de la Duda, donde sólo unos débiles rayos luchan por entrar en su calabozo. Caminan como hombres en la niebla, viendo sin ver. Oyen predicar doctrinas que no son la pura verdad, el grano aventado de la alianza, y mientras sus ojos están cegados por la paja y el polvo, ellos mismos están desconcertados y perdidos en un laberinto.

Demasiados en esta luz turbia tejen para sí teorías de duda y miedo que aumentan la penumbra, sus lágrimas ensucian las ventanas de su alma. Son como hombres que cuelgan persianas y contraventanas para que no les dé el sol. No pueden ver, aunque la gracia les ha dado ojos. Que sea tuyo y mío, mediante la explicación y el ejemplo, enseñando con el lenguaje de los labios, y con el lenguaje más fuerte de nuestras vidas, esparcir la luz por todos lados, para que los que moran en la medianoche espiritual puedan regocijarse, porque para ellos ha brotado la luz.

De nuevo, este no era el caso de un hombre ciego por accidente. Aquí, de nuevo, la ayuda del hombre podría ser de gran utilidad. Personas que han sido golpeadas con ceguera se han recuperado de nuevo. En la historia bíblica se da un ejemplo notable, cuando Elías dejó ciego a todo un ejército, pero después oró a Dios por ellos y recuperaron la vista al instante.

Podemos hacer mucho en los casos en que la ceguera se debe más a las circunstancias que a la naturaleza. Por ejemplo, en todas partes del mundo existe cierto grado de ceguera causada por los prejuicios. Los hombres juzgan la verdad antes de oírla, se forman opiniones sobre el Evangelio sin haber estudiado el Evangelio mismo. Poned en sus manos el Nuevo Testamento, rogadles que sean sinceros, que lo investiguen con su mejor juicio y que busquen la guía del Espíritu Santo, y creo que muchos verían su error y se enmendarían. Hay algunos espíritus verdaderos cuyas percepciones mentales están cegadas por el prejuicio, que serían ayudados muy gentilmente a ver la verdad si la pusiéramos tierna y sabiamente ante ellos.

Los prejuicios de la educación dominan a muchos en este país. Somos en el fondo un pueblo muy conservador, tenaz de los errores establecidos y desconfiado de cualquier verdad largamente olvidada. Nuestros compatriotas no están dispuestos a aceptar la verdad más obvia, a menos que haya estado en boga durante siglos. Tal vez sea mejor que seamos así a que seamos arremolinados por cada viento de doctrina y corramos tras cada novedad, como lo hacen algunas otras naciones, pero por esta causa el Evangelio tiene que combatir en este país una masa de prejuicios. "Así fueron mis padres, así debo ser yo". "Así ha sido siempre nuestra familia, por lo tanto así seré yo y así serán mis hijos". No importa cuán segura sea la verdad que se presente ante la mente de algunos hombres, ni siquiera le darán oídos porque los ancianos, los hombres buenos y los hombres con autoridad han decidido lo contrario. Tales personas suponen que están en lo correcto por herencia y que son ortodoxos por ascendencia, que no pueden aprender nada, que han alcanzado la plenitud de la sabiduría y allí pretenden detenerse.

La Iglesia de Dios debe tratar de eliminar todos los prejuicios de los ojos humanos, cualquiera que sea su origen. Tal oftalmia que podamos curar, está dentro de nuestra provincia intentarlo. Como Ananías, podemos quitar las escamas de los ojos de algún Pablo cegado. Cuando Dios ha dado ojos, podemos lavar el polvo de ellos. Mézclate con tus semejantes, cuéntales cuál es la fe que te ha salvado, deja que vean las buenas obras que la gracia de Dios produce en ti, y así como el Evangelio al principio quitó de los ojos de los hombres las escamas del judaísmo, de la filosofía griega y del orgullo romano, así sin duda en esta tierra y en esta época acabará con los prejuicios que algunos están haciendo todo lo posible por fomentar.

Pero éste no era el caso de un hombre ciego por accidente y, por consiguiente, no era el tipo de un entendimiento oscurecido por los prejuicios. El hombre era ciego de nacimiento, era la ceguera de la naturaleza y, por lo tanto, desconcertó toda habilidad quirúrgica, y en cuanto a la ceguera causada por la depravación humana, la ceguera que viene con nosotros al nacer, y continúa con nosotros hasta que la gracia de Dios nos hace nacer de nuevo, puedo decir que desde el principio del mundo, no se ha oído que ningún hombre haya abierto los ojos de alguien cuya ceguera espiritual nació con él y forma parte de su naturaleza. Si es algo externo lo que me ciega, puedo recuperarme, pero si es algo interno lo que apaga la luz, ¿quién es el que puede restaurar mi visión? Si desde el principio de mi existencia estoy lleno de locura, si es parte de mi naturaleza estar sin entendimiento, ¡cuán densa es mi oscuridad! ¡Cuán desesperada es la idea de que pueda ser eliminada si no es por una mano divina!

Pensemos y digamos lo que queramos, todos nacemos ciegos por naturaleza para las cosas espirituales. No somos capaces de percibir a Dios, no somos capaces de percibir el Evangelio de Su amado Hijo, no somos capaces de entender el camino de la salvación por la fe de una manera tan práctica como para ser salvados por él. Tenemos ojos, pero no vemos, tenemos entendimiento, pero ese entendimiento está pervertido, es como una balanza mal ajustada, o una brújula que olvida el polo. Juzgamos, pero juzgamos injustamente, por naturaleza ponemos lo amargo por lo dulce, y lo dulce por lo amargo, ponemos las tinieblas por la luz, y la luz por las tinieblas, y esto está innato en nuestra naturaleza, forjado en nuestra propia constitución, no puedes sacarlo del hombre porque es parte del hombre, es su naturaleza.

Si me preguntáis por qué es tan oscuro el entendimiento del hombre, os respondo que porque toda su naturaleza está desordenada por el pecado, y sus otras facultades, habiendo sido pervertidas, actúan sobre su entendimiento e impiden que actúe como es debido. Hay una confederación de maldad en el interior, que engaña al juicio y lo lleva a la cautividad de los malos afectos. Por ejemplo, nuestro corazón carnal ama el pecado, la inclinación de nuestra alma no renovada es hacia el mal. Fuimos concebidos en el pecado y formados en la iniquidad, y vamos tan naturalmente tras el mal como el cerdo busca la inmundicia. El pecado nos fascina, nos atrae como a los pájaros un señuelo, o a los peces un cebo. Incluso aquellos de nosotros que hemos sido renovados tenemos que cuidarnos del pecado porque nuestra naturaleza se inclina tan fácilmente a él. Con mucha diligencia y gran trabajo, escalamos los caminos de la virtud, pero los senderos del pecado son fáciles a los pies, ¿no es eso porque nuestra naturaleza caída se inclina en esa dirección? No tienes más que aflojar tu energía, y soltar tu alma de su ancla, y de inmediato va a la deriva hacia la iniquidad, porque así corre la corriente de la naturaleza.

Se necesita mucho poder para enviarnos hacia arriba, pero hacia abajo vamos tan fácilmente como una piedra cae al suelo. Ustedes saben que es así, el hombre no es como Dios lo hizo, sus afectos están corrompidos. Ahora bien, es cierto que los afectos muy a menudo influyen en el juicio. La balanza se inclina injustamente porque el corazón soborna a la cabeza. Incluso cuando nos creemos muy cándidos tenemos inclinaciones insensibles. Nuestros afectos, como Eva, seducen al Adán de nuestro entendimiento, y se juzga que el fruto prohibido es bueno para comer. El humo del amor al pecado ciega nuestro ojo mental. Nuestro deseo es a menudo padre de nuestra conclusión, pensamos que estamos juzgando con justicia, pero en realidad estamos complaciendo a nuestra naturaleza más baja. Pensamos que esta cosa es mejor porque nos gusta más, no condenaremos una falta demasiado severamente porque tenemos una inclinación en esa dirección, ni elogiaremos una excelencia porque podría costarle demasiado caro a nuestra carne poder alcanzarla, o el no alcanzarla podría golpear demasiado severamente nuestra conciencia. Ah, mientras que nuestro amor natural por el pecado cubre el ojo de la mente con cataratas, e incluso destruye su nervio óptico, no debemos sorprendernos de que la ceguera esté más allá de la eliminación por cualquier cirugía humana.

Además, nuestro orgullo natural y nuestra autosuficiencia se rebelan contra el Evangelio, cada uno de nosotros somos individuos muy importantes. Incluso si barremos un cruce de calles, tenemos una dignidad propia que no debe ser insultada. Los harapos de un mendigo pueden cubrir tanto orgullo como la toga de un concejal. La importancia propia no se limita a una posición o grado de vida. En el orgullo de nuestra naturaleza, todos nos consideramos grandes y buenos, y repudiamos como irrazonable y absurdo lo que de algún modo nos rebajaría; no podemos verlo, y nos enoja que otros lo vean. Aquel que nos hace sospechar de nuestra propia nada nos enseña una doctrina difícil de entender.

El orgullo no quiere ni puede entender las doctrinas de la cruz porque suenan como su campana de muerte. Como consecuencia de nuestra natural autosuficiencia, todos aspiramos a entrar en el cielo mediante esfuerzos y merecimientos propios. Podemos negar el mérito humano como doctrina, pero la carne y la sangre lo codician en todas partes, necesitamos salvarnos por los sentimientos si no podemos hacerlo por las obras, y a esto nos aferramos como a la vida. Cuando el Evangelio viene con su hacha afilada y dice: "¡Abajo este árbol! tus uvas son hiel, tus manzanas son veneno, tus mismas oraciones necesitan ser arrepentidas, tus lágrimas necesitan ser lloradas, tus pensamientos más santos son profanos, debes nacer de nuevo, y debes ser salvado por los méritos de otro, por el favor gratuito e inmerecido de Dios", entonces de inmediato toda nuestra hombría, dignidad y excelencia se levantan indignadas y resolvemos no aceptar nunca la salvación en tales términos. Ese rechazo asume la forma de una falta de poder para entender el Evangelio. No entendemos ni podemos entender el Evangelio porque la idea que tenemos de nosotros mismos nos lo impide. Empezamos con ideas equivocadas de nosotros mismos, y así todo el asunto es confusión, y nosotros mismos estamos cegados.

De nuevo, amados, una razón por la cual nuestro entendimiento no ve y no puede ver las cosas espirituales, es porque juzgamos las cosas espirituales por nuestros sentidos. Imagina a una persona que tomara una regla de pie como su estándar de todo lo que existe en la naturaleza, y concibe que este hombre con su regla de pie en su bolsillo se convierte en un astrónomo. Mira por el telescopio y observa las estrellas fijas. Cuando saca la regla del pie, se le dice que está fuera de lugar en relación con los cielos, que debe renunciar a los pies y las pulgadas, y calcular por millones de millas. Se indigna. No se deja engañar por semejante entusiasmo. Es un hombre de sentido común, y una regla de pies es algo que puede ver y manejar, los millones de millas son meras cuestiones de fe, nadie los ha recorrido nunca, y él no cree en ellos. El hombre efectivamente cierra sus propios ojos, su entendimiento no puede desarrollarse dentro de tales límites.

Así medimos el maíz de Dios con nuestra propia fanega, no podemos llegar a creer que "Como son más altos los cielos que la tierra, así son sus caminos más altos que nuestros caminos, y sus pensamientos más que nuestros pensamientos." Si nos cuesta perdonar, soñamos que lo mismo ocurre con Dios. Toda verdad espiritual se actúa de la misma manera. Nos proponemos medir el océano del amor divino en dedales, y las sublimes verdades de la revelación las estimamos por gotas del cubo. Nunca podremos alcanzar los pensamientos y las cosas de Dios mientras persistamos en juzgar según la vista de los ojos, de acuerdo con la medida de una mente carnal atada a la tierra.

Nuestro entendimiento también se ha desbaratado y desajustado, por el hecho de que estamos a distancia de Dios, y de que, en consecuencia, no creemos en Él. Si viviéramos cerca de Dios, y reconociéramos habitualmente que en Él vivimos y nos movemos y tenemos nuestro ser, aceptaríamos todo lo que Él dijera como verdadero porque Él lo dijo, y nuestro entendimiento se aclararía enseguida por su contacto con la verdad y con Dios. Pero ahora pensamos en Dios como en una persona remota, no le tenemos amor por naturaleza, ni nos preocupamos por Él. Sería la mejor noticia que algunos pecadores pudieran oír, si se diera la información de que Dios ha muerto, se alegrarían sobre todas las cosas al pensar que no hay Dios. El necio siempre dice "No hay Dios" en su corazón, aun cuando no se atreve a decirlo con su lengua. Todos por naturaleza nos alegraríamos de librarnos de Dios, sólo cuando el Espíritu de Dios viene y nos acerca a Dios, y nos da fe en nuestro Padre celestial, nos alegramos y regocijamos en Él, y somos capaces de entender Su voluntad.

Por lo tanto, como ven, toda nuestra naturaleza, caída como está, opera a la ceguera de nuestros ojos, y por lo tanto la apertura del ojo del entendimiento humano hacia las cosas divinas sigue siendo una imposibilidad para cualquier poder que no sea el divino. Creo que hay algunos hermanos cuya noción es que se puede abrir el ojo ciego de un pecador por medio de la retórica. Como también esperan cantar a una piedra para hacerla sensible. Sueñan que debes encantar al hombre con períodos espléndidos, y entonces las escamas caerán de sus ojos. El clímax es un motor maravilloso, y la perorata es aún más maravillosa; si esto no convence a los hombres, ¿qué lo hará? Terminar un discurso con una llamarada de fuegos artificiales, ¿no iluminará? Ay, sabemos muy bien que los pecadores han sido deslumbrados mil veces por toda la pirotecnia de la oratoria, y sin embargo han permanecido tan espiritualmente ciegos como siempre lo estuvieron.

Algunos han tenido la noción de que hay que argumentar la verdad en las mentes de los hombres, que si se les pueden presentar las doctrinas del Evangelio en una forma clara, lógica y demostrativa, deben ceder. Pero, en verdad, los ojos de nadie se abren con silogismos. La razón por sí sola no le da a nadie el poder de ver la luz del cielo. Las afirmaciones más claras y las exposiciones más sencillas son igualmente vanas sin la gracia. Doy testimonio de que he tratado de hacer la verdad "tan clara como una vara de lucio", como dice nuestro proverbio, pero mis oyentes no la han visto a pesar de todo. La mejor declaración de la verdad no eliminará por sí misma la ceguera de nacimiento ni capacitará a los hombres para mirar a Jesús. Tampoco creo que ni los más fervientes llamamientos al Evangelio, ni los testimonios más vehementes de su verdad convencerán el entendimiento de los hombres. Todas estas cosas tienen su lugar y su utilidad. Pero no tienen poder por sí mismas para iluminar el entendimiento salvadoramente.

Traigo a mi amigo ciego a este lugar elevado y le ordeno que contemple aquel paisaje. "Mira cómo el río de plata enhebra su camino en medio de los campos esmeralda. Mira cómo aquellos árboles forman un bosque sombrío, con qué sabiduría se cultiva a la perfección aquel jardín cercano, y con qué nobleza se alza aquel castillo señorial en aquella loma de belleza incomparable." Mira, sacude la cabeza, no siente admiración por la escena. Tomo prestadas expresiones poéticas, pero aun así no se une a mi deleite. Pruebo con palabras sencillas y le digo: "Ahí está el jardín, y ahí está el castillo, y ahí está el bosque, y ahí está el río... ¿los ves?". "No, no puede ver ninguno de ellos y no sabe cómo son. ¿Qué le pasa a este hombre? ¿No he descrito bien el paisaje? ¿He fallado en mis explicaciones? ¿No le he dado mi propio testimonio de que he caminado por esos claros y navegado por ese arroyo? Sacude la cabeza, mis palabras se pierden. Sólo sus ojos tienen la culpa.

Lleguemos a esta convicción acerca de los pecadores, porque, si no, nos martillaremos y no haremos nada, estemos seguros de que hay algo que le sucede al pecador mismo que no podemos curar, hagamos lo que queramos con él, y, sin embargo, no podemos lograr que se salve a menos que sea curado. Sintamos esto, porque nos alejará de nosotros mismos, nos conducirá a nuestro Dios, nos llevará a los fuertes en busca de fortaleza, y nos enseñará a buscar un poder más allá del nuestro, y entonces es cuando Dios nos bendecirá, porque entonces estaremos seguros de dar toda la gloria a Su nombre.

Pero debo dejar el caso, es el caso de una profunda ceguera de la naturaleza que no puede ser tocada por la habilidad humana.

II. Ahora, en segundo lugar, nos detendremos un poco en LAS ESPECIALIDADES DE LA CURA, no exactamente de la cura de este hombre, sino de la cura de muchos que hemos visto, y la primera es que generalmente se logra por los medios más sencillos.

Los ojos del hombre fueron abiertos con un poco de arcilla puesta en ellos, y luego lavados en el estanque de Siloé. Dios bendice cosas muy pequeñas para la conversión de las almas. Es muy humillante, a veces, para un predicador que piensa: "Bueno, prediqué un sermón bastante bueno esa vez," descubrir que a Dios no le importa un bledo él o su sermón, y que un comentario casual que hizo en la calle, que apenas pensó que tenía algún valor, fue lo que Dios ha bendecido, que cuando pensó que había tenido más éxito, no había hecho nada, y cuando pensó que había tenido peor éxito, entonces Dios lo bendijo. A muchas almas se les han abierto los ojos por medio de un instrumento que nunca soñó ser tan útil, y de hecho, todo el camino de la salvación es en sí mismo extremadamente simple, como para ser comparado con el barro y la saliva que usó el Salvador.

No encuentro muchas almas convertidas por cuerpos de divinidad. Hemos recibido a muchos en la iglesia, pero nunca a uno que se convirtiera por una profunda discusión teológica. Muy rara vez oímos hablar de un gran número de conversiones bajo predicadores muy elocuentes, muy rara vez en verdad. Apreciamos la elocuencia, y no tenemos nada que decir en contra de ella por sí misma, pero evidentemente no tiene poder espiritual para iluminar el entendimiento, y tampoco agrada a Dios usar la excelencia de las palabras para la conversión. Cuando Pablo dejó a un lado la sabiduría humana y dijo que no usaría la excelencia de la palabra, sólo dejó a un lado lo que no le habría servido de mucho. Cuando David se despojó de la armadura de Saúl, y tomó la honda y la piedra, mató al gigante, y los gigantes no deben ser vencidos hoy más de lo que lo fueron entonces por campeones vestidos con la armadura de Saúl. Debemos atenernos a las cosas sencillas, al Evangelio sencillo, predicado sin rodeos. El barro y la saliva no eran una combinación artística, no encantaban al gusto, ni gratificaban la cultura; sin embargo, por medio de ellos y de un lavado en Siloé, se abrieron los ojos; incluso así le agrada a Dios salvar a los creyentes por la locura de la predicación.

Pero, en segundo lugar, en todos los casos se trata de una obra divina. En este caso fue evidentemente el Señor Jesús quien abrió los ojos del hombre literalmente, y siempre es Su obra por el Espíritu Santo espiritualmente. Él le da al hombre el conocimiento de las cosas espirituales y le permite abrazarlas por fe. Ningún ojo es abierto para ver a Jesús excepto por Jesús. El Espíritu de Dios obra todas las cosas buenas en nosotros. No permitas que nos alejemos de esta creencia por ningún motivo. Las exigencias de los sistemas doctrinales de algunos hombres requieren que atribuyan alguna medida de poder al pecador, pero sabemos que está muerto en pecado y completamente sin fuerza. Amados, modifiquen su sistema de divinidad, pero no nieguen la verdad que tenemos ante nosotros, pues está confirmada por nuestra propia experiencia diaria, así como revelada en la Palabra de Dios. Es el Espíritu quien vivifica e ilumina. La ceguera del alma sólo cede a aquella voz que de antiguo dijo: "Hágase la luz".

Además, esta apertura de los ojos es a menudo instantánea, y cuando el ojo se abre con frecuencia ve tan perfectamente como si siempre hubiera estado viendo. Hace unas horas vi lo que creo que fue la apertura de los ojos de un alma que buscaba. Dos personas inquisitivas se me acercaron en la sacristía; llevaban poco tiempo escuchando el Evangelio aquí, pero les había impresionado. Expresaron su pesar por estar a punto de marcharse lejos, pero añadieron su gratitud por haber estado aquí.

Me alegré por su amable agradecimiento, pero me sentí ansioso de que se obrara en ellos una obra más eficaz, y por eso les pregunté: "¿Habéis creído verdaderamente en el Señor Jesucristo? ¿Sois salvos? Uno de ellos contestó: "Me he esforzado por creer". "No", le dije, "eso no es suficiente. ¿Le dijiste alguna vez a tu padre que intentaste creerle?". Admitieron que ese lenguaje habría sido un insulto. Entonces les expuse el Evangelio muy claramente en un lenguaje tan sencillo como pude, pero uno de ellos dijo: "No puedo darme cuenta, no puedo darme cuenta de que soy salvo." Entonces continué diciendo: "Dios da testimonio de Su Hijo, de que todo aquel que confía en Su Hijo es salvo. ¿Lo harás mentiroso ahora, o creerás en Su palabra?".

Mientras yo hablaba, una de ellas se sobresaltó y nos sorprendió a todos al exclamar: "Señor, lo veo todo, estoy salvada. Oh, bendice a Jesús por mí, por mostrarme esto y salvarme, lo veo todo". La estimada hermana que me había traído a estas jóvenes amigas se arrodilló con ellas mientras con todo nuestro corazón bendecíamos y magnificábamos al Señor. Una de las dos hermanas, sin embargo, no podía ver el Evangelio como lo había hecho la otra, aunque estoy segura de que lo verá. ¿No parecía extraño que, al oír ambas las mismas palabras, una saliera a la luz clara y la otra tuviera que esperar en la penumbra?

El cambio que se produce en el corazón cuando el entendimiento capta el Evangelio se refleja a menudo en el rostro, y brilla allí como la luz del cielo. Tales almas recién iluminadas a menudo exclaman: "Señor, es tan claro, ¿cómo es que no lo he visto antes? Ahora entiendo todo lo que he leído en la Biblia, aunque antes no me importaba. Todo ha venido en un minuto, y ahora veo lo que nunca percibí antes". Doy simplemente un ejemplo, porque es uno entre miles que uno ha visto, en el que los ojos se han abierto instantáneamente. Sólo puedo comparar al pecador iluminado con una persona que ha estado encerrada en una prisión oscura y nunca ha visto la luz, y de repente su liberador abre una ventana y el prisionero se queda pasmado y asombrado de lo que ve cuando mira al exterior, a la colina y a la riada.

Para el creyente, la vista dada por el cielo es un don tan superlativo, y lo que se le revela le asombra tanto que apenas sabe dónde está. Muy frecuentemente, cuando Cristo abre los ojos lo hace en un momento y lo hace completamente en ese momento, aunque en otras instancias es una luz más gradual, los hombres son vistos al principio como árboles caminando, y luego por grados película tras película es quitada del ojo espiritual.

Ahora, no deben extrañarse de que la luz llegue tan repentinamente que sea una sensación totalmente nueva para el hombre, y por lo tanto lo sorprenda. ¿Recuerdas el primer aliento de vida espiritual que respiraste? Creo que todavía lo recuerdo. ¿Recuerdas la primera vez que viste a Cristo? Oh, debes recordarlo. En la memoria de algunos de nosotros está fija la primera vez que vimos el mar, y la primera vez que contemplamos los Alpes, pero eso no era nada, sentíamos que no eran más que pedazos de este viejo mundo, y que sólo habíamos visto un poco más de lo que habíamos visto antes, pero la conversión nos abre un mundo nuevo, nos enseña a asomarnos a lo invisible y a ver las cosas que el ojo mortal no puede ver.

Cuando recibimos ojos nuevos, vemos mil cosas que nos asombran por completo y, al mismo tiempo, nos deleitan. ¿Se preguntan si los jóvenes conversos se emocionan? No me pregunto ni los culpo, pero desearía que tuviéramos un poco más de entusiasmo en nuestras reuniones de adoración. ¿Quién oye hoy en día el grito: "¿Qué debo hacer para ser salvo?", o quién oye a un alma decir: "He hallado a aquel de quien escribieron Moisés en la ley y los profetas"? Demos mucha libertad a la obra del Espíritu de Dios, y creamos que cuando Él venga los hombres no siempre actuarán según las sobrias reglas del decoro, sino que las traspasarán, e incluso se sospechará que están ebrios porque hablan como los hombres en sus mentes ordinarias no suelen hacerlo. Es una cosa extraña y maravillosa para los hombres cuando el Espíritu de Dios les abre los ojos, y no debemos extrañarnos de que apenas sepan lo que dicen y se olviden de dónde están.

Una cosa es cierta, que cuando el ojo está abierto, es algo muy claro para el hombre mismo. Otros pueden dudar si sus ojos están abiertos, pero él sabe que lo están, sobre eso no tiene ninguna duda. "Una cosa sé: mientras estuve ciego, ahora veo". Cuando el Señor, en su infinita misericordia, visita a un espíritu que ha estado largo tiempo encerrado en la oscuridad, el cambio llega a ser tan grande, que no necesita preguntar: "¿He cambiado o no?", sino que él mismo está seguro de ello por su propia conciencia.

Una vez que se le da al hombre el ojo para ver, posee una facultad capaz de abundante uso. El hombre que podía ver a los fariseos, podía ver a Jesús. El que tiene los ojos abiertos, no sólo puede ver los árboles y los campos que le rodean, sino que puede contemplar los cielos y el glorioso sol, y una vez que se le da al hombre luz espiritual, tiene de inmediato capacidad para ver los misterios divinos, verá el mundo venidero y las glorias que aún no han sido reveladas. Esos ojos recién creados son los que verán al Rey en su hermosura, y la tierra que está muy lejos, tiene la facultad de ver todo lo que se contemplará en el día de la revelación de nuestro Dios y Salvador Jesucristo.

¡Oh, qué obra tan maravillosa es ésta! Que cada uno de nosotros la conozca personalmente. Pregunto: ¿La conocemos? ¿Se nos han abierto así los ojos?

III. Debo concluir con un tercer punto, que es éste: LA CONDICIÓN DEL HOMBRE SANADO.

Cuando se le abrieron los ojos por primera vez, tuvo fuertes impresiones a favor de Aquel glorioso que le había curado. No sabía quién era, pero sabía que debía de ser algo muy bueno, pensó que debía de ser un profeta, y cuando llegó a conocerle mejor sintió que era Dios, y se postró y le adoró. A ningún hombre se le han abierto los ojos sin sentir un intenso amor por Jesús, sí, y añadiré sin creer en Su deidad, sin adorarle como Hijo de Dios. No queremos ser poco caritativos, pero nos queda un poco de sentido común. Nunca podemos ver cómo puede ser cristiano un hombre que no cree en Cristo, o cómo puede decirse que cree en Cristo un hombre que sólo cree en la parte más pequeña de Él: recibe Su humanidad, pero rechaza Su Deidad.

Debe haber una fe real en el Hijo de Dios, y es ciego y oscuro todavía quien no se postra como el hombre de esta historia y adora al Dios vivo, contemplando la gloria de Dios en el rostro de Jesucristo, y bendiciendo a Dios porque ha encontrado tanto a un Príncipe como a un Salvador en la persona del Señor Jesús, que ha entregado Su vida por Su pueblo. Oh, estoy seguro que si tus ojos están abiertos, amas a Jesús esta mañana, sientes que tu corazón salta con sólo pensar en Él, toda tu alma va tras Él, sientes que si Él ha abierto tus ojos esos ojos le pertenecen a Él y todo tu ser también.

Este hombre, por tanto, se convirtió desde aquel momento en confesor de Cristo. Lo interrogaron, y él no habló con timidez ni ocultó sus convicciones, sino que respondió a las preguntas de inmediato. Esteban fue el primer mártir, pero este hombre fue el primer confesor, ciertamente, y ante los fariseos lo dijo clara y rotundamente, directamente a sus caras, en lenguaje sencillo. Y así, amados, si el Señor nos ha abierto los ojos no dudaremos en decirlo. Él lo ha hecho, ¡bendito sea Su nombre! Nuestra lengua bien podría ser azotada con silencio eterno si dudáramos en declarar lo que Jesús ha hecho por nosotros. Os exhorto a vosotros, que habéis recibido la gracia de

Cristo Jesús, a que os convirtáis en confesores de la fe, a que reconozcáis a Cristo, como debéis hacerlo. Sean bautizados y únanse a Su pueblo, y luego, en cualquier compañía en la que se encuentren, sin importar lo que otros hablen a favor o en contra de Él, tomen su posición y digan: "Él ha abierto mis ojos, y yo bendigo Su nombre."

Ahora este hombre se convierte en un abogado de Cristo, así como en un confesor, y un abogado capaz también, porque los hechos, que eran sus argumentos, desconcertaron a sus adversarios. Ellos decían esto y aquello, pero él contestaba: "Si es así o no, no me corresponde a mí decirlo, pero Dios ha escuchado a este hombre, por lo tanto este hombre no es un pecador como ustedes dicen que es, Él ha abierto mis ojos, por lo tanto yo sé de dónde debe haber venido, Él debe haber venido de Dios."

Llevamos mucho tiempo discutiendo contra la infidelidad, con argumentos que nunca han conseguido nada. Creo que los escépticos recogen sus astas desafiladas y las vuelven a disparar contra el escudo de la verdad, me temo que el púlpito cristiano ha sido el gran instructor de la infidelidad, pues hemos enseñado a nuestra gente argumentos que nunca habrían conocido si no los hubiéramos repetido con la idea de replicarles. Pero, amado, nunca te enfrentarás a la infidelidad si no es con hechos. Decid qué es lo que Dios ha hecho por vosotros, y probadlo con vuestras vidas piadosas. Contra las vidas santas de los cristianos la incredulidad no tiene poder. Poneos en falange, cada uno con su espada de vida santa, ataviados con el poder del Espíritu Santo, y los ataques de vuestros enemigos, por desesperada que sea su malicia, fracasarán por completo. Dios nos conceda que, como este hombre, aprendamos el arte de argumentar a favor de Cristo mediante el testimonio personal.

Pues bien, sucedió que aquel hombre con los ojos abiertos fue expulsado de la sinagoga. Los pájaros moteados son siempre perseguidos por sus congéneres. Una de las peores cosas que pueden sucederle a un hombre en lo que a este mundo se refiere es saber demasiado. Si apenas te mantienes al día con los tiempos puedes ser tolerado, pero si te adelantas un poco a la época debes esperar malos tratos. Sé ciego entre ciegos, es el dictado de la prudencia si quieres salvar tu pellejo. Es muy inseguro que te abran los ojos entre ciegos, porque no creerán en tus afirmaciones, y serás muy dogmático, y como no pueden ver, no tienes terreno común para argumentar, y caerás enseguida en la disputa, y si los ciegos son mayoría, lo más probable es que tengas que salir por la puerta o por la ventana, y hacerte compañía en otra parte.

Cuando Dios abre los ojos de un hombre para que vea cosas espirituales, enseguida los demás dicen: "¿De qué está hablando este hombre? Nosotros no vemos lo que él ve". Y si el hombre es muy sencillo, se vuelve hacia esos ciegos y les dice: "Ahora os lo explicaré". Querido amigo, perderás tus dolores, porque ellos no pueden ver. Si un hombre nace ciego, no hace falta que le hables de escarlata y malva, y magenta, no puede entenderte, no sabe nada en absoluto de eso. Sigue adelante, pues es inútil razonar con él, lo único que puedes hacer con él es llevarlo adonde le abran los ojos. Discutir con él es completamente inútil, no tiene la facultad. Si supieras que una persona carece de gusto no discutirías con ella porque dice que el azúcar sabe a sal, no sabe ni lo que significa "dulce" ni lo que significa "sal", sólo usa palabras sin entenderlas.

Y un hombre que carece de gracia en su corazón no sabe ni puede saber nada de religión. Capta las frases, pero sabe tanto de la verdad como sabe de botánica un botánico que nunca ha visto una flor, o como sabe de música un sordo. No intentes razonar con tales personas, cree que son incapaces de aprender de ti mediante el razonamiento, y acude al Espíritu Santo de Dios, con este grito: "¡Señor, abre sus ojos! Señor, ábreles los ojos". Ten mucha paciencia con ellos, pues no puedes esperar que los ciegos vean, y no debes enfadarte mucho con ellos si no lo hacen. Pero ora mucho por ellos, y llévales el Evangelio con el poder del Espíritu Santo, y entonces quién sabe si sus ojos se abrirán. Pero no te sorprendas si te dicen que eres un "fanático", un "entusiasta", un "metodista", un "presbiteriano", un "cantamañanas", un "hipócrita"; esa es la clase de palabras que los espiritualmente ciegos lanzan a los que pueden ver. Dices que tienes una facultad que ellos no tienen, por lo tanto, niegan la facultad porque no les gustaría admitir que tienes el comienzo de ellas, y te echan de la sinagoga.

Pero note, cuando este hombre fue echado, Jesucristo lo encontró. Fue una bendita pérdida para él, entonces, perder a los fariseos y encontrar a su Salvador. Oh hermanos, ¡qué misericordia es cuando el mundo nos desecha! Recuerdo a una estimable dama de título, que ahora está en el cielo, quien, cuando se unió a esta iglesia, fue abandonada por todas aquellas personas de rango que anteriormente se habían asociado con ella, y yo le dije, y ella se unió al sentimiento: "Qué misericordia que te hayas librado de ellos. Podrían haber sido una trampa para ti. Ahora (le dije) no tendrás más problemas con ellos". "Sí", y añadió: "Por el amor de Cristo, podría contentarme con que me consideraran el desecho de todas las cosas".

La sociedad del mundo nunca nos ha beneficiado, y nunca lo hará, y tratar de ser muy respetables y mezclarse en la alta sociedad, y todo eso, es una trampa para muchos cristianos. Valorad a los hombres por su verdadero valor y no por su brillo, y creed que los mejores hombres son los más santos, y que la mejor compañía es la que se mantiene con Cristo.

Es una gran bendición para la iglesia cuando es perseguida. Por eso nos alegraría volver a los días de Diocleciano. La iglesia nunca es más pura, en general, nunca es más devota, y nunca crece más rápidamente que cuando goza de la mala opinión de la sociedad, pero cuando empezamos a ser considerados personas muy excelentes, y nuestra iglesia es honrada y estimada, y respetada, la corrupción se instala, nos alejamos de Cristo y probamos de nuevo que la amistad de este mundo es enemistad con Dios.

Quiera el Señor que tengamos los ojos tan abiertos que nuestro testimonio nos acuse de singularidad, y entonces, si nos apartamos de la compañía de los que no pueden ver al Señor, vivamos tanto más cerca de Él, y esto será una gran ganancia para nosotros.

El Señor os bendiga, amados, por Jesucristo. Amén.

Sermón #2141—La Pregunta de las Preguntas

POR C. H. SPURGEON,

EN EL TABERNÁCULO METROPOLITANO, NEWINGTON.

DESTINADO A LA LECTURA

EN LA MAÑANA DEL DÍA DEL SEÑOR, 20 DE ABRIL DE 1890.

"Oyó Jesús que le habían echado fuera; y hallándole, le dijo: ¿Crees tú en el Hijo de Dios?".

Juan 9:35.

Los ojos del Señor Jesús están siempre sobre sus elegidos, y Él conoce cada circunstancia que les ocurre. "Oyó Jesús que le habían echado fuera". Nuestro Señor había hecho demasiado por este hombre como para olvidarlo. Donde la gracia divina ha obrado una gran obra, su recuerdo perdura. Como está escrito: "Tendrás deseo de la obra de tus manos". En esto tengamos consuelo: si algo ha sucedido que nos aflija, Jesús ha oído de ello, y actuará en consecuencia.

Nuestro Señor buscó al marginado. Sin pedírselo, le había abierto los ojos; sin buscarlo, lo busca en su hora de angustia. No fue fácil encontrarlo, pero nuestro Señor es grande en la búsqueda de sus ovejas perdidas, y perseveró hasta que lo encontró. Si, en algún momento, parecemos desechados de Cristo, así como desechados por orgullosos religiosos, Él nos encontrará cuando nosotros no podamos encontrarlo a Él. ¡Bendito sea Su nombre!

El objetivo de nuestro Señor era hacer un verdadero servicio a este hombre; había sido expulsado de la sinagoga y, por lo tanto, necesitaba consuelo; y sería algo grandioso consolarlo de tal manera que lo condujera hacia adelante y hacia arriba en la vida divina. La manera que tenía Nuestro Señor de consolarle era hacerle una pregunta que le llevara a escudriñar su corazón y le sugiriera un avance espiritual. No es el camino que tú y yo podríamos tomar, pero sus caminos no son nuestros caminos, ni sus pensamientos son nuestros pensamientos. La sabiduría se justifica de sus métodos. Es lo mejor, cuando un hombre está en problemas del alma, hacerle mirar a su propia condición ante Dios, y especialmente a su fe; porque cuando encuentra que tiene razón en el punto principal, esta seguridad será para él una fuente de consuelo. Estamos seguros de que nuestro Señor tomó los mejores medios para llevar a este hombre a una confianza bien cimentada cuando le dijo: "¿Crees tú en el Hijo de Dios?". Con esta pregunta le ayudó a hacer un considerable avance en la fe, pues aunque el pobre hombre había creído en Jesús hasta la medida de su conocimiento, su conocimiento había sido escaso. Pero ahora iba a aprender que el que le abría los ojos era el Hijo de Dios. Esta es la fe que merece la persona de nuestro Señor, pero que muchos nunca le han dado, y por falta de ella se pierden el gran poder de Su gracia. El hombre fue excomulgado, y entonces fue puesto bajo la prohibición de la iglesia judía; pero la confianza en el Hijo de Dios le quitaría rápidamente cualquier alarma que pudiera sentir por ese motivo. El que goza del favor del Hijo de Dios no temblará ante el ceño fruncido del Sanedrín.

Oh, que el Señor consuele a muchos esta mañana, mientras les hago a cada uno de ustedes esta pregunta personal: "¿Creen en el Hijo de Dios?". A jóvenes y ancianos, a ricos y pobres, dirigiré esta solemne pregunta. No se trata de una pregunta desconcertante sobre un punto abstruso, sino de una pregunta sencilla y urgente que concierne a todos los aquí presentes. No es un problema profundo e intrincado, una cuestión de libre albedrío o predestinación, de advenimientos postmileniales o premileniales; es una cuestión práctica, apremiante y presente, que concierne a cada hombre en su vida diaria en este preciso momento. Quisiera que cada uno de ustedes pensara que ahora pongo mi mano sobre su hombro, y lo miro a la cara, y le digo seriamente: "¿Cree usted en el Hijo de Dios?". Esta no es una pregunta de la que pueda surgir una airada controversia, pues tiene que ver con ustedes mismos, y sólo con ustedes mismos. Cualquier discusión que pueda haber quedará confinada dentro de tu propio seno. Te concierne a ti únicamente, y está formulada en singular: "¿Crees en el Hijo de Dios?". Fue formulada por el propio Jesús a este hombre; considera, entonces, que Jesús te la formula a ti también esta mañana, incluso a ti, aparte incluso de tu cónyuge o amigo.

I. Comenzaré a insistir en la pregunta, con la ayuda del Espíritu Santo, haciendo la observación de que LA PREGUNTA NECESITA SER PLANTEADA. No debe darse por sentado que crees en el Hijo de Dios. "Oh, sí, soy cristiano", dice uno. "Nací en un país cristiano. Me llevaron a la iglesia cuando era un bebé, y fui debidamente bautizado, y ahora repito el credo. Seguramente esto es prueba suficiente de mi fe". O tal vez usted diga: "Mi madre me llevó a la casa de reuniones antes de que pudiera caminar, y desde entonces nunca he abandonado el anticuado inconformismo". Todo esto puede ser así, pero no viene al caso. "¿Crees en el Hijo de Dios?" Esta es una pregunta espiritual y vital que no puede ser dejada de lado. Tú respondes: "Mi carácter moral siempre ha sido correcto. En los negocios siempre he cumplido con mis obligaciones, y siempre he estado dispuesto a ayudar a toda institución caritativa." Me alegra oír todo esto. Sin embargo, no toca el asunto que ahora nos ocupa: esta pregunta va más allá de la conducta exterior. Escúchala otra vez: "¿Crees en el Hijo de Dios?".

Numerosas personas morales, amables, generosas e incluso religiosas no han creído en el Hijo de Dios. Discúlpame; no puedo dejarte pasar entre la multitud. Debo asirte con una santa vehemencia que incluso olvida la cortesía por el momento, y debo decir al mejor de vosotros: "¿Creéis en el Hijo de Dios?".

Aunque este hombre había sido escrupulosamente obediente, nuestro Señor le hizo la pregunta. Puede ser que me dirija a algunos que dicen: "He sido obediente en todo momento a los deberes de la religión. Todo lo que he encontrado ordenado por Dios en Su Palabra, lo he cumplido cuidadosamente". ¿No fue así también con este ciego de nacimiento? El Salvador le puso barro en los ojos y le dijo que fuera al estanque de Siloé y se lavara el barro. No fue a otro estanque, sino al estanque de Siloé, y no intentó quitarse el barro de los ojos por ningún otro procedimiento que no fuera el del lavado. Fue muy obediente a Cristo, y sin embargo el Señor le dijo: "¿Crees tú en el Hijo de Dios?". Ninguna observancia externa, por muy cuidadosamente que se lleve a cabo, obviará la necesidad de la pregunta: "¿Crees en el Hijo de Dios?". Me temo que algunos de vosotros no habéis sido muy cuidadosos en el cumplimiento de las ordenanzas externas, y por ello sois culpables; pero si hubierais sido escrupulosamente exactos, ninguna observancia externa, por muy cuidadosamente que se cumpla, podrá eximiros de la pregunta: "¿Crees en el Hijo de Dios?".

Este hombre, además, había pasado por una experiencia muy notable. Podía decir: "Una cosa sé: que mientras estaba ciego, ahora veo". Nunca pudo olvidar aquellas largas noches de niño, de joven y de hombre. En todos aquellos años ningún rayo de luz le había alegrado; para él la noche y el día eran casi lo mismo. Durante toda aquella lúgubre oscuridad había vivido en la más profunda pobreza y no había aprendido otro arte que el de la mendicidad. Cuando el agua refrescante le tocó los ojos y le quitó la arcilla, la luz del sol entró a raudales en la medianoche, ¡y vio! Había sufrido todo ese cambio y, sin embargo, el Salvador le dijo: "¿Crees en el Hijo de Dios?". Así, mi querido oyente, tú puedes ser un hombre muy cambiado, y, sin embargo, puedes no ser un creyente en el Hijo de Dios. Tú, mi querida hermana, puedes ser una mujer muy diferente de lo que solías ser; y cuando cuentas tu experiencia, puede ser muy notable, y bien digna de ser registrada en un libro; y, sin embargo, esta pregunta debe ser presionada sobre ti. Cualquiera que sea tu experiencia, no olvides el autoexamen. No digas: "No necesito cuestionarme a mí mismo, porque la experiencia que he tenido establece mi posición. No soy tan infantil como para mirar hacia adentro, o tener una duda acerca de mi fe; un caso tan notable como el mío no puede ser sospechoso." No hables así, pues si nuestro Señor, que conocía el cambio que había experimentado este hombre, le dijo sin embargo: "¿Crees tú en el Hijo de Dios?". Yo también debo tomarme la libertad de insistir, sobre la persona más notable aquí, la misma pregunta personal: "¿Crees en el Hijo de Dios?"

Este hombre, además de haber recibido la vista corporal, había ejercido cierto grado de fe en el Señor Jesús. Si sigues el capítulo hasta el final, verás que tenía algún tipo de fe en Cristo mientras estaba ciego, o no habría ido a Siloé a lavarse el barro. Y cuando vio, no dudó de que Jesús realmente lo había sanado, y confesó el hecho. También dijo: "Es profeta". Fue aún más lejos, pues dijo: "Si este hombre no fuera de Dios, nada podría hacer". Había creído hasta donde su luz le ayudaba a creer, de modo que los gérmenes de la fe estaban en él. Sin embargo, nuestro Señor Jesucristo le apremió con la pregunta: "¿Crees tú en el Hijo de Dios?". Amados amigos, es posible que ustedes tampoco se hayan sentido nunca turbados por el escepticismo. Puede ser que ni siquiera hayan examinado los fundamentos de su fe porque nunca han sido tentados a sospechar de ellos. Habéis asimilado el Evangelio desde vuestra juventud como claramente verdadero, y por eso lo habéis creído sin quedaros muy perplejos. Estoy agradecido de que lo hayas hecho así. Sin embargo, ¿crees en Jesucristo como Hijo de Dios? ¿Es Jesús Dios para ti? ¿Confías en Él como capaz de hacer cualquier cosa y todo por ti? ¿Es Él para ti "poderoso para salvar perpetuamente a los que por Él se acercan a Dios"? Si no es así, que el Señor te ayude a dar este paso superior, pues de lo contrario no has recibido al verdadero Cristo de Dios. De muy poco sirve decir: "Oh, sí, yo creo en Cristo, el más noble de los ejemplos. Creo en Cristo, el más instructivo de los profetas". ¿Creen también en Él como el sacrificio, como el Sacerdote, el Salvador y la Salvación? Y reuniéndolo todo en uno, ¿crees en Él como el Hijo de Dios? ¿Crees en el Hijo de Dios, tal como se revela en las Sagradas Escrituras?

Además, este hombre había hablado valientemente por Cristo, como vieron en el capítulo que acabamos de leer. "Habló como un troyano", dijo alguien. Digamos, más bien, "como un espartano". Era listo, astuto, agudo e incontestable. Los doctores eruditos no se comparaban en nada con el mendigo ciego a quien había abierto los ojos. Defendió al hombre que le había dado la vista, y no permitió que se le imputara ningún cargo. Sus declaraciones eran breves pero completas, y sus respuestas eran en sí mismas incontestables. ¿Quién habría pensado que un mendigo ciego podría haber elaborado un argumento tan lógico como él? Sin embargo, a este audaz confesor, el Salvador tuvo que decirle: "¿Crees en el Hijo de Dios?". ¡Ah, amigo mío! Como predicador puedes ser capaz de declarar el evangelio muy claramente a otros, y puedes reforzarlo con argumentos poderosos; pero, "¿Crees en el Hijo de Dios?". Incluso en tu caso la pregunta debe ser formulada. Algunos de ustedes recordarán la historia que se cuenta en uno de los libros de Krummacher. Yo mismo la he olvidado a medias, pero era más o menos así. El predicador había pronunciado un discurso solemne y, el lunes siguiente, uno de sus oyentes le preguntó: "Señor, si lo que dijo el domingo pasado era cierto, ¿qué será de nosotros?". Ahora bien, si hubiera dicho: "¿Qué será de mí?", el predicador le habría explicado aún más el Evangelio de la manera habitual. Tal como estaban las cosas, él evitó la palabra "nosotros". Pero su visitante, casi inconscientemente, dijo: "¡Ay, querido señor! Si esto es así, ¿qué haremos?". El Señor usó ese pronombre plural para despertar al predicador, que no se había convertido, aunque creía que sí. ¡Oh, que nosotros, que hablamos por Dios, oigamos también al Señor que nos habla! Conozco al buen predicador, y lo quiero mucho, que, cuando predicaba él mismo, como lo había hecho durante años, fue salvo por la aplicación personal de su propio sermón. Es ministro de la Iglesia de Inglaterra, pero no conocía al Señor. Mientras predicaba, el Señor aplicó a su corazón con poder una verdad evangélica que le afectó tanto que habló con el acento de convicción que es natural en el hombre renovado. Al fin un metodista, que estaba en la iglesia, gritó: "¡El párroco se ha convertido! Aleluya!" Y todo el pueblo prorrumpió en gritos de alabanza. El propio predicador se unió a la alegría universal, y cantaron juntos: "¡Alabado sea Dios, de quien manan todas las bendiciones!". ¡Oh, qué misericordia cuando el camarero en el banquete del Señor es él mismo alimentado! ¿No deberían sanar ellos mismos los que han de llevar el bálsamo curativo a los enfermos? No me he avergonzado de hablar en el nombre de mi Señor, ni me he ruborizado de defender Su causa delante de Sus enemigos. Sin embargo, quisiera recordar que puedo haber hecho todo esto, y, sin embargo, no haber conocido al Rey de quien he sido heraldo. Oh, amigos, ¡cuán terrible sería haber expulsado demonios en Su nombre, y, sin embargo, no ser conocido por Él! Por tanto, insistimos en la pregunta: "¿Creéis en el Hijo de Dios?".

Este hombre había ido aún más lejos, pues había sufrido por Cristo. Había sido expulsado de la sinagoga por dar testimonio del poder de Jesús; pero no por eso tuvo menos que oír la pregunta: "¿Crees?". Sí, tú, querido amigo, puede que tus parientes se hayan reído de ti por tu religiosidad. Puede que hayas tenido que dejar una buena situación por tu determinación de ser honesto, templado y puro. Puede que en este momento estés bajo la prohibición de alguna iglesia de corazón frío porque has sido más sincero de lo que se deseaba. Pero por mucho que aprecie su fidelidad, debe disculparme si le abotono en el nombre del Señor, y le pregunto, como hizo Cristo a este hombre: "¿Crees en el Hijo de Dios?". Una cosa es hacerse el héroe ante nuestros semejantes, y otra ser sincero en la cámara secreta de nuestra propia alma. Eres audaz en tu confesión, pero ¿crees realmente en el Señor Jesús? ¿Puede esa audaz confesión estar respaldada por tu vida? Espero que no seas un defensor de la fe a la manera de Enrique VIII, que ostentaba ese título, pero no era en absoluto digno de él. Vamos, mi elocuente amigo, ¿vives como hablas? ¿Sientes tú mismo lo que quieres hacerme sentir? "¿Crees en el Hijo de Dios?"

Verán, queridos amigos, por el desarrollo de mi charla que no estoy a favor de dejar que nadie aquí escape a la pregunta personal. Mi venerable amigo, que ha sido oficial de esta iglesia por más tiempo que nadie, no se negará a hacerse esta pregunta. Mi amada hermana en Cristo, que ha dirigido una clase bíblica durante años, y esa otra que ha sido tan útil en las escuelas, ninguna de ellas rehusará responder a esta palabra escrutadora: "¿Crees en el Hijo de Dios?" Debo atreverme a preguntarle a ese ministro. Mi padre en Cristo, de quien no soy digno de desatar los cordones de sus zapatos; debo preguntarte, como me pregunto a mí mismo: "¿Crees tú, por ti mismo, en verdad, en el Hijo de Dios?"

Así pues, hay que plantear esta cuestión, y plantearla para todos, porque hoy en día hay mucha gente que no cree en el Hijo de Dios. Hay muchos que se sentirían poderosamente ofendidos si les negáramos el derecho al nombre de cristianos que, sin embargo, no conocen "al Hijo de Dios". Estas personas admiran a un hombre que inventa un sermón para demostrar que pueden ser cristianos y no creer en Jesús como Dios. Yo no predicaré tal sermón hasta que pierda la razón; pero insistiré en esta época incrédula con esta pregunta vital: "¿Creéis en el Hijo de Dios?". Hombre, si no crees así, tu fe se queda corta de la que Cristo quiere que poseas, y debes tener cuidado, no sea que se quede corta para llevarte al cielo. Con un Salvador menos que divino tienes una religión menos que salvadora. ¿Cómo es tu caso? ¿Creerás únicamente en el Hijo de Dios, o correrás con la vana multitud que no ve en Él más que a un hombre?

Creo que todos los presentes dirán: "No necesita disculparse, querido señor, por hacer la pregunta, pues es una pregunta que debemos hacernos". De hecho, ¡sé que es así! ¿Quién hay que viva de una manera tan pura que nunca tenga que tratar esta cuestión? Hemos oído a personas clamar contra el himno...

"'Es un punto que anhelo conocer A menudo causa pensamientos ansiosos: ¿Amo al Señor o no?

¿Soy de Él o no lo soy?".

Pero si un hombre nunca tiene un pensamiento ansioso sobre su estado, ¡yo debería tener muchos pensamientos ansiosos sobre él! Uno de nuestros poetas bien ha dicho-

"El que nunca dudó de su estado

Puede que sí, puede que demasiado tarde".

Hay tantas cosas en todos nosotros por las que debemos lamentarnos, y que nos llevan a preguntarnos: "¿Es mi fe la fe que obra por el amor y purifica el alma? ¿Creo verdaderamente en el Hijo de Dios?". A veces nos regocijamos en una certeza absoluta en cuanto a nuestra fe en Cristo, y el Espíritu mismo da testimonio a nuestro espíritu de que somos hijos de Dios. Pero en otras épocas nos ejercitamos con grandes escudriñamientos del corazón, y ninguna pregunta nos causa mayor angustia que ésta: "¿Creo yo en el Hijo de Dios?". Ay de nosotros si, después de todo, nuestra profesión, experiencia y esfuerzo no tienen más que el nombre de fe, y la noción de fe, pero son hallados desprovistos de la vida de fe en nuestras almas. Sí, la pregunta de nuestro texto es una pregunta que debería plantearse.

II. Pero, en segundo lugar, LA PREGUNTA PUEDE SER RESPONDIDA. Estoy seguro de que puede ser respondida, pues de lo contrario nuestro Señor no la habría formulado, pues Él nunca fue tan poco práctico como para ir por el mundo haciendo preguntas a los hombres acerca de sí mismos, que no era posible responder. "¿Crees en el Hijo de Dios?" es una pregunta a la que puedes responder si quieres: "Sí" o "No". Les ruego que los presionen para que actúen de manera práctica al respecto.

Sería, en verdad, una cosa muy infeliz si esta pregunta no pudiera ser contestada. Supongamos que estuviéramos condenados a vivir en un estado de duda perpetua en cuanto a que somos creyentes en el Señor Jesús. Esto involucraría a un hombre despierto en una condición de constante ansiedad. Si no estoy seguro de si cuento o no con el favor de Dios, me encuentro en una condición de decidida tristeza. Recuerdo haber oído a un ministro cristiano decir un día en compañía que ningún hombre podía estar seguro de ser salvo. Entonces me pregunté qué tenía que predicar que valiera la pena predicar; pues si no podemos saber que somos salvos, entonces no podemos estar seguros de que estamos en paz con Dios; y esto está en peligro a cada hora. No puede haber paz en la mente del hombre despierto si no sabe que es salvo. Es como alguien en el mar que teme a medias que su barco esté fuera de rumbo, y que pronto pueda chocar con rocas o arenas movedizas, pero no está muy seguro de si es así o no. El capitán no debe descansar hasta que se haya orientado y averiguado su posición con respecto a los peligros del mar y la esperanza de llegar al puerto deseado. Dejar su posición como un punto discutible sería continuar en el miedo, y cortejar el peligro; y dejar su fe en duda es poner en peligro un punto vital. Debe tener la conciencia tristemente cauterizada el que pueda dejar sin examinar este quicio de la condición del alma.

Existe la posibilidad de saber con certeza que crees en el Hijo de Dios. ¿He dicho que existe la posibilidad? Miles de personas han alcanzado esta certeza. Puedes saber que crees en el Hijo de Dios con la misma certeza con la que sabes que existe la Reina de Inglaterra, o con la misma certeza con la que sabes que tú mismo existes; y esto sin caer en el fanatismo o en la presunción. Muchos de nosotros estamos tan habituados a la fe en el Señor Jesús, que no podríamos poner en duda la existencia de la fe en nuestros propios corazones, como no podríamos poner en duda el hecho de que nuestros corazones laten. Tales personas seguras no eluden ningún examen; para ellas, cuanto más examen, mejor; porque su esperanza tiene fundamentos firmes y profundos. Pueden dar razón de la esperanza que hay en ellos. Tan segura como la certeza matemática es la confianza del creyente en el Señor Jesús; porque sabemos a quién hemos creído, y estamos persuadidos de que es poderoso para guardar lo que le hemos confiado. Hay creyentes en nuestro Señor Jesús que han permanecido por espacio de treinta años sin dudar de su fe en Él, porque esa fe ha estado en feliz ejercicio diario en Él. Tú puedes responder a la pregunta: "¿Crees?", porque en este momento estás creyendo, creyendo clara e intensamente. Aquellos que permanecen en la luz del rostro de Dios, y sienten al Espíritu Santo dentro de ellos, dando testimonio con sus espíritus, no tienen ninguna duda en cuanto a su posesión de la fe. Si sentimos un amor ardiente a Dios, un odio creciente al pecado, una lucha contra el mal que hay en el mundo, y algo de semejanza con Cristo, podemos inferir con seguridad que estos frutos de la fe proceden de la raíz de la fe. Por la obra del Espíritu Santo sobre la vida y el corazón sabemos y estamos seguros de que hemos creído en Jesús como el Hijo de Dios. Espero hablar con muchos esta mañana que están disfrutando de la seguridad, y saben que han pasado de muerte a vida.

Para algunos es una cuestión de conciencia. ¿Cómo sé que vivo, respiro, estoy de pie y camino? No puedo explicarles el modo en que llego a la certeza sobre esta cuestión, pero estoy completamente seguro de que vivo y respiro, y así sucesivamente. De hecho, ¡el poder de cuestionar el hecho lo implica! Así que un creyente puede estar seguro de que cree que Jesús es el Hijo de Dios; y aunque no sea capaz de dar una prueba lógica, puede estar, no obstante, consciente en su propia alma de que es así. Y está en lo correcto en su seguridad, pues incluso el propio poder de estar ansioso por la gracia divina es una evidencia de la gracia divina. Si hay alguna duda acerca de si has sido creyente o no durante los últimos veinte años, no luches contra esa pregunta; sino comienza de inmediato a creer, con la ayuda del Señor. Vuelve tus ojos a la cruz, y confíate enteramente a Cristo desde esta buena hora, y entonces creerás, y el acto resplandecerá con su propia prueba. Di de corazón

"Tal como soy - sin una súplica

Pero que Tu sangre fue derramada por mí Y que me ordenaste venir a Ti-¡Oh Cordero de Dios, vengo!"

Viniendo así sabrás que has venido, y continuando viniendo tendrás la seguridad de que has venido. No dejes que el pasado sea la principal indagación, sino resuelve el presente inmediato. Que el Espíritu Santo haga arder el fuego sagrado, y entonces sentirás la llama en poco tiempo. Decir: "Ahora creo en el Hijo de Dios", es la mejor manera de responder a la pregunta acerca de tu condición.

Si quieres más ayuda para resolver la pregunta, hay marcas y evidencias de la verdadera fe por las cuales puedes fácilmente probarte a ti mismo. Si te preguntas: "¿Creo en el Hijo de Dios?", entonces responde esto: ¿Es Cristo precioso para ti? "Porque precioso es para vosotros los que creéis". Si le amas y le aprecias como la cosa más preciosa en la tierra o en el cielo, no podrías tener esta apreciación de Él si no fueras un verdadero creyente. Díganme otra vez, ¿han experimentado el cambio llamado el nuevo nacimiento? ¿Has pasado por un proceso que podría describirse como ser sacado de las tinieblas a una luz maravillosa? Si es así, tu nuevo nacimiento es una evidencia segura de fe, pues estas cosas van juntas; la fe es una prueba de regeneración, y la regeneración es también una prueba de que tienes fe en el Hijo de Dios.

De nuevo, ¿eres obediente a Cristo? Porque la fe obra por el amor y purifica el alma. ¿Es así contigo? ¿Se ha vuelto amargo el pecado? ¿Lo aborreces? ¿Se ha vuelto dulce la santidad? ¿La sigues? No te pregunto si eres perfecto, sino si toda la corriente de tu alma se dirige hacia la perfección. ¿Puedes decir que si pudieras vivir enteramente sin pecado, sería el mayor deleite que podrías tener? ¿Que la perfección absoluta sería el cielo para ti? Ah, entonces eso muestra hacia dónde va tu mente. Demuestra que hay un cambio de naturaleza, pues ningún corazón no renovado suspira por la santidad perfecta. Tu corazón se inclina hacia el gobierno y la soberanía perfectos de Cristo, y estoy seguro de que has creído que Él es el Hijo de Dios. Estás descansando en Él con una fe verdadera y viva, si tomas Su cruz de corazón y le sigues. De nuevo, ¿amas a Dios? ¿Amas a Su pueblo? "Sabemos que hemos pasado de muerte a vida porque amamos a los hermanos". ¿Amas Su Palabra? ¿Te deleitas en Su adoración? ¿Te inclinas con paciencia ante Su vara, de modo que tomas la copa amarga y dices: "Hágase Tu voluntad"? Estas cosas prueban que tienes fe en Jesús. Fíjate bien en ellas.

Pero supongamos que, después de utilizar todas las indagaciones y pruebas, sigues diciendo: "Señor, esta es una cuestión grave, y requiere mucho cuidado. Aún no la he resuelto". Entonces sigue a este hombre en su método. Cuando le preguntaron: "¿Crees en el Hijo de Dios?", se volvió al Señor, y respondió con otra pregunta al Señor Jesús. Podemos recurrir a Jesús en busca de ayuda. El que una vez había sido ciego preguntó ansiosamente: "¿Quién es Él, Señor, para que crea en Él?". Vuélvete, pues, oh indagador, en el momento de tu angustia, y clama: "Señor Jesús, te suplico que me enseñes a conocerte mejor, para que tenga más fe en Ti." Acude a Jesús para tener fe en Jesús.

Además, hay ciertas grandes verdades de las que se alimenta la fe, y, para estar seguro de que tienes fe, es mejor que pienses en estas verdades de Dios. Que el Señor se complazca especialmente en revelarse a ti, para que lo conozcas, y así puedas creer en Él. Oh alma, no tendrás ninguna duda por mucho tiempo si percibes esas cosas gloriosas que conciernen a tu Señor. Conoce quién es Él, y lo que es, y lo que ha hecho, y esto te permitirá creer en Él como Hijo de Dios. Así como los hombres estaban acostumbrados, cuando eran presionados ante los tribunales, a decir: "apelo al César," así tú apela al propio Cristo, y ten la seguridad de que en Él encontrarás la liberación. Si tu fe está escondida de ti mismo, no está escondida de Él; y si no puedes hacerla surgir por pensamientos de la obra de la gracia interior. Vuelve tu mente hacia tu Salvador, y la cabeza del pacto en el cielo, y la fe se abrirá como las copas de las flores se abren al sol. La pregunta puede ser contestada.

III. En tercer lugar, LA PREGUNTA DEBE SER RESPUESTA, Y DEBE SER RESPUESTA DE INMEDIATO. Si pudiera, concentraría todos sus pensamientos en esta única investigación que a cada hombre le concierne tan vitalmente: "¿Crees en el Hijo de Dios?". Responde a esto desde tu propia alma. Yo no soy un padre confesor; sean padres confesores de ustedes mismos. Que cada uno dé su veredicto ante el tribunal de su conciencia. Respondan también como en la presencia de Cristo, pues como el hombre de la narración, ustedes están en Su presencia ahora. Responde por ti mismo ante el Dios que escruta y prueba tu corazón. Responde también ante los hombres, pues esto es lo que tu Salvador merece de ti. No te avergüences de decir abiertamente: "Creo en el Hijo de Dios". Este hecho no debe esconderse en un rincón. Recuerda cómo nuestro Señor en las Sagradas Escrituras siempre pone la confesión abierta al lado de la fe como parte del plan de salvación. Nunca encontrarán en ninguna parte de la Palabra de Dios: "El que creyere y tomare la Cena del Señor, será salvo"; pero sí encontrarán escrito: "El que creyere y fuere bautizado, será salvo". ¿Por qué el bautismo ocupa un lugar tan prominente? En parte, porque es la forma ordenada de confesión abierta de fe en el Señor Jesucristo. El pasaje es paralelo a aquel otro: "El que con el corazón creyere, y con la boca confesare, será salvo". ¿Qué menos puede esperar Cristo que una fe abierta, si es que hay alguna fe? ¿Traerás a Aquel que te redimió una fe cobarde? ¿A Aquel que intercede por ti, una fe muda? ¿A Aquel que te abrió los ojos, una fe que no se atreve a mirar a tus semejantes a la cara? ¡No! ¡No! ¡Habla! Y habla, y deja que el mundo sepa que Aquel que murió en el Calvario es para ti, si no para nadie más, el Hijo de Dios. La pregunta debe ser respondida, respondida ante los hombres, y respondida de inmediato. No te demores, sino apresúrate a cumplir el mandato de tu Señor.

La pregunta debe responderse de inmediato porque es de primera importancia. Si no crees en el Hijo de Dios, ¿dónde estás? No estás vivo para Dios, "Porque el justo por la fe vivirá". No puedes estar en pie, pues está escrito: "Por la fe estáis en pie". No podéis trabajar para Dios, pues es la fe la que obra por el amor. ¿Dónde está tu justificación si no tienes fe? "Somos justificados por la fe". ¿Dónde está tu santificación? ¿No dice el Señor: "Santificados por la fe que está en mí"? ¿Dónde está tu salvación sin fe? "Cree en el Señor Jesucristo, y serás salvo". No puedes ser ni hacer nada aceptable sin fe, pues "sin fe es imposible agradar a Dios". Estás en un mal caso, y pronto estarás en uno peor, a menos que puedas decir: "Creo que Jesús es el Hijo de Dios, y confío en Él como mi todo en todo." El que no cree en el Señor Jesucristo está bajo condenación presente, pues "El que no cree ya está condenado". Condenado ya; y, por tanto, esta pregunta debe ser respondida de inmediato, a menos que estés contento de permanecer bajo la ira, y contento de vivir sin reconciliarte con Dios. Mientras estás sentado aquí, estás en peligro de la ira venidera. ¿Puedes estar tranquilo?

Recuerda, estás perdiendo el tiempo mientras estás en la ignorancia en cuanto a tu fe. Si no crees en Jesús, estás pasando tus días en la muerte, y en la alienación de Dios. Si te preguntas si has creído en el Hijo de Dios, no hay duda de que estás perdiendo consuelo y felicidad. Si vas de un lado a otro de este atribulado mundo sin conocimiento de tu propia salvación, sin la seguridad de que eres aceptado por Dios, estás perdiendo el poder de honrar el nombre del Señor con una conversación gozosa. Estás en una posición inconsistente e inconveniente. Si realmente no has creído en Jesucristo, el Hijo de Dios, estás descansando corto de la vida eterna. Mientras tanto, ustedes suben a la casa del Señor, y se unen declaradamente para adorarle, mientras le niegan la primera esencia de la verdadera adoración, es decir, su fe en Él.

Ah, querido amigo, si no has creído que Jesús es el Hijo de Dios, la esperanza de que lo hagas alguna vez se desvanece cada día. Entre más tiempo permanezca un hombre en cualquier estado, más probable es que continúe allí. Cuando los hombres se han acostumbrado por largo tiempo a hacer el mal, el profeta clama sobre ellos: "¿Acaso puede el etíope mudar de piel, o el leopardo sus manchas?" Es terrible haber oído el Evangelio en vano durante tanto tiempo. Si incluso los llamamientos del Calvario se pierden en ti, ¿qué queda? Los pecadores endurecidos por el Evangelio están realmente endurecidos. Algunos de ustedes han sido incrédulos en el Señor Jesucristo durante cincuenta años, y me temo que morirán en la incredulidad; ¿y entonces qué? La porción de los incrédulos es terrible. "Si no creéis que yo soy, en vuestros pecados moriréis". ¡Horrendas palabras! "Moriréis en vuestros pecados". Eso es lo que, con toda probabilidad, les sucederá a muchos de ustedes; no, ¡seguramente sucederá a menos que crean en el Hijo de Dios! Venid, pues, de inmediato a esta cuestión. No se demoren ni una hora. Si la respuesta es insatisfactoria, el caso puede ser alterado si se atiende de inmediato. El que todavía no ha creído en el Hijo de Dios puede hacerlo. Aún te queda tiempo; no desprecies el respiro de la misericordia. Sobre ti brilla la luz de otro domingo; la longanimidad aún no se ha agotado. El Evangelio todavía se predica en tus oídos; ¡el día de la esperanza no ha terminado! La Biblia sigue abierta ante vosotros, y la puerta de la misericordia también está abierta para todos los que entren por la fe. Por eso te ruego que creas ahora en el Hijo de Dios. Tal vez no vivan para ver otro Día del Señor; por tanto, aprovechen la oportunidad presente. Pronto nos llegarán las noticias acerca de ti, como tantas veces nos han llegado acerca de otros: "Él ha muerto", o "Ella se ha ido". Puesto que la eternidad puede ser moldeada por el hoy, les ruego que se despierten. Miren a su fe en Jesús, pues si eso es correcto, todo está bien; pero si eso se encuentra deficiente, todo es deficiente.

IV. Concluyo con mi cuarto punto, que es el siguiente: LA PREGUNTA PUEDE SER DE SUMA IMPORTANCIA PARA NOSOTROS SI LA RESPONDEMOS.

"¿Crees en el Hijo de Dios?" Supongamos que la pregunta debe responderse negativamente. Si te ves obligado a suspirar y decir: "¡No, no!", entonces que así sea, y mira la verdad a la cara. Tenderá a despertarte de tu descuido si sabes dónde estás. El otro día vino a unirse a la iglesia cristiana una persona que dijo: "Mientras estaba en mi trabajo en la sala, de repente me vino este pensamiento: 'Eres una mujer que no es salva'. No podía quitármelo de la cabeza. Bajé a la cocina a cocinar, pero me siguió. Del fuego y del agua me parecía oír la acusación: "Eres una mujer que no es salva". Cuando entraba a comer, apenas podía comer el pan a causa de este pensamiento asfixiante. Me perseguía: '¡Eres una mujer sin salvación! No pasó mucho tiempo antes de que esa mujer sin salvación buscara al Señor, y se convirtiera en una mujer salva por la fe en Cristo Jesús. ¡Oh, que yo pudiera poner esta idea en algunas mentes esta mañana! Ustedes no son salvos. Ustedes no creen en el Hijo de Dios, y por tanto están en hiel de amargura y en lazos de iniquidad. Me gustaría hacer que el asiento en el que están sentados se endureciera, y que la propia casa se volviera incómoda, de tal forma que juraran: "Por favor, Dios, no puedo sino tambalearme hasta llegar a casa. Buscaré mi lecho y clamaré por misericordia". Desearía que tuvieras una urgencia aún mayor, y que suplicaras al Señor por misericordia de inmediato; ¡en el acto! Lo harías, creo, si respondieras justamente a esta pregunta, y sintieras que la respuesta debe ser: "No". Pero, suponiendo que seas capaz de decir: "Sí", esta pregunta te habrá hecho un gran servicio, pues te habrá traído una gran paz. Mientras dejes este asunto en la duda, serás zarandeado; pero cuando esté decidido, entrarás en reposo, la paz, como un río, fluirá en tu alma cuando puedas decir-.

"Creo, creeré,

Que Jesús murió por mí;

Que en la cruz derramó su sangre, Del pecado para liberarme".

Sepan que Él es suyo, y se regocijarán en Él. No puedes obtener una paz estable hasta que resuelvas esta cuestión.

Hecho esto, tratarás de hacer algo por Jesús para mostrar tu gratitud por Su salvación. Hasta que no sepa que soy salvo, no tendré corazón para la obra santa. Un hombre sabio se detiene en casa, y se ocupa de sus propios asuntos cuando siente que están en peligro; pero cuando todos están a salvo, puede ocuparse de los intereses de sus vecinos. Cuando sé que soy salvo, y que no tengo nada más que hacer en ese asunto, pues Cristo lo ha terminado todo, entonces me pregunto qué puedo hacer por Aquel que ha hecho tanto por mí. ¿Dónde está el niño o el hombre a quien puedo hablar de mi Salvador? Iré a buscar a los perdidos, y les hablaré de una salvación presente. Tal vez nunca me he atrevido a hablar a mi esposa, o a mis hijos acerca de la vida eterna; pero ahora que la poseo, y sé que la tengo, porque creo en el Hijo de Dios, comenzaré a instruir a otros en esta buena doctrina. Sí, la diligencia nace de la seguridad.

Y ¡qué ayuda será la seguridad en el tiempo de angustia! Te espera una gran aflicción, pero si puedes decir: "Sé que creo en Jesucristo el Hijo de Dios," la enfrentarás con tranquilidad. ¿Es una operación quirúrgica? Te quedarás quieto, y te entregarás al bisturí del cirujano, venga la vida o la muerte; y lo harás fácilmente. ¿Se trata de una cruel persecución a la que tendrás que enfrentarte mañana? No temerás, sino que, creyendo en Jesús, tomarás su cruz. ¿Te estás haciendo viejo y piensas en el momento de tu muerte? No importará; pues sabes que sólo irás a casa desde que crees en el Hijo de Dios. Él nunca deja que un alma crea en Él en vano; Él nunca desecha a un pobre corazón que confía en Él. ¡Qué fuerza te dará tu fe! Serás un héroe, mientras que podrías haber sido un cobarde. Ahora que sabes y estás seguro de que crees en el Hijo de Dios, no temerás ningún mal.

Creo que esto te encenderá con santo celo y alabanza. Ustedes han estado diciendo: "¡No sé cómo es que soy tan torpe y estúpido! Voy a la casa de Dios, y no siento el poder de la Palabra; tengo miedo de no ser cristiano". Así es: mientras tengas ese miedo escalofriante sobre ti, no serás sensible a la verdad alentadora; pero cuando sepas que crees en el Hijo de Dios, y estés seguro de tu salvación, tu corazón latirá con otra melodía, y la música de las altas esferas tomará posesión de tu pecho. No me extrañaría que cantaras como Toplady...

"Sí, hasta el final aguantaré

Tan seguros como se dan las arras; Más felices, pero no más seguros, Los espíritus glorificados en el cielo."

Comenzarás a saborear la felicidad celestial cuando tengas un sentido de certeza celestial. Estando así conmovido con gratitud, y lleno de alegría, el resultado será una gran preocupación por otros que no han creído en el Hijo de Dios. Mirarás a los incrédulos con tristeza y alarma. Tal vez sean muy ricos, pero despreciarás su oro, porque les ciega los ojos. Tal vez sean muy inteligentes, pero no adorarás sus habilidades, porque la luz eterna está oculta a sus ojos. Te dirás a ti mismo: "Ellos pueden tener toda su riqueza, y toda su astucia, pero yo tengo al Hijo de Dios". Al tener a Cristo, tienes más de lo que poseía Alejandro cuando había conquistado el mundo. Él podía conquistar la tierra, pero no podía ganar el cielo, pues no sabía nada acerca de creer en el Hijo de Dios. En este sentido, has hecho más de lo que podría hacer un ángel; pues un ángel no tiene un alma perdida en la que confiar en el Hijo de Dios; ningún pecado que lavar en la sangre del Salvador. Pero tú has confiado en Él, y has sido lavado en Su sangre, y estás limpio. Vayan a casa y canten, hermanos y hermanas míos. Vayan a casa y digan a sus semejantes que Jesús es el Hijo de Dios, y que puede salvar abundantemente. Vayan a casa y lloren a Jesús por algún pobre pecador. Vayan a casa y nunca descansen hasta que puedan decirle a Dios: "Aquí estoy yo, y las almas que me has dado; estamos creyendo en el Hijo de Dios". La paz sea contigo. Amén.

Sermón #1088—La Esencia de la Sencillez

PRONUNCIADO EN LA MAÑANA DEL DÍA DEL SEÑOR, 29 DE DICIEMBRE DE 1872,

POR C. H. SPURGEON,

EN EL TABERNÁCULO METROPOLITANO, NEWINGTON.

"Oyó Jesús que le habían echado fuera; y hallándole, le dijo: ¿Crees tú en el Hijo de Dios? Respondiendo él, dijo: ¿Quién es, Señor, para que crea en él?" Juan 9:35, 36.

Este texto procede de la historia del ciego a quien Jesús había dado la vista. Su narración de la curación provocó la ira de los judíos y de sus gobernantes; y, como el hombre no podía ser convencido por ellos de que el que le había abierto los ojos podía ser también un hombre malo, lo expulsaron de su asamblea, y con ese acto le significaron que sería, o ya era, expulsado de la iglesia judía, apartado de la sinagoga y hecho víctima de la mayor excomunión. Ésta era una de las calamidades más terribles que podían acaecer a un judío, y no dudo de que el hombre lo considerara así. Ahora bien, no es en absoluto probable que alguna persona aquí presente esté sintiendo el mismo problema, pero muchos pueden estar sufriendo de algo similar. Puede ser que ustedes mismos se hayan excomulgado. Dentro del tribunal de su propio pecho, la conciencia ha celebrado un juicio solemne, y ha pronunciado sobre ustedes una sentencia que resuena continuamente en sus oídos. Apenas os atrevéis a mezclaros con los que se reúnen en la casa de Dios, pues os sentís indignos de estar entre ellos. Hasta hace poco estaban en los mejores términos con ustedes mismos, y consideraban que todo estaba bien con Dios. Esperaban estar en tan buena posición, en todo caso, como los demás hombres, y tal vez eran algo mejores que muchos de los que los rodeaban; pero ahora un proceso de iluminación ha invadido su mente: se han visto como seriamente malas prácticas que antes eran consideradas como bagatelas, y el pecado mismo ha adquirido otro aspecto que el que tenía en tiempos pasados. ¿Se encuentra aquí esta mañana una persona así? Entonces permítanme asegurarles que conozco bien su estado mental, pues conocí sus horrores por el espacio de muchos meses juntos. Yo también sentía que estaba apartado de la congregación de los esperanzados, y que no debía esperar la misericordia de Dios. No me atrevía siquiera a levantar los ojos al cielo, sino que me quejaba al Señor como Jonás: "Estoy excluido de tu vista". Por tanto, con compasión fraternal me dirijo a cualquier hombre o mujer que se considere un náufrago, excluido de la casa del Señor.

El hombre de la narración, muy felizmente para él, en el momento en que la sentencia comenzó a arrojar su tristeza sobre él, fue encontrado por el Señor Jesucristo, quien inmediatamente procedió a proporcionarle el cordial necesario. Cristo ha venido como la consolación de Israel, y donde encuentra que los hombres están cargados de espíritu, comienza Su obra de gracia. Pero, observen, Él sólo trae un cordial, y prescribe sólo una manera por la cual su eficacia puede ser realizada; Él habló al hombre oprimido acerca del Hijo de Dios, y de la fe personal en Él, porque éste es el consuelo maestro para los corazones quebrantados, éste es el medio más seguro y mejor de traer alegría a las almas que se sientan en las mazmorras del abatimiento. Nuestro Señor comenzó diciendo al desechado: "¿Crees en el Hijo de Dios?". Ahora, si alguno de los aquí presentes se encuentra en el estado que he esbozado tan apresuradamente, sintiéndose culpable ante Dios, con espíritus intranquilos, con corazones alarmados por el juicio venidero y merecido, vengo en nombre de Cristo a ellos esta mañana con palabras de consuelo. Pero no serán otras que las que Jesús pronunció antaño; no tengo nada que hablarles a manera de consuelo sino concerniente al Hijo de Dios, y concerniente únicamente a Él, exigiendo que crean en Él, pues sólo en la medida en que lo reciban por fe, Él será para ustedes un alivio de la aflicción. El que cree en el Señor Jesús no será avergonzado; pero sin fe, ustedes no tienen salvación.

Esta mañana nos esforzaremos por llevarlos a todos al punto que nos ocupa. Esta mañana habrá un encuentro directo entre la doctrina del evangelio y tu alma, ¡oh tú que aún no eres creyente! Se levantarán esta mañana y se enfrentarán al evangelio, ya sea que lo rechacen o lo acepten; sabrán, si las palabras más claras pueden decírselo, que si creen en Cristo Jesús, serán salvos, y se les preguntará si lo harán o no, y creerán en el Hijo de Dios o incurrirán de nuevo en el pecado de desechar el único nombre dado bajo el cielo entre los hombres por el cual pueden ser salvos. Digo que seréis llevados a esto si las palabras pueden llevaros a ello; y entonces debo dejar la obra de vuestra decisión en las manos de Dios Espíritu Santo. Les ruego a ustedes que aman al Señor y tienen prevalencia en la oración, que me ayuden con sus súplicas; oren para que el resultado de llevar al pecador cara a cara con el evangelio sea que se decida a creer en Jesús. Reza para que le sea dada la fe. Oren para que el Hijo de Dios se convierta en el objeto de la confianza de su alma, y que en ningún caso se deje que el oyente continúe en la incredulidad y rechace al Hijo de Dios. Ustedes han visto en la boca de los pozos de carbón cómo los vagones llenos, al descender por la pendiente, arrastran a los vacíos hasta la boca del pozo, para que ellos también se llenen. Pido a Dios que ustedes, que tienen la gracia, ejerzan el poder que Dios les ha dado consigo mismo, y así, por intercesión prevalente, atraigan a otros al Salvador. Mientras nosotros predicamos, ustedes oren, y Dios obrará por medio de nosotros dos. Miren a los que no son salvos a su alrededor con ojos de compasión; luego miren a Cristo, su exaltado Salvador, con ojos de fe, y díganle: "Jesús, tú que has redimido a miríadas por tu sangre, obra ahora por tu Espíritu eterno, y redime también con poder; permite que el Espíritu que reposó sobre tu propio ministerio, el Espíritu que estuvo con tus siervos en Pentecostés, el Espíritu que nos ha convertido también a nosotros a tu verdad, obre poderosamente entre la congregación esta mañana, para que todos ellos sean conducidos a obedecerte. Cuando tu cruz sea levantada en alto, ¡que traiga vida a los muertos en todo el campamento, y sea para los despiertos un faro de seguridad, y para los desesperados un pilar de esperanza!"

I. Siendo el tema de nuestro discurso de esta mañana solemnemente práctico, vamos a exponer y definir de la manera más clara EL ASUNTO QUE TENEMOS EN MANO. Para ti, mi ansioso amigo, el asunto más grande y de mayor peso que puede concernirte es que encuentres la salvación. No la tienes en el presente, tu conciencia te lo dice, y aunque estás muy consciente de que debes obtenerla o estar perdido para siempre, tienes todavía muy pocas perspectivas de encontrarla alguna vez. Has pecado, y el castigo te espera, y tampoco puedes escapar. Lo más importante para ti es que te salves; y si realmente estás despierto, deseas ser salvado del pecado así como de su castigo. No sólo quieres escapar de las consecuencias de hacer el mal, sino de la propensión a hacerlo; del poder constante y de la contaminación del pecado pasado, y de la tendencia a pecar de nuevo. También deseas ser perdonado y, por medio del perdón, ser librado de la ira de un Dios justamente ofendido. Y deseas ser hecho aceptable al Altísimo, y si estás en tu sano juicio, deseas que todo esto sea hecho real y verdaderamente, no en pretensión o ficción, sino de hecho y en verdad. Dios nos libre de que alguna vez se contenten con el nombre de ser salvos; con una salvación externa y profesional de ritos y ceremonias exteriores, mientras su corazón permanece sin purificar y su naturaleza sin limpiar. En algunos otros departamentos podemos ser engañados, y no ser grandes perdedores, pero en los asuntos del alma debemos asegurarnos de todas las cosas, pues si somos engañados allí, todo habrá terminado para nosotros. Déjenme ser engañado con metal común en lugar de oro, si quieren, pero no con mentiras en lugar de la verdad salvadora de Dios, o con nociones engañosas en lugar de operaciones de gracia. Déjenme ser engañado en cuanto al alimento que como, y encontrar que cada bocado de él está adulterado, si así debe ser;

pero no en el pan de vida eterna que mi alma anhela; sean fieles a mi alma, si todo lo demás es mentira.

¿Desea usted, oyente mío, la salvación del poder y la culpa del pecado? ¿Y deseas que sea completa y real? ¿No la anhelas también ahora? Si Dios te ha vivificado, anhelas ser salvado de inmediato; tiemblas ante la idea de una demora. El pecado es amargo para ti ahora; es una plaga presente. El asunto que tenemos ante nosotros ahora es la salvación presente, la salvación personal que debe ser realizada por ti mismo; si existe tal cosa como mirar el rostro sonriente de un Padre reconciliado en el cielo, ¡deseas disfrutarla ahora! Si es posible que la carga del pecado sea quitada para siempre de los hombros de un mortal, ¡deseas librarte de esa carga en este instante! Si existe, en verdad, una fuente en la que, si un hombre es lavado, toda mancha desaparecerá, tú anhelas sumergirte de inmediato bajo su torrente purificador, y quedar más blanco que la nieve. Si tu alma está tan despierta, bendigo a Dios, en verdad, pues no hay nada bajo el sol, y, en verdad, no hay nada por encima de él, que pueda rivalizar en importancia con la salvación de tu alma.

Ahora, el asunto que debo insistirles es éste. Si alguna vez van a ser salvos, Dios ha declarado que la salvación debe llegarles como un don de Su gracia, como un acto de Su favor gratuito, y sólo pueden recibirla creyendo en Su Hijo. Así como Cristo consoló al hombre en el templo diciéndole: "¿Crees en el Hijo de Dios?", hoy no hay consuelo, y mucho menos salvación para ti, excepto a través de creer en el propio Hijo de Dios. Cien veces has oído la historia del Hijo unigénito de Dios, que es el amante de las almas de los hombres; pero debemos repetírtela una vez más. Dios no salvará a los hombres por sus méritos; es más, si tienen algún mérito, no necesitan ser salvados. Si Dios les debe algo, presenten la cuenta, y la tendrán. Si hay obligaciones de parte de Dios hacia ti, di cuáles son, y si se puede probar que existen, Dios nunca te dará menos de lo que puedes reclamar justamente. Ay, amigo mío, si eres alojado donde mereces estar, ¿dónde será sino en la fosa del infierno? Sería bueno para ti, entonces, que terminaras con todas las demandas y exigencias. Dios sólo te salvará como una persona culpable que merece ser destruida, pero a quien salva porque elige salvarte; porque resuelve manifestar en ti la abundancia de Su misericordia. "Por gracia sois salvos", es el propósito inmutable del cielo. Y además está decretado que esta gracia será recibida por los hombres a través del canal de la fe, y sólo por ese canal. Dios salvará sólo a aquellos que confíen en Su Hijo. Jesucristo el Señor vino a este mundo y tomó sobre Sí nuestra naturaleza, como les enseñamos el domingo pasado, y siendo hallado en forma de hombre, tomó el lugar del transgresor; los pecados de Su pueblo fueron contados sobre Él, le fueron imputados, cargados a Su cuenta, y sufrió por ellos como si hubieran sido Sus propios pecados; fue azotado, atormentado, crucificado y asesinado; los azotes que llevó fueron los castigos debidos al pecado humano, y la muerte que soportó fue la muerte amenazada a los transgresores.

Y ahora, quien confíe en Jesús participará en el resultado de todas las agonías sustitutivas del Redentor, y el caso será así: los sufrimientos de Cristo serán en lugar de los sufrimientos de los creyentes, y los méritos de Cristo serán en lugar de la obediencia que el hombre debería haber rendido. La fe en Jesús nos hace justos por la justicia de otro; hace que seamos aceptados en el amado, perfectos en Cristo Jesús. Así como por el primer Adán caímos, por el segundo Adán resucitamos. Ahora, la manera de participar de los beneficios de la muerte del Señor Jesús es simplemente creyendo en Él. Aquí debe entenderse que creer en Jesús no es una acción misteriosa y compleja; no requiere una semana para explicar lo que es la fe; la fe cree lo que Dios ha revelado acerca de Cristo, y por lo tanto confía en Cristo como el Salvador divinamente designado. Creo que Jesús era el Hijo de Dios; creo que Dios lo envió al mundo para salvar a los pecadores; creo que para hacerlo se convirtió en sustituto de todos los que confían en Él, y como confío en Él, sé que fue mi sustituto, y que estoy limpio ante Dios. Puesto que Jesús murió por mí, la justicia de Dios no puede condenarme a la muerte eterna por quien Jesús, mi sustituto ha muerto. La verdad de Dios no puede demandar una segunda vez la deuda que ya ha sido completamente pagada a mi favor. El razonamiento de todo el asunto es tan claro como es posible, y cualquiera en este mundo, viejo o joven, judío o gentil, letrado o analfabeto, rico o pobre, libertino o moral, que confíe en Jesús, será salvo; es salvo en el momento en que lo hace. Pero quien de las mujeres nacidas se niegue a confiar en Jesús, ya está condenado, porque no ha creído en el Hijo de Dios.

Sea cual fuere el carácter de un hombre, si en ese carácter no hay fe, es un alma perdida. Pero, por otro lado, sea cual fuere ese carácter, si ahora viene a la cruz, y cree en Jesús, comienza desde ese momento una nueva vida; Dios le dará todas las gracias y excelencias de carácter que adornarán su fe, y su fe lo salvará. Confiar en Jesús, creer en Jesús, esa es la cuestión; necesito hacer caer mi martillo sobre este yunque a cada golpe, y si el Señor se complace en poner delante de mí algún corazón que haya derretido en el horno de la convicción, los golpes contarán si el Dios eterno extiende Su brazo todopoderoso, y golpea con energía divina. Si un alma es llevada a la fe en Jesús, la obra está hecha. Creer en el Hijo de Dios es el punto, y nada más.

II. Siendo este el asunto en cuestión, haremos un avance, en segundo lugar, para notar que hay UNA PREGUNTA EN NUESTRO TEXTO QUE IMPLICA TODA LA BASE DE LA FE. El hombre dijo a Jesús: "¿Quién es, Señor, para que yo crea en Él?". A lo largo de toda la narración, este hombre demuestra ser un tipo muy astuto; no sé que la Sagrada Escritura nos dé un ejemplo de un hombre más sensato que este hombre a quien se le abrieron los ojos. Y así, cuando se le dice que debe creer en el Hijo de Dios, va al grano de inmediato, y dice: "¿Quién es Él, Señor, para que yo crea en Él?", como si eso fuera todo lo que quería saber: "¿Quién es Él?" Y entonces la fe vendría con toda seguridad. Cuando un alma está buscando la fe, esta pregunta es el punto principal; la bisagra de todo el asunto se encuentra allí. Este hombre no dijo: "Señor, ¿quién soy yo para que crea? No, en absoluto. Si yo leo una historia en los periódicos acerca de cuya veracidad hay alguna duda, no comienzo preguntando cuál es mi propio carácter, como si eso tuviera algo que ver. Pero pregunto quién es la autoridad de la historia; no miro dentro de mí, sino que miro a la persona que afirma creer. La historia es cierta o no, sea lo que sea; mi carácter no tiene que ver con la verdad o falsedad de la afirmación; debo indagar en la afirmación misma. Así que este hombre no hizo ningún comentario acerca de lo que podría haber sido o podría ser todavía, sino que colgó el asunto en este clavo: "¿Quién es Él, Señor, para que yo crea en Él?" Así que ahora, querido oyente, todos los argumentos para tu fe están dentro del alcance de esa pregunta: "¿Quién es Él, Señor, para que yo crea en Él?" No necesitas decir: "¿Quién soy yo para que crea? He vivido una vida contaminada por el pecado; he ido de transgresión en transgresión; he resistido a la conciencia; me he opuesto al evangelio; me he contaminado con pecados contra la luz y el conocimiento." ¡No importa! Ahí estás, con toda tu contaminación dada por sentada, y Dios te dice: "Todo aquel que cree en el Señor Jesucristo tiene vida eterna." Ese es el asunto salvador: eso, y nada más ni nada menos. ¿Creerás en el Señor Jesús o no? Lo que seas no tiene nada que ver con el asunto en cuestión; si el testimonio de Dios es verdadero, es verdadero, seas negro o blanco, seas un gran pecador o un pequeño pecador. Y si es falso, no será más verdadero si eres bueno o malo, digno o indigno. Si Jesús es capaz de salvar, debe confiarse en Él; pero si no es capaz, nadie debe confiar en Él: toda la cuestión gira en torno a eso.

Tampoco plantees objeciones a tu condición actual. Tú dices: "¡Pero en este momento me siento tan duro de corazón! No puedo llorar como otros pueden llorar; el arrepentimiento está oculto a mis ojos; la oración es pesada, el gemido trabaja conmigo; incluso mientras escucho el evangelio esta mañana, mi atención no está clavada como debería estarlo en la verdad de Dios que yo sé que es vital. Estoy destituido de todo punto bueno; estoy vacío de todo lo que pueda recomendarme a la misericordia de Dios". Yo respondo: "¿Y qué?" Supongamos que le digo a un hombre que la suma de 10.000 libras le ha sido dejada en testamento: ¿tiene algo que ver si me muestra su choza, su alacena vacía y su miserable cama? ¿Su pobreza me convierte en un mentiroso? ¿Por qué introduce el hombre un asunto tan ajeno a la buena nueva? O es verdad o no lo es. Su condición no tiene nada que ver con la verdad o falsedad de mi declaración; si el hombre estuviera envuelto en escarlata y lino fino, eso no haría más verdadera mi declaración, y si los perros lo lamen como lamieron a Lázaro, eso no le da derecho a negar mi veracidad cuando le digo un hecho. Así que, oh pecador, tu condición no tiene nada que ver con la cuestión de si Jesús es de fiar o no. "De tal manera amó Dios al mundo, que ha dado a su Hijo unigénito, para que todo aquel que en Él cree, no se pierda, mas tenga vida eterna". ¿Creerás en Él? ¿Confiarás en el Señor Jesús? Si deseas confiar en Él, el tema a indagar es: "¿Vale la pena confiar en Él?". Pero es una pregunta muy alejada del punto decir: "Yo soy esto", o "Yo soy aquello". ¿No es así? Apelo a tu propio sentido común.

"Pero aún así, en cuanto al futuro", dice uno. "Podría volver a mis viejos pecados. No puedo confiar en mí mismo; he hecho algunas reformas antes, y no han sido más que pobres empresas; mi barco se hizo a la mar, y naufragó en el primer vendaval. No puedo esperar que, con las tentaciones que me esperan, pueda resistir y entrar en el cielo". Ahora, ¿qué tiene que ver la cuestión de creer en Jesús con tus buenos propósitos o con tus miserables fracasos? El que confía en Cristo será salvo. Si te pierdes confiando en Él en el futuro, la palabra de Dios no será verdad; la pregunta es: "¿Puedes confiar en Cristo?". Y eso gira en torno a esa otra: "¿Es digno de confianza?". No se puede admitir ni por un momento otra pregunta. El caso es algo así como el de un hombre en aquel mar; su barco está naufragando; se está rompiendo en pedazos; sus cubiertas han sido barridas; él apenas retiene su asidero en una viga flotante. ¡Mirad! El bote salvavidas se acerca a su lado y está listo para subirlo a bordo. Ahora bien, si hay una pregunta en la mente de ese hombre acerca de subir a ese bote salvavidas para salvarse, la única pregunta racional que puedo concebir es: "¿Me llevará el bote a la orilla? ¿Está en condiciones de navegar? ¿Sobrevivirá a las olas? ¿Podrá llegar a tierra con seguridad?" No podéis concebir que el pobre hombre diga: "Tiemblo demasiado de escalofríos para ser rescatado por ese bote", o: "El mar ha lavado hasta el último trapo de mi espalda; el bote no me servirá", o: "En otra ocasión puedo naufragar en la costa de África, y puede haber un bote salvavidas". ¡No, no! Hombre vivo, ¡ahí está el bote! ¿Está en condiciones de navegar? Esa es la cuestión. Si es así, ¡sube a ella! Si Cristo no es digno de confianza, no confíes en Él; pero si es digno de toda confianza, entonces termina con las preguntas ociosas, y échate sobre Él. "Si recibimos el testimonio de los hombres, mayor es el testimonio de Dios; porque este es el testimonio de Dios, que ha dado testimonio de su Hijo. El que cree en el Hijo de Dios tiene el testimonio en sí mismo; el que no cree a Dios, le ha hecho mentiroso, porque no cree en el testimonio que Dios dio de su Hijo. Y éste es el testimonio: que Dios nos ha dado vida eterna, y esta vida está en su Hijo. El que tiene al Hijo tiene la vida; y el que no tiene al Hijo de Dios no tiene la vida" (1 Jn 5,9-12).

Aun así, nos ceñiremos a este punto: vale la pena confiar en Jesús, es digno de la fe inquebrantable del pecador. Vale la pena confiar en Él, oh pecador, porque, en primer lugar, Aquel en quien se te pide que confíes en este día por mandato del Evangelio, es Dios mismo. Tú has ofendido a Dios, y es Dios quien vino al mundo para salvar a los pecadores. Contra Cristo fueron lanzados tus pecados como flechas de un arco, pero Aquel contra quien fueron disparadas esas saetas ha venido en la plenitud de Su poder, y en la infinitud de Su misericordia para salvar a los que creen. ¿No puedes confiarte en manos todopoderosas, todopoderosas para salvar? ¿Hay algo imposible para Dios? Un ángel no podría salvarte, pero sin duda Dios mismo sí puede. ¿Cómo puedes limitar al Santo de Israel? ¿Cómo puedes poner fronteras a un amor sin límites, o límites a una gracia sin límites? Si Jesús fuera hombre y no Dios, la incredulidad tendría una buena excusa. Pero si el Salvador es divino, ¿dónde puede encontrar la desconfianza un manto para sí misma?

Esta mañana siento como si no pudiera evitar creer en Cristo, ahora que sé que es divino. La fe se ha convertido en un acto necesario de mi mente. ¿Me salvará? ¿Quién podrá persuadirme de que Él no puede? Vengan ustedes, demonios, con sus argumentos, y aleguen conmigo, y no podrán inyectar una duda en mi alma mientras yo sepa que Él es Dios. Él puede sacudir los cielos cuando le place, y hacer temblar la tierra. Él sostiene el universo sobre Sus hombros; ¿no puede salvar mi pobre alma? Sí, puede hacerlo. "¿Quién es Él para que yo crea en Él? Él es divino, y por eso creo.

Pero a continuación, el Señor Jesucristo, en quien el pecador debe confiar, es comisionado por Dios para salvar. Vino al mundo como Salvador, no sólo por sí mismo, sino como Mesías enviado por Dios. Tiene la plena concurrencia de la sagrada Trinidad; es la voluntad del Padre; es la voluntad del Espíritu Santo, así como la voluntad del Hijo, que todo el que crea en Jesús se salve. Él fue ungido por el Señor para Su obra peculiar. Ahora, siento como si esto fuera un motivo especial para confiar en Él. Si Cristo fuera un Salvador aficionado que hubiera tomado el oficio de salvar por Su propia cuenta, podría haber una pregunta. Pero si Dios le ha comisionado divinamente para salvar, oh alma, ¿por qué puedes dudar más? Garantizado por Dios, autorizado por el Eterno: ¡oh corazón, descansa en Él!

Entonces, fíjense, el Señor Jesucristo ha hecho realmente todo lo que es necesario que haga para la salvación de todos los que confían en Él. Hace años, antes de que Jesucristo viniera al mundo, si yo hubiera sido enviado a predicar el evangelio, habría gritado: "¡Jesús tomará sobre Sí los pecados de los creyentes, y pondrá Su vida por Su iglesia!" Pero ahora tengo un mensaje más alentador: Jesús ha cargado con los pecados de Su pueblo para siempre. Él ha sufrido en su favor todo lo que se requería para poner fin a sus transgresiones. Todo lo que la justicia de Dios exigía como recompensa por el honor lesionado de la ley, Él lo ha cumplido. ¡El equivalente por todos los sufrimientos de todos los elegidos en el infierno para siempre, Cristo lo ha sufrido hasta el extremo! Todo lo que era necesario para que Dios fuera justo y, sin embargo, el justificador de todo aquel que cree, Cristo lo ha soportado. La copa de la venganza no está llena y debe ser vaciada, sino que está vacía y con el fondo hacia arriba: Jesús la ha bebido hasta secarla. Todos los trabajos necesarios para nuestra redención, superlativamente mayores que los trabajos de Hércules, han sido cumplidos. Cristo ha entrado en la tumba, ha salido de la tumba y ha subido a la gloria. Ha entrado en el cielo porque Su obra está terminada, y ahora está sentado a la diestra del Padre en la posición de descanso y honor, porque ha perfeccionado para siempre a todos aquellos que ponen su confianza en Él. Ahora, alma, ¿cómo puedes negarte a creer en Jesús? A mí el argumento me parece imposible de resistir; si es así, que Cristo ha muerto, el justo por los injustos, y que todos los que confían en Él serán salvos, yo también confiaré en Él, y encontraré paz por medio de Su sangre.

Además, alma, el punto al que confiamos que la gracia de Dios te está llevando es este: Jesús merece que confíes en Él, y confiarás en Él. Él está lleno de poder para salvar, porque ahora está en el trono de Dios, y se le ha dado todo poder en el cielo y en la tierra. Él está lleno de poder para salvar, lo sabemos, ¡porque Él está salvando almas todos los días! Algunos de nosotros somos testigos vivientes de que Él puede perdonar el pecado, pues somos perdonados, aceptados y renovados de corazón. Y la única manera en que obtuvimos esos dones fue ésta: confiamos en Él; no hicimos nada más que confiar en Él. Si alguna alma aquí presente que cree en Jesús pereciera, yo debo perecer con ella; yo navego en esa barca, y si se hunde, no tengo otra a la que huir. Confieso ante todos ustedes que no tengo ninguna otra confianza; no tengo ni siquiera una pizca de confianza en ningún sacramento que haya experimentado o disfrutado, en ningún sermón que haya predicado, en ninguna oración que haya rezado, en ninguna comunión con Dios que haya conocido. Mi esperanza muere en la sangre y la justicia de Jesucristo. Y arrojo al fuego, como si fuera una víbora, como una cosa mortal que sólo sirve para ser quemada, toda pretensión de confiar en cualquier cosa que yo pueda ser, o pueda ser, o alguna vez seré, o haré. "Este es el pilar firme sobre el que debemos edificar. Nos sostendrá, pero nada más puede hacerlo. Ahora, puesto que por la autoridad de la Escritura infalible sabemos que Jesús tiene este poder, ¿por qué es que las almas que buscan descanso no obedecen el mandato, y descansan libremente en Él? Este es el clímax de la depravación humana: rechazar el testimonio de Dios mismo y elegir perecer en la incredulidad.

Además, recuerden también que Jesucristo, esta mañana, no está de ninguna manera renuente a salvar a los pecadores, sino que, por el contrario, se deleita en hacerlo. Nunca tienen que extraer misericordia de Cristo como dinero de un avaro; fluye libremente de Él como el arroyo de la fuente, o la luz del sol. Si Él puede ser más feliz, se hace más feliz dando Su misericordia al que no la merece. Cuando un pobre infeliz, que sólo merece el infierno, viene a Él, y Él le dice: "Yo he borrado tus pecados," es un gozo para el corazón de Cristo hacerlo. Cuando un pobre blasfemo dobla sus rodillas, y dice: "Señor, ten misericordia de mí, pecador," alegra el corazón de Cristo decir: "Tus blasfemias te son perdonadas; Yo sufrí por ellas en la cruz." Cuando un pobre niñito, junto a su lecho, clama: "Dulce Jesús, enseña a orar a un niñito, y perdona los pecados que he cometido", al Salvador le encanta decir: "Permite que estos niñitos vengan a Mí, porque esto, también, es una parte de Mi recompensa por las heridas que sufrí en Mis manos, Mis pies y Mi costado." Cuando alguno de ustedes venga a Él y confiese sus transgresiones, y se confíe en Sus manos, será un nuevo cielo para Él; pondrá nuevas estrellas en Su corona siempre brillante y lustrosa; le hará ver los dolores de Su alma, y le dará satisfacción. ¿No tenemos aquí también argumentos para probar que Jesús es digno de confianza?

III. Esto nos lleva, en tercer lugar, a decir que por todas estas respuestas a la pregunta: "¿Quién es Él?" CADA PECADOR EN ESTE TABERNÁCULO ESTÁ ENCERRADO ESTA MAÑANA EN LA ALTERNATIVA DE LA FE O DE LA INCREDULIDAD. Están condenados a confiar en Cristo, en quien Dios les ordena que confíen, o a rehusar confiar en Él. No he sido enviado a predicarles a algunos de ustedes esta mañana, sino a todos los que tienen oídos para oír. Nunca he aprendido a predicar un evangelio restringido a una parte de una congregación; la comisión que recibe todo verdadero ministro de Cristo es: "Id por todo el mundo y predicad el evangelio a toda criatura; el que creyere y fuere bautizado, será salvo; el que no creyere, será condenado." Como todos vosotros sois criaturas, por la presente se os predica el evangelio a todos: sensibles o insensibles, espiritualmente muertos o espiritualmente vivos, siempre que podáis oír el evangelio, a todos os llega un mensaje de la gloria excelente: "El que quiera, venga y tome gratuitamente del agua de la vida." "Cree en el Señor Jesucristo, y serás salvo". Pero yo sé cuál será vuestro proceder, a menos que el Espíritu de Dios lo impida. Muchos de ustedes tratarán de declinar la alternativa entre creer y no creer, que he puesto tan desnudamente ante ustedes. No les gustará decir: "no confiaré en Cristo," y, sin embargo, no confiarán en Él. ¿Qué harán entonces? Pues, harás sonar los cambios de las viejas campanas: "¡Pero soy tan pecador; soy tan indigno!". Ya he mostrado que el alegato no es relevante, y no debe ser introducido en el asunto. La pregunta es una e indivisible: "¿Creerás en el Hijo de Dios?". ¿Por qué, entonces, planteas otra pregunta sobre ti mismo que no tiene nada que ver con ella? Sin embargo, te tomaré en tus propios términos y te responderé. Concedido que eres un pecador especial y abominable, entonces, de todos los hombres del mundo, tú eres el hombre que debería confiar en Cristo, porque está escrito: "Palabra fiel y digna de ser recibida por todos: que Cristo Jesús vino al mundo para salvar a los pecadores." Tú has sido un borracho, un fornicario, un adúltero, un ladrón; de hecho, un demonio de hombre. Bien, entonces, has sido un pecador; a eso se reduce todo, y Jesucristo vino al mundo para salvar a los pecadores. Por tanto, en lugar de estar excluido por tu carácter, estás excluido por él, pues tú eres el tipo de hombre que Cristo vino a salvar. No puedes huir y decir: "Él no vino a salvarme porque yo no soy pecador". No te atrevas a hacer eso.

Es muy probable que se vuelvan contra mí y digan: "Mi razón para no creer es que no siento como debería". Yo repito que ese argumento no debe ser esgrimido nunca. Porque sienta un dolor en mi pie esta mañana, ¿es esa una razón para no confiar en un hombre honesto, o creer una declaración que me llega con buena autoridad? Sin embargo, aquí estamos, tan falsos a todo lo que es razonable, que necesitamos gravar la gracia soberana. Cuando Dios dice: "Borraré ahora tus transgresiones, y te salvaré de una vez por todas; sólo confía en mi amado Hijo", es extraño, es pasmosamente extraño, es una locura en su consumación que los hombres inventen objeciones, y aboguen por un evangelio con condiciones y términos duros. Ahora, ¿qué harán los hombres si son expulsados de esto? A menudo he visto al pecador en el siguiente lugar recurrir a mentiras descaradas, y decir: "Es demasiado tarde", aunque sabe muy bien que nunca puede ser demasiado tarde, pues el evangelio dice: "El que creyere y fuere bautizado, será salvo". No dice, si cree cuando tiene 25 años de edad, o 35, o 55, o 105, sino que es lo mismo para todas las edades. Nunca es demasiado tarde para creer una verdad de Dios, y ese es el punto: "¿Creerás en el Hijo de Dios?". Entonces el pecador dirá que siente dentro de sí mismo que no hay esperanza, y así, porque resulta que cree una mentira, hará creer que la verdad de Dios también es una mentira, y rehusará creer lo que Dios declara solemnemente, es decir, que hay salvación en Jesucristo. Pero no puedo detenerme a mencionar todas estas falsedades, ni, de hecho, entrar en todos los subterfugios de los hombres que buscan escapar de sus propias misericordias.

Vi en Pompeya, en la puerta de una tienda, el lema: "Eme et Habe bis", "Compra y tendrás", y no pude dejar de pensar que si estuviera caminando por las calles de la Nueva Jerusalén, habría visto un lema muy diferente: "Ven, compra vino y leche sin dinero y sin precio". Ahora, si se abriera una tienda en Londres en la que todos los productos se pudieran comprar sin dinero y sin precio, ¿discutirían ustedes con el tendero, y pedirían una ley del Parlamento para cerrar su tienda, y dirían que es inicuo, porque ustedes preferirían seguir con las viejas condiciones y pagar por todo lo que tienen? Por supuesto que no. Sin embargo, ¿por qué te opones al lema dorado de la gracia gratuita: "Confía en Cristo y tendrás"? Aquí está el perdón instantáneo, el perdón perfecto, el perdón eterno, la filiación por medio de Cristo, la seguridad en la tierra, la gloria en el cielo, y todo por nada: el don gratuito de un Dios lleno de gracia para los pecadores inmerecidos que confían en Jesús. Nunca un ángel recibió un mensaje de misericordia más misericordioso y más semejante a Dios que yo. ¡Cómo desearía brillar con el celo de un serafín, y clamar con la voz de un querubín mientras lo proclamo! Quiera Dios que los hombres dejen sus necios razonamientos y crean en Jesucristo.

IV. Por último, en esta alternativa, este día puede colgar COSAS ETERNAS PARA MUCHOS DE USTEDES. Recuerdo muy bien, pues el aniversario de la estación casi ha llegado, cuando me encontraba en una condición similar a la de muchos de los ahora presentes, cuando me supe arruinado y deshecho, y oí, por primera vez para entenderlo verdaderamente, aquellas palabras: "Mirad a mí, y sed salvos, todos los términos de la tierra". Sé cómo estaba aquella mañana. Yo era como Naamán al borde del Jordán; allí fluía el diluvio. La vieja naturaleza dijo: "¿No son Abana y Farfar, ríos de Damasco, mejores que todas las aguas de Israel? ¿No puedo lavarme en ellas y quedar limpio?". La naturaleza humana dijo: "Necesito sentir algo: necesito tener la experiencia de John Bunyan; necesito tener la experiencia de mi madre; necesito sentir un corazón quebrantado; necesito gemir más amargamente; necesito estar despierto tantas noches más, y todo ese tipo de cosas." Supongamos que me hubiera resistido todavía. Si la gracia de Dios no hubiera entrado y hecho ceder todo ese malvado orgullo mío, yo podría haber estado en esta hora no sé dónde, si todavía viviera entre los hombres. Podría haber estado en el infierno, mordiéndome la lengua al pensar que alguna vez habría escuchado un sermón sencillo del Evangelio, y que habría alejado de mí el Evangelio cuando fue proclamado, y todo porque no quise creer lo que es indisputablemente cierto, y no quise confiar en Aquel en quien nadie confió jamás en vano.

Esta mañana sé que hay algunos aquí en mi condición pasada, en quienes el Espíritu Santo dirá: "Lávate y queda limpio", y el alma suspirará: "Parece demasiado bueno para ser verdad". Pero el Espíritu Santo responderá: "¿No son mis caminos más altos que tus caminos, y mis pensamientos más que tus pensamientos?". La incredulidad dirá: "Tus pecados son muchos". Pero el Espíritu Santo responderá: "Aunque vuestros pecados sean como la grana, como la nieve serán emblanquecidos. Aunque sean rojos como el carmesí, serán como la lana". Entonces el corazón sugerirá: "Pero me he rebelado contra Ti, oh Dios, tanto tiempo". Y el dulce Espíritu de Dios susurrará: "Yo he borrado tus pecados como una nube, y como una espesa nube tus iniquidades: Vuelve a Mí, porque estoy casado contigo, dice el Señor". Y yo confío que ahora, en este preciso momento, muchos corazones dirán: "entonces, simplemente apoyaré la salvación de mi alma en Cristo, el Hijo de Dios, que es el único Salvador de los perdidos; desde este día, nunca esperaré ser un hombre que se salva a sí mismo, ni miraré a nada sino a Aquel que en el madero sangriento soportó la ira de Dios a favor de todos los que creen en Él." Alma, si confías así en Jesús, tan ciertamente como vives eres salva. Ve en paz. No sólo yo pronuncio estas palabras esta mañana desde estos pobres labios de barro, sino que Aquel que fue clavado en el madero, a quien todo el cielo adora, habla esta mañana a través de mí, y le dice a una: "Hija, ten ánimo, tus pecados te son perdonados." Y a otro, mi Maestro le dice: "Hijo, tus pecados te son perdonados: toma tu lecho y anda". Oh perdonados, os encargo que lo hagáis. Y así como salieron de esta casa esta mañana, salvos y llenos de gozo, ¡cuéntenlo a otros! Nunca dejen de contarlo, y vivan para amar a Aquel que los ha salvado.

El otro día vi un cuadro de Rubens, en el que había pintado a María Magdalena besando los pies de Cristo mientras aún manaban chorros de sangre en la cruz. Era un cuadro extraño, pero sentí que, si yo hubiera estado allí, también los habría besado, aunque estuvieran carmesíes de su sangre. ¡Benditos pies! ¡Bendito Salvador! ¡Oh bendito Padre que dio a Su Hijo para ser tan bendito Salvador! ¡Oh bendito Espíritu del bendito Dios que condujo nuestros corazones malvados y orgullosos a la obediencia y a la confianza en Jesús! Sí, bendito sea el Dios y Padre de nuestro Señor Jesucristo que nos ha engendrado a una esperanza viva por la resurrección de Jesucristo de entre los muertos. El Señor os bendiga. Amén.

Sermón #1798—Vista para Los Que No Ven

PRONUNCIADO LA NOCHE DEL JUEVES 14 DE AGOSTO DE 1884,

POR C. H. SPURGEON,

EN EL TABERNÁCULO METROPOLITANO, NEWINGTON.

"Y Jesús dijo: Para juicio he venido a este mundo, para que los que no ven, vean; y para que los que ven, sean cegados".

Juan 9:39.

El gran día del juicio aún no ha llegado. Dios, en su infinita longanimidad, espera para ser clemente, dando a los hombres espacio para arrepentirse y reconciliarse con Él. Jesús ha venido al mundo para el juicio, pero no para el juicio final y eternamente inmutable que nos espera a todos. Esa hora y ese advenimiento llegarán, tenemos la declaración de la Palabra de Dios para ello. Leed en Mateo veinticinco "Cuando el Hijo del hombre venga en su gloria, y todos los santos ángeles con él, se sentará en el trono de su gloria; y serán reunidas delante de él todas las naciones, y apartará a unos de otros, como aparta el pastor las ovejas de los cabritos."

No hay duda en cuanto a este hecho seguro, aunque pasen muchos siglos más, la terrible sentencia se celebrará a su debido tiempo. "El Señor no retarda su promesa, como algunos la tienen por tardanza". Él está lleno de ternura y longanimidad, y por eso se demora, pero la visión vendrá, no se demorará. Asentad esto en vuestras mentes, y vivid como en presencia de ese augusto tribunal.

Aunque el día del juicio no es en esta hora, nuestro Señor Jesús está llevando a cabo ahora una forma de juicio en el mundo. "Su abanico está en su mano, y limpiará a fondo su suelo". Se sienta como un refinador que separa cada vez su plata de la escoria. Su cruz ha revelado los pensamientos de muchos corazones, y en todas partes su Evangelio está actuando como descubridor, como separador y como prueba por la cual los hombres pueden juzgarse a sí mismos, si quieren.

Es una circunstancia muy feliz cuando un hombre está dispuesto a aceptar el juicio del Señor día a día, permitiendo que la propia ley lo juzgue antes de que el Legislador ascienda al tribunal. Felices son aquellas personas hacia quienes se está ejerciendo un juicio presente, de quienes Pablo dice: "Pero cuando somos juzgados, somos castigados por el Señor, para que no seamos condenados con el mundo." Los santos son juzgados ahora por una disciplina paternal, para que no sean juzgados en adelante por una condenación judicial.

El gran designio de Nuestro Señor al venir al mundo es la salvación de los hombres. "Dios no envió a su Hijo al mundo para condenar al mundo, sino para que el mundo se salve por Él", pero para esa salvación es necesario que los hombres conozcan la verdad sobre sí mismos y adopten una posición veraz ante Dios, pues Dios no soportará la mentira ni salvará a los hombres sobre bases falsas. Él tratará a todas sus criaturas de acuerdo con la verdad, si las condena será porque la equidad así lo exige, y si las salva será porque ha encontrado un camino por el cual la misericordia y la verdad se encuentran juntas.

Así, pues, en todas partes del mundo, dondequiera que Cristo venga -viene por Su Evangelio y las consecuencias de éste-, se está llevando a cabo un juicio. Los hombres son puestos ante el tribunal de su Salvador, son probados, juzgados, manifestados y declarados. Apenas llega la luz al mundo, comienza a juzgar a las tinieblas. Apenas se hubiera sabido que eran tinieblas si la luz no hubiera revelado el contraste.

Donde llega el Evangelio, algunos corazones lo reciben de inmediato, y son juzgados como "honestos y de buena tierra", los hombres que están dispuestos a aceptar el Evangelio vienen a la luz para que se manifieste que sus obras son obradas en Dios. Otros corazones odian de inmediato la verdad, porque son hijos de las tinieblas, y por eso "aman más las tinieblas que la luz, porque sus obras son malas." Veis, pues, cómo sin ser la intención principal de la venida de Cristo al mundo, se convierte sin embargo en un efecto secundario, y hasta ahora, en un propósito incidental de su venida, que su misma aparición entre los hijos de los hombres los juzgue. En este cristal ven sus propios semblantes, y descubren sus manchas, por esta línea de plomada prueban su propia rectitud, y ven hasta qué punto se inclinan hacia el mal. Bajo el signo del Evangelio, el Señor ha establecido una balanza pública. ¿No veis las grandes balanzas? Venid aquí y poneos a prueba. Incluso en esta casa de banquetes de amor, la verdad marca a los suyos, y pone su marca en las falsificaciones. Dios tiene un fuego de prueba en Sión, y un horno de prueba en Jerusalén.

A esta hora rezo para que el Evangelio tenga un efecto divisor en esta casa.

Observa con atención que dondequiera que viene Jesucristo se producen los efectos más decididos. "Yo he venido para que los que no ven vean, y para que los que ven sean cegados". Ni para el bien ni para el mal Cristo es indiferente. Quienquiera que seas, si oyes el Evangelio en cualquier momento, debe tener algún efecto en ti. Será para tu alma "sabor de vida para vida", o bien "sabor de muerte para muerte". Será antídoto o veneno, curará o matará, ablandará la conciencia o la abrasará. O bien te hará ver, o bien, porque creas que ves, su mismo resplandor te dejará ciego, como a Saulo de Tarso, que exclamó: "No podía ver por la gloria de aquella luz".

No puedes ser indiferente al Evangelio si te conviertes en un oyente del mismo. "Yo he venido," dijo Cristo, y ninguno de ustedes puede escapar a ese hecho, "para juicio he venido," y ese juicio debe tener lugar en su mente y en su conciencia, lo quieran o no. Esta venida y este juicio tienen un efecto maravillosamente marcado y decidido. No es el de una pequeña mejora o de una ligera alteración, es el de poner las cosas al revés, para que "los que no ven vean, y los que ven queden ciegos". Es un cambio muy violento: de la luz a las tinieblas, o de las tinieblas a la luz.

En cualquier caso es una reversión absoluta de tu condición. Ahora, el Evangelio hará precisamente eso por ti; si vives sin él, te hará morir; si sientes que estás muerto sin él, te hará vivir. "Derribó a los poderosos de sus tronos, y exaltó a los humildes. A los hambrientos colmó de bienes, y a los ricos despidió vacíos".

Aprended, pues, que siempre habrá algún efecto sobre la mente humana dondequiera que venga Cristo, y que este efecto será muy decidido, cambiando todas sus condiciones tanto como si se invirtieran las leyes de la naturaleza. El acercamiento del Señor a un alma la elevará a la luz más y más gloriosamente, o bien la sumirá en una oscuridad más profunda, en una responsabilidad más profunda, en una culpa más profunda y, por consiguiente, en una aflicción más profunda.

Bien podemos justificar a aquel fiel predicador de la palabra que, en medio de su sermón, se detuvo de repente y exclamó: "¡Ay de mí! ¿Qué estoy haciendo? Os estoy predicando a Cristo, y mientras espero que algunos de vosotros lo recibáis, y así os conduzco al cielo, muchos otros lo rechazáis, y así aumento vuestra responsabilidad y vuestra culpa. Así os hago el mal en vez del bien. Ay de mí!"

Dios ayude a Su pobre siervo, a menudo he sentido que la dulce predicación del Evangelio es un trabajo amargo. No me sorprende que oscuros pensamientos se apoderen del predicador sincero, desearía que sus oyentes participaran con él en sus ansiedades. Que nos unamos en profunda preocupación esta noche, yo oraré pidiendo la bendición de Dios sobre cada uno de ustedes, y oren fervientemente para que ninguna palabra mía les sea inútil. Cuando el predicador y el oyente trazan el mismo camino, las ruedas del carro se mueven al compás de la música, y esa música es la salvación. Ven, Espíritu del Dios viviente, y haz que así sea.

Ahora, quiero llevarlos inmediatamente al texto, y me detendré en dos puntos del mismo si hay tiempo. Si no, me limitaré a uno solo. El primero es suficiente para comenzar: CRISTO HA VENIDO PARA QUE LOS QUE NO VENAN, VEAN.

Es algo muy maravilloso acerca del Evangelio que esté destinado a personas que se consideran a sí mismas como las más inadecuadas para recibirlo, y las más indignas de merecerlo; es un espectáculo para quienes no lo ven. Un angustiado amigo me dio el otro día una descripción de sí mismo que fue suficiente para hacer que un hombre se horrorizara al oírla. Con muchos suspiros y lágrimas, me describió la condición de un hombre perdido por la naturaleza y por la práctica, e incapaz de ayudarse a sí mismo en lo más mínimo. Cuando hubo terminado su relato -le dejé terminarlo y retocarlo con unas cuantas pinceladas más de negro-, le cogí de la mano y le dije: "Estoy seguro de que usted es uno de aquellos a quienes Cristo vino a salvar al mundo. Me has dado la descripción más exacta posible de uno de los elegidos de Dios cuando es despertado para ver su estado por naturaleza ante el Dios Santísimo. Usted es uno de aquellos a quienes estaba destinado el Evangelio". Hablé con valentía, pues sentía que sólo estaba diciendo la verdad.

Puesto que Jesucristo vino al mundo para abrir los ojos de los hombres, sé que no vino para abrir los ojos de algunos de los que me rodean, pues tienen ojos brillantes, que me sonríen mientras estoy hablando, y parecen decir: "Aquí no se necesita oculista". Recorro el lugar con la mirada, y no veo nada que el gran Oculista pueda hacer, hasta que me detengo en aquel banco, porque allí está sentado un ciego. Hay uno o dos aquí esta noche cuyos ojos naturales han estado sellados en la oscuridad durante muchos años, y yo digo de ellos: si Jesucristo ha venido a abrir los ojos de alguien, ha venido a abrir los ojos de los ciegos. Así debe ser. La enfermedad y la discapacidad son preparativos necesarios para recibir la bendición de la vista.

Supongan que oigo que Jesús ha venido para hacer que los cojos salten como un ciervo. Bien, miraría a mi alrededor y diría que Él no vino por esa jovencita, que puede saltar como una gacela y correr como un cervatillo; Él no vino por ese jovencito, a quien acabo de ver en su bicicleta, volando sobre el suelo tan velozmente como una golondrina salta sobre el arroyo. Tampoco vino el curandero de cojos por aquel hermano fuerte de allí, para el que un paseo rápido y largo es todo un placer. Pero hace un momento, por aquel pasillo, cojeaba un cojo con sus muletas. ¿No oyeron su pesado movimiento? Bien, si Jesucristo vino a sanar a los cojos, esa es la clase de persona a la que le había echado el ojo.

Cuando oigo hablar de la distribución de desayunos benéficos, no me imagino ni por un momento que la selecta asamblea que se reunirá para discutir una comida de gachas y pan estará formada por miembros de las Cámaras de los Lores y los Comunes, o de la familia real. No supongo que ninguna de esas honorables cofradías vaya a estar presente en un festival con mendigos, a menos que les apetezca ser mirones. Si yo fuera a un desayuno benéfico y viera a algunos miembros de la nobleza con palanganas y cucharas, en lugar de estrellas y ligas, les diría: "Fuera. Ustedes no son las personas que deberían estar aquí. No tenéis derecho a este espectáculo. Cuanto más ricos y respetables seáis, menos derecho tenéis a sentaros en una comida destinada a los más pobres entre los pobres".

Ahora dale la vuelta a la parábola. Si estás ciego de vista espiritual, Cristo vino para abrirte los ojos. Si eres cojo, de modo que no puedes correr hacia Él, Cristo vino para restaurarte. Si son tan pobres como la pobreza espiritual puede hacerlos, más pobres que eso, tan pobres como el pecado puede hacerlos, y si son tan incapaces de ayudarse a sí mismos como los muertos en las tumbas, entonces recuerdo esa gran verdad: "Cuando aún éramos débiles, a su tiempo Cristo murió por los impíos". Suena curioso, ¿verdad? pero es así, "Cristo murió por nuestros pecados", no por nuestras virtudes.

No son tus eficiencias, sino tus deficiencias lo que te da derecho a recibir al Señor Jesús. No es tu riqueza, sino tu necesidad, no es lo que tienes, sino lo que no tienes, no es de lo que puedes jactarte, sino por lo que te lamentas, lo que te califica para recibir el Evangelio del Señor Jesucristo. Él vino a propósito para que los que no ven puedan ver. Oh ojos ciegos, tengo buenas noticias para vosotros. Oh almas que estáis en tinieblas y en el valle de sombra de muerte, mis pies son hermosos esta noche, porque os traigo buenas nuevas de gran gozo: luz para los ciegos, alegría para los desesperados, gracia para los culpables.

Ahora quiero que consideren al ciego del que acabamos de leer en la narración como una especie de ciego modelo: el tipo de ciego que Jesucristo se deleita en contemplar y al que se regocija en dar la vista. Este ciego sabía que lo era. Nunca tuvo duda de ello. Nunca había visto un rayo de luz, y, sin embargo, creía que era ciego; no era un asunto tan fácil como algunos de ustedes pudieran pensar, pues he conocido a miles de ciegos que se ríen de la idea de la vista porque no han tenido ninguna experiencia de ella, y se niegan a creer más de lo que pueden entender o sentir. A este mendigo sin vista hubo que decirle que existía la vista, pero cuando se lo dijeron, lo creyó, y toda su experiencia posterior vino a confirmar el infeliz hecho. Convencido de que así era, adoptó la posición apropiada para un pobre ciego, se sentó junto al camino y pidió limosna.

Ahora, el hombre a quien Cristo se deleita en bendecir es el hombre que conoce su lugar correcto, y está dispuesto a ocuparlo. No oculta su ceguera, y habla como si llevara consigo un telescopio, y comulgara toda la noche con las estrellas. Muchos de vosotros, los inconversos, estáis demasiado elevados; tendréis que bajar muchos peldaños antes de ocupar vuestros verdaderos lugares. Ustedes son tan excelentes, ¿no es cierto? y tan inteligentes, y tan humildes, y tan bien intencionados, y tan todo lo que deberían ser. A vosotros nunca os llegará la salvación. El espíritu de paz nunca morará en un nido que apesta a orgullo. En tu propio falso juicio estás a una pulgada de ser perfecto, mientras que el Señor sabe que no estás ni a la mitad de esa distancia del infierno, si Su justicia se desatara sobre ti. Soñáis hermosos sueños en vuestra arrogancia de vosotros mismos, pensando que habéis guardado la ley desde vuestra juventud, y que sois abundantemente religiosos, y excelentes, y admirables, y todo lo que debéis ser. Mientras tengáis un concepto tan elevado de vosotros mismos, la bendición se verá obstaculizada y alejada. Ustedes que se exaltan a sí mismos no son de la clase que Jesús vino a bendecir. Él mismo dijo: "No he venido a llamar a justos, sino a pecadores al arrepentimiento".

Tal vez alguien aquí esté diciendo: "No lo entiendo, no puedo llegar a este Evangelio, apenas conozco mi propia condición. Soy infeliz, lo sé; no estoy bien, lo sé; pero no puedo describirme ni verme correctamente. En cuanto a esta fe de la que tanto oigo hablar, y esta sangre expiatoria que parece tan poderosa para limpiar, me parece que no puedo percibirla ni comprenderla. Ay, estoy tan ciego!"

Dices la verdad, mi querido amigo, y en eso eres como el ciego del Evangelio. Ruego que así como Jesús lo sanó a él, así te sane a ti, y ruego también con gran confianza, pues mi Señor tiene ciertos caminos fijos, y cuando se encuentra con ciertos casos actúa con ellos según el mismo método. Jesús no es arbitrario, sino que tiene una manera de proceder de la que no se desvía, de tal manera que, cuando se encuentra con un caso como el tuyo, hace lo mismo con cada caso, para alabanza y gloria de Su nombre. Adopta la posición de un mendigo ciego esta noche, y siéntate y clama por luz y sanidad, y ciertamente las tendrás.

Este ciego no sólo creía que era ciego y lo sabía, sino que tenía un sincero deseo de ser iluminado. No le apenaba que Jesús hubiera venido para que él pudiera ver. Fue un gozo intenso oír que Jesús había abierto los ojos de otros ciegos, y aunque pudo haber temido que su caso estuviera fuera del catálogo -pues desde el principio del mundo no se había oído que alguien hubiera abierto los ojos de un ciego de nacimiento-, se alegró al descubrir que Jesucristo se había detenido y lo había mirado, y estaba poniendo arcilla sobre sus ojos. Sintió alegría y presteza en su corazón cuando se le ordenó que fuera a Siloé y se lavara; toda su virilidad acompañó el acto y la acción del Salvador; se entregó a la operación de Cristo con el pleno consentimiento de su ser.

Ahora, ¿tienes hambre de Cristo? Oh, alma, si conoces tu necesidad de Él, y tienes un fuerte deseo de Él, la obra celestial ha comenzado. Si hay dentro de tu espíritu un ardiente anhelo de ser reconciliado con Dios por la muerte de Su Hijo, tu curación ya está a medio hacer.

Algunos de vosotros me habéis escrito últimamente cartas que muestran las acciones de vuestro corazón; son movimientos bastante ciegos, pero todos buscan a tientas la luz. Pobres almas que sois, ¡qué esperanza tengo para vosotros! Especialmente para aquel que con el corazón destrozado ha suplicado nuestras oraciones estos muchos meses y, sin embargo, no ha salido a la luz y a la libertad. Me alegra tanto ver la fuerza, la vehemencia y la agonía de vuestros deseos. Vuestra incredulidad me apena, pero vuestro afán me encanta. Quiera Dios que confíes en mi Señor Jesucristo y descanses en Él. Aún así, me alegra pensar que no puedes descansar sin Él. Me alegra saber que no puedes estar tranquilo hasta que Él te tranquilice. Ninguna almohada aliviará jamás tu cabeza sino el pecho de mi Señor. Ninguna mano sino la Suya podrá jamás restañar tus heridas sangrantes. Me alegra que sea así, pues un pecador como tú es descrito muy bien por Hart...

"Un pecador es algo sagrado:
El Espíritu Santo lo ha hecho así".

El Espíritu de Dios ha separado el alma ciega para que sea un monumento de la habilidad del Iluminador, ha hecho que el alma perdida sea el lugar elegido para que Cristo ponga Su pie y despliegue todo el esplendor de Su amor.

Este hombre es, de nuevo, un modelo para cualquier otro ciego porque fue muy obediente. Tan pronto como el Señor le dijo: "Ve, lávate", él fue. No hubo duda con él acerca de Siloé, no tenía Abana o Farpar que prefiriera a ese estanque. El estaba completamente sumiso. Se quedó quieto y dejó que el Maestro le pusiera la arcilla en los ojos. No parecía una operación que pudiera hacerle ningún bien, pero él creía que Jesús era un profeta, así que esperó y dejó que hiciera con él lo que quisiera.

Cuánto me alegro cuando puedo ver a una pobre alma ofreciendo una rendición total a Jesús. Algunos de ustedes escucharon el lunes pasado por la noche acerca de la dulzura de entregarse a Jesús; cuánto desearía que pudieran sentirla ahora. Serán más pasivos que activos, en gran medida, en el asunto de su conversión. Él les dará rapidez de pies después de haberles dado vida una vez; pero en el comienzo de la vida, lo primero es simplemente reconocer su muerte, y estar dispuestos a recibir toda la vida de Él a Su propia manera.

Es una buena palabra del profeta: "Oh Señor, tú eres el alfarero, y nosotros el barro". Ahora, ¿qué puede hacer la arcilla para ayudar al alfarero? Nada, sólo debe ser flexible, debe ceder a su mano. La arcilla no debe ser rígida, ni dura, ni reacia a ser moldeada, o será dejada de lado.

¡Oh, sé sumiso a la mano salvadora! Cuando eres llevado a tal estado de corazón que estás dispuesto a ser cualquier cosa o nada con tal de ser salvado, querida alma, estás cerca del reino. Si puedes decir: "daría mi vida para ser salvado, o si el Señor rehúsa cualquier cosa en mis manos, gustosamente consentiré en no ser nada si Él quiere salvarme," entonces estás a las puertas de la gracia. Me entregaría tan completamente a Cristo como para sentir lo que Él quiere que sienta y nada más, para ser lo que Él quiere que sea, y para hacer lo que Él quiere que haga, y nada más.

Si eres así de sumiso, te digo que te animes con esperanza. El Espíritu de Dios está trabajando contigo. Estás muy cerca de Cristo. Cree en Él, confía en Él, y vive, porque Él ha venido a propósito para que los que no ven puedan ver. Agárrate a ese sagrado propósito de gracia asombrosa, y deja que tu desesperación vuele lejos.

Esta es nuestra primera observación, este ciego se convierte en nuestro modelo.

Y ahora observen que, cuando ve, este tipo de hombre reconoce que ve. Ha estado tan convencido de su ceguera que, cuando obtiene la vista, la reconoce con alegre sorpresa. Para él, la luz recién dada es una bendición tan grande que se regocija con ella y exclama alegremente: "Ahora veo". Algunas personas no saben si se han convertido o no. Espero que se salven, pero tales personas no suelen ser de mucha utilidad. Tenemos que emplear nuestro tiempo y nuestras fuerzas en cuidarles, consolarles y ayudarles a salir de la desesperación.

Pero el hombre que ha estado totalmente ciego, y lo ha sabido, cuando obtiene la vista está igualmente seguro de que ve. No se puede hacer dudar a un hombre así de la grandeza y veracidad del cambio. Sale y dice: "Una cosa sé: que, mientras estaba ciego, ahora veo". Me deleito en las conversiones claras y nítidas. No condeno a esos queridos amigos que llegan a la luz por lentos grados. Ni mucho menos. Me deleito en ellas, pero aun así, para la utilidad en el testimonio, y para la decisión del carácter, no hay nada como una conversión que es como vida de entre los muertos, y como volverse de las tinieblas a la luz, y del poder de Satanás a Dios.

El converso a la antigua usanza es el hombre para mí, él sabe algo, y se aferra a lo que sabe, el suyo es un conocimiento experimental, y no se le puede sacar a golpes. Me gusta pensar en algunos de vosotros, ciegos totales, que no podéis ayudaros a vosotros mismos en absoluto, porque, cuando recibáis la luz, lo sabréis, y no dudaréis en salir y decirlo. En vuestro caso, el pobre predicador no se verá privado de su salario, como sucede a menudo, cuando salva a un alma por la gracia de Dios, pero nunca se entera de ello. Ni el Evangelio será privado de sus testigos, ni la iglesia será despojada de sus ayudantes, ni el Señor será despojado de los ingresos de gloria que le corresponden. Esperamos de vosotros, ciegos, grandes testimonios de Jesús, cuando el Señor os haga ver.

De nuevo, cuando al ciego se le abrieron los ojos, empezó a defender al hombre que le había abierto los ojos. Y lo hizo muy bien. Dijo: "He aquí una cosa maravillosa: que no sabéis de dónde es, y sin embargo me ha abierto los ojos". Continuó con argumentos que confundieron al escriba y al fariseo. Cuando el Señor toma a un gran pecador ciego, y lo lava, y abre sus ojos, entonces el hombre no tendrá a Cristo hablado en contra. Hablará en favor de su Señor y Maestro, no puede evitarlo. No lo encontrarán mudo, como lo son algunos profesantes. Vamos, algunos de sus cristianos gentiles no hablan por Cristo más que una vez en seis meses, y entonces sería mejor que se hubieran callado, pues hablan tan a medias. He aquí un hombre con la boca abierta, que habla de corazón bajo la guía del Espíritu de Dios, y no se avergüenza de decir lo que el Señor ha hecho por él. Necesitamos muchos reclutas de este tipo.

La iglesia actual necesita hombres y mujeres que estén tan completa y ciertamente convertidos que, cuando hablen de Cristo, hablen positivamente, y con un poder que nadie pueda refutar o resistir. Me parece oírte a ti, pobre, oscurecido y desolado, exclamar: "Oh, señor, si el Señor me salvara, no me avergonzaría de reconocerlo. Si alguna vez me llevara entre Su pueblo, les contaría todo acerca de ello. Le diré a los mismos demonios del infierno lo que la gracia soberana ha hecho por mí".

Oh, mi pobre hermano, ¡eres el hombre de Cristo! Tú eres el tipo de hombre que Él se deleita en bendecir. Ustedes, pobres pecadores arrastrados por el diablo, que están casi al límite de sus fuerzas, e incluso se quitarían sus propias vidas si no fuera un pecado sumamente horrible, ustedes son precisamente aquellos a quienes el Señor mira con misericordia esta noche, pues Él mismo dijo: "El Espíritu del Señor está sobre mí, porque me ha ungido para predicar el evangelio a los pobres; me ha enviado a sanar a los quebrantados de corazón, a predicar libertad a los cautivos, y vista a los ciegos, a poner en libertad a los oprimidos, a predicar el año agradable del Señor."

Sólo confiad en Sus queridas manos, y creed que Él puede, y que Él os salvará, y seréis salvados, y entonces sé que seréis dueños de Su nombre, defenderéis Su verdad, os gloriaréis en Su cruz, y viviréis para Su alabanza. Aquellos que no ven serán hechos ver, y entonces el Señor Jesús será el Señor de sus corazones, el Maestro de sus vidas, y el Amado de sus almas.

Lo mejor de este hombre fue que, cuando se le abrieron los ojos, quiso saber más, y cuando Jesucristo le habló diciendo: "¿Crees en el Hijo de Dios?", preguntó: "¿Quién es, Señor, para que crea en él?". Cuando descubrió que el Hijo de Dios era el mismo divino que le había abierto los ojos, leemos que al instante le adoró. Fíjense que al final del versículo treinta y ocho: "Y le adoró". No era unitario. En el hombre que hablaba con él vio al Hijo de Dios, y lo adoró reverentemente.

Si nuestro Señor Jesús no hubiera sido Dios, le habría dicho al hombre que se levantara, y habría rasgado sus vestiduras horrorizado ante la mera idea de recibir adoración divina, en lugar de lo cual, nuestro Señor instó a esto como una prueba de que los ojos del hombre fueron abiertos, e inmediatamente dijo que había venido con ese mismo propósito: que los que no veían pudieran ver.

Amigos, si no han visto que Jesús de Nazaret es "Dios verdadero de Dios verdadero," no han visto nada. No podéis estar bien en lo demás a menos que penséis bien de Él. Hasta que lleguéis a saber que Jesús es a la vez Señor y Cristo, exaltado en lo alto para dar arrepentimiento y perdón de pecados, necesitáis todavía que caigan de vuestros ojos, por decirlo así, escamas, pues la luz eterna no ha llegado a vosotros.

El que una vez reciba la verdadera luz de Dios conocerá al Señor Jesús, no como un Dios delegado, ni como un hombre glorificado, sino como Dios sobre todo, bendito por siempre. Tendrá un Dios que lo salve, y nadie más, pues ¿quién podría salvarnos sino el Todopoderoso? Yo no confiaría ni la décima parte de mi alma a diez mil Gabrieles, y no podría depositarla en ningún otro lugar sino en Aquel que es poderoso para salvar perpetuamente, incluso ese mismo Dios sin el cual nada de lo que ha sido hecho fue hecho.

Así te he mostrado cómo este ciego modelo es el mismo hombre a quien el Señor Jesús dará la vista, porque los resultados que siguen glorifican a Cristo. ¿Eres tú una persona así? Entonces, consuélate.

Pero, ¿cómo es que tales ciegos llegan a ver claramente? La razón es la gracia soberana, pero aún hay otras razones.

En primer lugar, no hay vanidad en ellos que impida a Cristo. No es nuestra pequeñez la que estorba a Cristo, sino nuestra grandeza. No es nuestra debilidad la que estorba a Cristo, sino nuestra fuerza. No son nuestras tinieblas las que estorban a Cristo, sino nuestra supuesta luz la que detiene Su mano. Es más fácil salvarnos de nuestros pecados que de nuestras justicias. Nuestra justicia propia es esa horrible boa constrictora que parece enroscarse alrededor de nuestro espíritu y aplastar toda la vida que recibiría el Evangelio de la gracia de Dios. El que piensa que sabe nunca aprenderá. El que es ciego y piensa que ve, permanecerá contento en la oscuridad toda su vida. Ahora, queridos amigos, si ustedes están en el estado en que saben que están en la oscuridad -una oscuridad que puede ser sentida- si parece horriblemente aferrarse a ustedes, de tal manera que no pueden deshacerse de ella, si parecen incapaces incluso de obtener un rayo de luz, entonces están justo en el estado correcto para recibir la luz eterna del Señor Jesucristo.

La siguiente razón es que estas personas siempre se niegan a especular. Quieren certezas. Cuando un hombre siente su propia ceguera y muerte espiritual, si discutes ante él las bellas nuevas naderías de la teología moderna, dice: "No las quiero, no tienen importancia para mí, no hay consuelo en ellas para un alma perdida."

Un pobre ladrón se convirtió hace algún tiempo, y fue llevado a escuchar a cierto predicador que es sumamente amplio en sus puntos de vista. Cuando el ladrón recuperado salió, le dijo a un amigo que lo había llevado: "Si lo que ese hombre dijo fuera verdad, sería una cosa muy buena para mí, pues podría tener mi columpio completo, y sin embargo salir bien librado, pero yo sé que es mentira, y por lo tanto no quiero tener nada más que ver con él o con su doctrina. Un pecador como yo merece ser condenado para siempre, y es inútil que nadie me diga lo contrario, por lo tanto quiero un Cristo que pueda salvarme de la condenación eterna. Si el Cristo de este hombre sólo salva a los hombres de la pequeña condenación que ha predicado, no me sirve". Fue una observación muy sensata.

También necesitamos un Salvador de la condenación eterna, y no nos interesan esos pequeños salvadores de un pequeño infierno que tanto se pregonan hoy en día. Tenemos muchos pecadores falsos, y tenemos un número de ministros que predican un salvador falso, y una salvación falsa, y a los pecadores falsos les gusta que sea así. Pero si Cristo trata con ustedes una vez, y los arrastra hasta el último curso, y cava sus cimientos, entonces querrán un Cristo que no comience con ustedes bajo otros términos que los de la gracia gratuita, y querrán un poder que obre todo el milagro de la salvación para ustedes, de principio a fin. Si ustedes mismos carecen totalmente de fuerza, eso los hace alcanzables por la fuerza de la gracia.

Cuando un hombre abandona sus lindas especulaciones y sólo se apega a la antigua enseñanza de la Palabra divina, quiere un gran Salvador que lo salve de un gran infierno, pues se siente a sí mismo como alguien que ha sido un gran pecador, y que merece grandemente la ira infinita de Dios. Si tu salvación fuera demasiado grande para ti, eso sería mucho mejor que recibir una que fuera demasiado pequeña para ti; sin embargo, si piensas que la salvación de Jesús es demasiado grande para ti, eso demuestra que no eres el hombre para quien está destinada. Nuestro temor es que usted es uno de los que ven, pero se hará ciego. Si sientes tu ceguera y clamas a Dios por ella, eres el hombre por quien murió el Salvador que dio la vista.

Una vez más, las personas que están completamente ciegas son el tipo de personas que se alegran de apoyarse en Dios. Un hombre que puede ver un poco no quiere pedir prestada la guía de fuera. Dice: "¡No, no! No lo quiero". Tomemos una ilustración casera de mí mismo, yo solía ser muy reacio a usar anteojos durante algún tiempo, porque casi podía ver sin ellos, y no deseaba ser un caballero viejo demasiado pronto. Pero ahora que no puedo leer mis apuntes en absoluto sin llevar gafas, me las pongo sin dudarlo un momento, y no me importa si me creen viejo o no.

Así, cuando un hombre llega a sentirse completamente culpable, no le importa depender de Dios. Si ustedes, pecadores, piensan que pueden arreglárselas un poco sin Dios, o que pueden arreglárselas sólo con un poco de ayuda de Dios, entonces se mantendrán alejados del Señor Jesús. Pero cuando lleguen a esto: "he de perecer si Cristo no lo es todo para mí," entonces lo tendrán, pues Él nunca rechazó a un alma que viniera a Él en ese estilo.

Usted puede haber oído la historia del negro y su amo que estaban ambos bajo convicción del pecado al mismo tiempo. Casi la noche siguiente el negro encontró gozo y paz creyendo, pero su amo estuvo meses bajo convicción. Así que un día le dijo al negro: "Sam, tú sabes que ambos fuimos conmovidos hasta el corazón en esa reunión, y aquí estás tú regocijándote en Cristo, y yo todavía estoy dudando y desesperado. ¿Cuál puede ser la razón de eso?" El negro dijo: "Pues, mire, amo, Jesucristo viene y trae un manto fino de justicia gloriosa, y le dice a Sambo: '¡Aquí hay un manto para usted! Me miro a mi mismo, y veo a Sam todo andrajoso de pies a cabeza, y tomo el manto, y me lo pongo directamente, tan contento de tenerlo. Jesús le dijo lo mismo al amo, pero el amo dijo: 'Mi abrigo es muy respetable. Creo que puedo hacer que dure un poco mas. Massa remendó el agujero del codo, y arregló un poco la falda, y siguió con él. El abrigo de Massa es demasiado bueno. Si su abrigo estuviera todo en harapos, como el de Sam, no esperaría, sino que tomaría hoy mismo el glorioso manto de la justicia". Esa es toda la verdad del asunto. Algunos de ustedes no son lo suficientemente pobres para ser enriquecidos por Cristo.

Un hombre me dijo el otro día: "Señor, me desespero de mí mismo". "Dame la mano", le dije, "vas por el buen camino, pero quiero que vayas un poco más allá. Quiero que sientas que eres demasiado tonto incluso para desesperarte de ti mismo". Cuando llores: "No puedo sentir mi propia locura como debería", entonces creo que tu locura habrá terminado. Me gusta oír llorar a un hombre: "Me siento infeliz porque no puedo sentir. Me aflige pensar que no puedo afligirme. Estoy en agonía porque no puedo entrar en agonía". Estás acertando, hermano mío. Eres el tipo de hombre que Dios bendecirá.

Ahora, aparta tu mirada de ti mismo, con agonía y todo, y confía simplemente en Jesucristo, que es poderoso para salvar perpetuamente a los que por Él se acercan a Dios. Reconoce tu ceguera, y descubrirás que la luz entra a raudales en tus ojos. Porque estás contento y dispuesto a apoyarte totalmente en Dios, el Señor te guiará hacia la paz y el gozo. Qué misericordia es cuando somos llevados a nuestro último recurso, y nos vemos obligados a escondernos en Jesús porque no tenemos otro refugio.

"'Tis perfect poverty alone

Que pone el alma en libertad; Mientras que podemos llamar a un ácaro propio, No obtenemos la descarga completa.

Pero que nuestras deudas sean las que sean, por grandes o pequeñas que sean,

En cuanto no tenemos nada que pagar, Nuestro Señor nos perdona todo".

Una vez más, nuestro Señor Jesucristo se deleita en obrar en aquellos que están completamente ciegos para darles la vista, es un alto placer, Su real recreación. Sé que un hombre de verdad nunca está tan contento como cuando ha ayudado a los que necesitan ayuda. La plaga y la preocupación de esta vida londinense para algunos de nosotros es que muchos nos solicitan ayuda que nunca deberían ser ayudados en absoluto, excepto por el policía y el carcelero. Se acobardan, se acobardan e inventan historias mentirosas, y cuando les decimos: "Le llamaremos para ver si es verdad", preguntan indignados: "¿Creen que soy un mentiroso? ¿No creéis lo que digo?". He tenido que responder: "No, no creo ni una palabra, o con gusto nos daría su dirección para que indaguemos sobre sus declaraciones."

No quieren que se les investigue, ese es su horror, porque les estropea el juego. Quieren conseguir dinero sin trabajar, y están sedientos de una oportunidad para emborracharse a costa de otras personas. A un hombre de verdad no le gusta trabajar entre canallas y tramposos de este tipo, le pone enfermo y furioso, sin embargo, muchos hombres han estado encantados de bajar al peor lugar del "horrible Londres", y hacer el bien a los que son realmente pobres y desamparados. A uno no le gusta dar a los impostores, pero cuando hay verdadera necesidad, el corazón generoso se complace en prestar ayuda.

Ahora, pobre alma, no eres un impostor, lo tuyo es verdadera necesidad. Puedes decir: "¿Un pobre mendigo? ¡Ah, eso soy! ¿Quiere el Señor preguntar por mí? Le ruego que pregunte. Examíname, Señor, pruébame y conoce mi corazón. Sé que no verás justicia en mí. No hay nada en mí de lo que pueda depender. Soy, en verdad, un desvalido, un miserable, a menos que Tu infinita misericordia venga a mí". Mi Señor Jesucristo se regocija de trabajar entre personas como tú. Le gusta bendecir a los verdaderamente necesitados. Qué gozo hay en ese grandioso corazón Suyo cuando puede salvar almas que están al borde del infierno, cuando puede extender Su mano y arrebatarlas como tizones del fuego. Él sabe que tú le amarás tanto como lo hizo aquella mujer que tenía mucho que perdonarle, y por eso se puso de pie y lavó Sus pies con sus lágrimas, y los enjugó con los cabellos de su cabeza. Él se deleita en ustedes que no pueden deleitarse en ustedes mismos. A vosotros que estáis secos y estériles os traerá agua viva. Abrirá ríos en las alturas para los sedientos y fuentes en medio del desierto para los que desfallecen.

He sentido una maravillosa satisfacción al alimentar a un pobre perro medio muerto de hambre que no tenía amo ni nada que comer. ¡Cómo me ha mirado con placer a la cara cuando ha sido alimentado a plenitud! Créanlo, el Señor Jesucristo se deleitará en alimentar a un pobre pecador hambriento. Te sientes como un pobre perro, ¿no es cierto? Entonces Jesús se preocupa por ti. A Él no le importan los reyes y los príncipes, y esas grandes personas cuya grandeza deslumbra a quienes las contemplan, sino que le importan los pobres pecadores. Si no eres nada, Cristo te ama, y Él lo será todo para ti. Si vienes a Él, tal como eres, sin ningún tipo de súplica excepto tu urgente necesidad y tu temor a la ira de Dios, puedes venir y estar seguro de que serás bienvenido.

Uno me dijo esta semana: "Tengo miedo de acercarme a Dios, pues creo que sólo me impulsa a Él el vil motivo del miedo". "Ah", le contesté, "fue el diablo quien te dijo eso, porque en el undécimo de Hebreos, entre los primeros de los grandes héroes de la fe leemos que Noé, movido por el miedo, construyó un arca para salvar su casa." El temor no es un motivo vil, es un motivo muy apropiado para que lo sienta un hombre culpable. ¿De qué otra manera podrían comenzar unos pobres pecadores como nosotros, si no es con el temor egoísta? No te juzgues por eso, el pródigo volvió a casa porque tenía hambre, y sin embargo su padre no le negó la entrada.

En cuanto a que es vil temer, sería aún más vil desafiar a tu Dios. No deberías decir: "Es un motivo demasiado vil". Pues, ¿qué otro motivo puede esperarse de un miserable como tú? Un muchacho se ha estado rebelando contra su padre, y ha abandonado su hogar con gran pasión, jurando que nunca regresará. Su padre le envía una carta, y le dice: "Vuelve, todo está perdonado, sólo confiesa tu falta, y te devolveré a la familia, y te trataré tan amorosamente como siempre."

El chico lee la carta y dice: "Es muy amable por parte de mi padre, creo que me iré a casa". Pero un malvado compañero le dice: "Entonces vas a comer pastel de humildad. Será muy bajo de tu parte después de todo lo que has dicho sobre pelear este asunto. ¿Vas a doblegarte ante tu padre?" Vaya, es el mismo diablo tentando al muchacho, ¿no es así? Y así fue como el diablo le susurró a mi amigo que sería volverse al Señor a través del miedo. El temor es algo bendito: "El temor de Jehová es el principio de la sabiduría," e incluso el temor servil a Dios es mucho mejor que la presunción.

¡Oh, pobre ciego, mira a Cristo, y vive! Estaba a punto de decir: "¡Muertos, venid!" Y lo digo, pues Dios lo dice: "Despierta tú que duermes, y levántate de los muertos, y te alumbrará Cristo." "¿De qué sirve hablar así a los muertos?", pregunta uno. Mis queridos amigos, supongo que no les serviría de nada hacerlo, porque, verán, ustedes nunca fueron enviados con tal encomienda; pero yo soy tan enviado a predicar a los huesos secos esta noche, como lo fue Ezequiel cuando se paró en el valle y dijo: "Huesos secos, oíd palabra de Jehová". En el nombre del Dios eterno, digo: "Pecadores culpables, volad a Cristo y vivid".

Vengan con ustedes, ustedes que son lo peor en su propia estima, ustedes que están casi en el infierno. El Señor dice: "Mirad a mí, y sed salvos, todos los términos de la tierra, porque yo soy Dios, y no hay otro". Él no los desechará, sino que los recibirá ahora. Que Dios os conceda venir, por amor de Jesús. Amén.

Otros libros del autor de esta misma editorial:
Todos disponibles en English por Amazon
*Muy Pronto

1. Las Bienaventuranzas, Charles Spurgeon.
2. El poder del Evangelio, Charles Spurgeon.
3. Todo de Gracia, Charles Spurgeon Big Print.*
4. Todo por Gracia, (Spanish Edition).
5. Sermones sobre el Génesis Volumen 1, Charles Spurgeon.*
6. Sermones sobre el Génesis Volumen 2, Charles Spurgeon.*
6. Sermones sobre el Génesis Volumen 3, Charles Spurgeon.*
7. Sermones sobre el Éxodo, Charles Spurgeon.*
8. Sermones sobre el Levítico, Charles Spurgeon.*
9. El poder de la oración, Spurgeon.*
10. Las Parábolas, Spurgeon.*
11. La Iglesia Spurgeon.*
12. La Biblia, Spurgeon
13. La chequera de la fe, Spurgeon*.
14. Los Ángeles, Spurgeon.*
15. El Diezmo, Spurgeon.*
16. El Poder del Espíritu Santo, Spurgeon.
17. La vida de Cristo, Spurgeon.*
18. Sermones sobre Números, Charles Spurgeon.*
19. Sermones sobre Deuteronomio, Charles Spurgeon.

¡¡¡¡¡¡Y VENDRÁN MÁS!!!!!!
*Todos ellos en letra grande (A4).
Si desea un descuento al por mayor del 50% en estos libros de Spurgeon, póngase en contacto con nosotros por correo electrónico:
kalhelministries21@gmail.com

www.ingramcontent.com/pod-product-compliance
Lightning Source LLC
Chambersburg PA
CBHW060420010526
44118CB00017B/2292